古《ふる》市《いち》古墳群をあるく

増補改訂第2版

巨大古墳・全案内

久世仁士［著］

創元社

古市古墳群一覧（五十音順）

現存する古墳（半壊・整備含む）

墳丘の形＊1	名　称	所在地	本書での主な紹介頁
◎ ●	青山古墳（青山１号墳）	藤井寺市青山	105
◎ ●▬	市野山古墳《允恭天皇陵》	藤井寺市国府	20
●▬	稲荷塚古墳	藤井寺市野中	104
●	衣縫塚古墳	藤井寺市国府	25
◎ ●▬	大鳥塚古墳	藤井寺市古室	39
◎ ●▬	岡ミサンザイ古墳《仲哀天皇陵》	藤井寺市藤井寺	78
●▬	唐櫃山古墳	藤井寺市国府	32
●▬	河内大塚山古墳	羽曳野市南恵我之荘・松原市西大塚	116
◎ ■	栗塚古墳	羽曳野市誉田	54
●▬	小白髪山古墳	羽曳野市西浦	92
◎ ●▬	古室山古墳	藤井寺市古室	40
◎ ●	誉田丸山古墳	羽曳野市誉田	58
◎ ●▬	誉田山古墳《応神天皇陵》	羽曳野市誉田	51
（不明）	サンド山古墳	藤井寺市藤ケ丘	60
■	島泉平塚古墳《雄略天皇陵》	羽曳野市島泉	114
●	島泉丸山古墳（高鷲丸山古墳）《雄略天皇陵》	羽曳野市島泉	114
◎ ■	浄元寺山古墳	藤井寺市青山	72
●▬	白髪山古墳《清寧天皇陵》	羽曳野市西浦	93
◎ ■	助太山古墳（三ツ塚古墳）	藤井寺市道明寺	47
■	赤面山古墳	藤井寺市古室	39
●▬	高屋築山古墳（高屋城山古墳）《安閑天皇陵》	羽曳野市古市	86
●▬	高屋八幡山古墳《春日山田皇女陵》	羽曳野市古市	89
◎ ●▬	津堂城山古墳	藤井寺市津堂	108
◎ ●▬	仲津山古墳《仲姫命陵》	藤井寺市沢田	35
◎ ■	中山塚古墳（三ツ塚古墳）	藤井寺市道明寺	47
◎ ■	鍋塚古墳	藤井寺市沢田	34
◎ ■	西馬塚古墳	羽曳野市白鳥	70
◎ ■	野中古墳	藤井寺市野中	74
●▬	野中ボケ山古墳《仁賢天皇陵》	藤井寺市青山	99
●▬	野中宮山古墳	藤井寺市野中	75
■	野々上古墳	藤井寺市青山	99
◎ ●▬	墓山古墳	羽曳野市白鳥	67
◎ ●▬	はざみ山古墳	藤井寺市野中	77
◎ ●▬	鉢塚古墳	藤井寺市藤井寺	83
■	隼人塚古墳	羽曳野市島泉	116
●	蕃所山古墳	藤井寺市藤ケ丘	61
◎ ■	東馬塚古墳	羽曳野市誉田	56
◎ ■	東山古墳	藤井寺市野中	65
◎ ●▬	二ツ塚古墳	羽曳野市誉田	55
◎ ●▬	前の山古墳（軽里大塚古墳）《日本武尊白鳥陵》	羽曳野市軽里	90
■	松川塚古墳	藤井寺市古室	36
◎ ●▬	峯ケ塚古墳	羽曳野市軽里	95
●	宮の南塚古墳	藤井寺市国府	23
◎ ■	向墓山古墳	羽曳野市白鳥	71
◎ ■	八島塚古墳（三ツ塚古墳）	藤井寺市道明寺	47
■	割塚古墳	藤井寺市藤井寺	81

◎は世界遺産登録古墳

＊1　●▬は前方後円墳（帆立貝形古墳も含む）、●は円墳、■は方墳を表す

消滅した古墳（その１）

名　称	所在地	本書での主な紹介頁
青山２号墳	藤井寺市青山	105
青山３号墳	藤井寺市青山	105
青山４号墳	藤井寺市青山	106
青山５号墳	藤井寺市青山	106
青山６号墳	藤井寺市青山	106
青山７号墳	藤井寺市青山	106
赤子塚古墳	藤井寺市林	29
アリ山古墳	藤井寺市野中	64
今井塚古墳（はざみ山１号墳）	藤井寺市野中	103
兎塚１号墳	藤井寺市国府	26
兎塚２号墳	藤井寺市国府	26
越中塚古墳	藤井寺市野中	76
狼塚古墳（土師の里10号墳）	藤井寺市道明寺	45
岡古墳	藤井寺市藤井寺	81
落塚古墳	羽曳野市野々上	81
折山古墳	藤井寺市林	29

消滅した古墳（その２）

名　称	所在地	本書での主な紹介頁
御曹子塚古墳	藤井寺市道明寺	32
軽里２号墳	羽曳野市軽里	106
軽里３号墳	羽曳野市軽里	107
軽里４号墳	羽曳野市軽里	107
北大蔵古墳（林11号墳）	藤井寺市沢田	37
久米塚古墳	羽曳野市軽里	98
鞍塚古墳	藤井寺市道明寺	42
小具足塚古墳	藤井寺市沢田	31
五手冶古墳	羽曳野市野々上	102
小森塚古墳	藤井寺市道明寺	46
沢田古墳（林２号墳）	藤井寺市沢田	37
サンド山２号墳（はざみ山２号墳）	藤井寺市藤ケ丘	61
志貴県主神社南古墳（惣社１号墳）	藤井寺市惣社	28
下田池古墳（はざみ山３号墳）	藤井寺市野中	103
珠金塚古墳	藤井寺市道明寺	43
珠金塚西古墳（土師の里７号墳）	藤井寺市道明寺	44
尻矢古墳（林12号墳）	藤井寺市古室	37
次郎坊古墳（林３号墳）	藤井寺市古室	37
次郎坊２号墳（林９号墳）	藤井寺市沢田	37
城不動坂古墳	羽曳野市古市	88
翠鳥園１号墳	羽曳野市翠鳥園	108
翠鳥園２号墳	羽曳野市翠鳥園	108
翠鳥園９号墳	羽曳野市翠鳥園	108
翠鳥園10号墳	羽曳野市翠鳥園	108
翠鳥園12号墳	羽曳野市翠鳥園	108
大正橋１号墳	藤井寺市小山	114
大半山古墳	羽曳野市野々上	103
高塚山古墳	藤井寺市沢田	31
盾塚古墳	藤井寺市道明寺	41
茶臼塚古墳	藤井寺市野中	76
茶山１号墳	羽曳野市誉田	57
潮音寺北古墳	藤井寺市国府	25
塚穴古墳（土師の里６号墳）	藤井寺市道明寺	46
殿町古墳	藤井寺市小山	114
長持山古墳	藤井寺市沢田	29
長屋１号墳（惣社２号墳）	藤井寺市惣社	28
長屋２号墳（惣社３号墳）	藤井寺市惣社	28
西楠古墳（土師の里11号墳）	藤井寺市道明寺	45
西清水１号墳（土師の里５号墳）	藤井寺市道明寺	45
西清水２号墳（土師の里12号墳）	藤井寺市道明寺	46
西代１号墳	藤井寺市小山	114
西代２号墳	藤井寺市小山	114
西出口古墳（林13号墳）	藤井寺市古室	38
西墓山古墳	藤井寺市青山	73
西山古墳	羽曳野市軽里	97
白鳥１号墳	羽曳野市白鳥	70
白鳥２号墳	羽曳野市白鳥	70
土師の里１号墳	藤井寺市道明寺	46
土師の里２号墳	藤井寺市道明寺	46
土師の里８号墳	藤井寺市道明寺	44
土師の里９号墳	藤井寺市道明寺	43
バチ塚古墳（林６号墳）	藤井寺市沢田	37
蕃上山古墳	藤井寺市野中	61
東楠古墳（土師の里４号墳）	藤井寺市道明寺	45
ヒバリ塚古墳（林４号墳）	藤井寺市林	37
葛井寺１号墳	藤井寺市岡	84
葛井寺２号墳	藤井寺市岡	84
葛井寺３号墳	藤井寺市岡	85
藤ケ丘１号墳	藤井寺市藤ケ丘	82
藤の森古墳	藤井寺市野中	61
古地古墳（林５号墳）	藤井寺市沢田	37
水塚古墳	羽曳野市軽里	98
道端古墳（土師の里３号墳）	藤井寺市道明寺	46
元屋敷古墳（林１号墳）	藤井寺市林	37
矢倉古墳（野々上１号墳）	羽曳野市野々上	103
屋敷中１号墳（林７号墳）	藤井寺市沢田	37
屋敷中２号墳（林８号墳）	藤井寺市沢田	37
屋敷中３号墳（林10号墳）	藤井寺市沢田	37
横江山古墳（小山１号墳）	藤井寺市津堂	114
若子塚古墳（軽里１号墳）	羽曳野市軽里	106

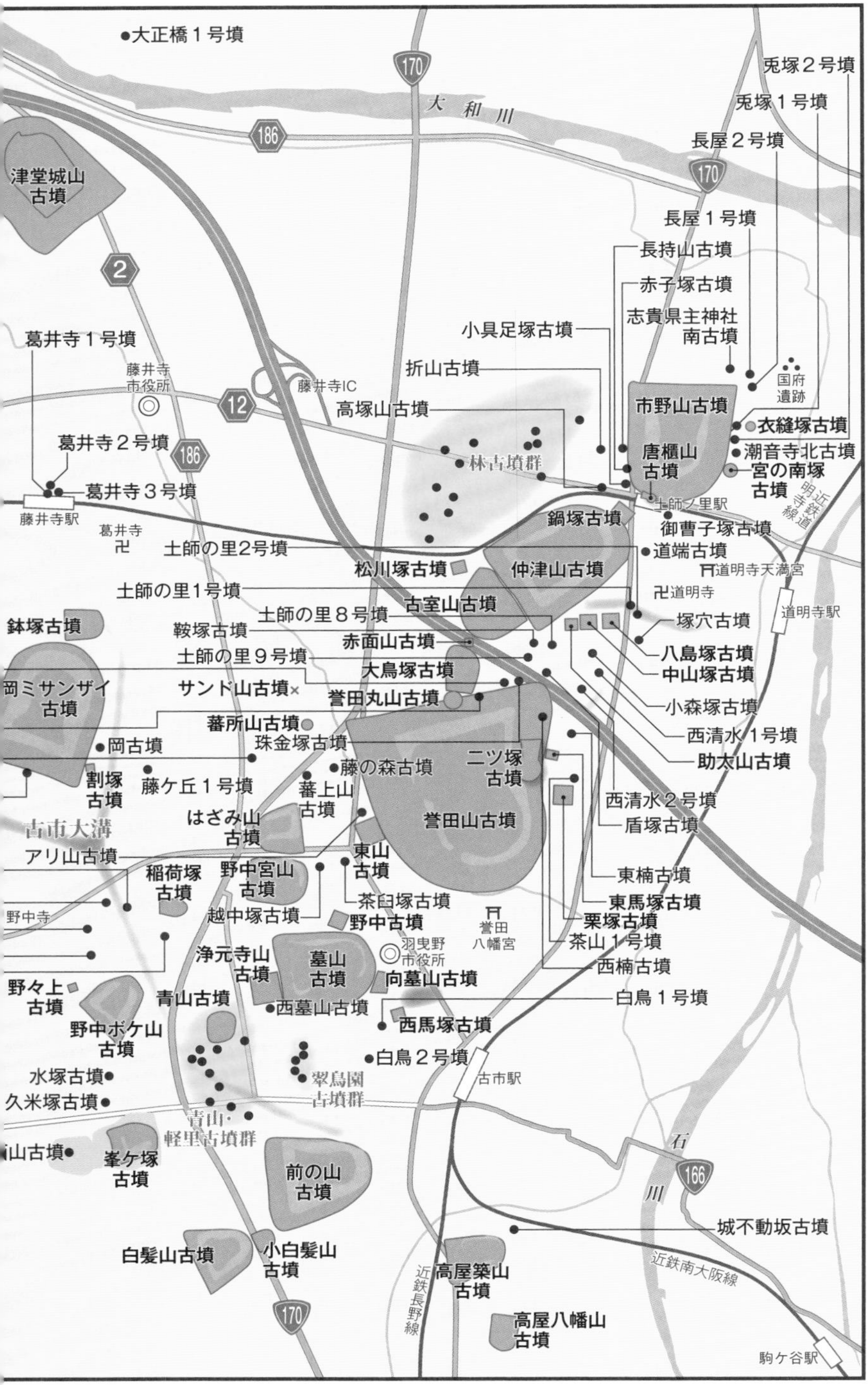

大正橋１号墳
170
大和川
186
兎塚２号墳
兎塚１号墳
長屋２号墳
170
津堂城山古墳
長屋１号墳
長持山古墳
赤子塚古墳
2
志貴県主神社南古墳
小具足塚古墳
葛井寺１号墳
折山古墳
国府遺跡
藤井寺市役所
藤井寺IC
12
高塚山古墳
市野山古墳
衣縫塚古墳
葛井寺２号墳
186
林古墳群
潮音寺北古墳
唐櫃山古墳
宮の南塚古墳
葛井寺３号墳
土師ノ里駅
近鉄南大阪線
藤井寺駅
鍋塚古墳
御曹子塚古墳
葛井寺
土師の里２号墳
道端古墳
松川塚古墳
仲津山古墳
道明寺天満宮
土師の里１号墳
道明寺
古室山古墳
道明寺駅
土師の里８号墳
塚穴古墳
鉢塚古墳
鞍塚古墳
赤面山古墳
八島塚古墳
土師の里９号墳
中山塚古墳
大鳥塚古墳
岡ミサンザイ古墳
サンド山古墳
誉田丸山古墳
小森塚古墳
蕃所山古墳
西清水１号墳
珠金塚古墳
岡古墳
助太山古墳
二ツ塚古墳
藤の森古墳
割塚古墳
藤ケ丘１号墳
蕃上山古墳
西清水２号墳
はざみ山古墳
誉田山古墳
吉市大溝
盾塚古墳
アリ山古墳
東山古墳
稲荷塚古墳
野中宮山古墳
東楠古墳
東馬塚古墳
茶臼塚古墳
野中寺
越中塚古墳
誉田八幡宮
栗塚古墳
野中古墳
茶山１号墳
浄元寺山古墳
墓山古墳
羽曳野市役所
西楠古墳
野々上古墳
向墓山古墳
青山古墳
西墓山古墳
白鳥１号墳
野中ボケ山古墳
西馬塚古墳
白鳥２号墳
水塚古墳
翠鳥園古墳群
古市駅
久米塚古墳
青山・軽里古墳群
石川
山古墳
峯ケ塚古墳
166
前の山古墳
城不動坂古墳
白髪山古墳
小白髪山古墳
近鉄南大阪線
高屋築山古墳
近鉄長野線
170
高屋八幡山古墳
駒ケ谷駅

古市古墳群全図
前方後円墳（帆立貝形古墳含む）（現存）
円墳（現存）
方墳（現存）
（※墳形不明は「×」〈現存〉、消滅した古墳は「●」で示す）
西名阪自動車道
横江山古墳
西代１号墳
西代２号墳
殿町古墳
隼人塚古墳
島泉丸山古墳
島泉平塚古墳
恵我ノ荘駅
河内大塚山古墳
高鷲駅
近鉄南大阪線
188
191
珠金塚西古墳
狼塚古墳
サンド山２号墳
落塚古墳
阪和自動車道
2
下田池古墳
矢倉古墳
31
大半山古墳
五手治古墳
今井塚古墳
美原北IC
190
美原IC
0
250
500m

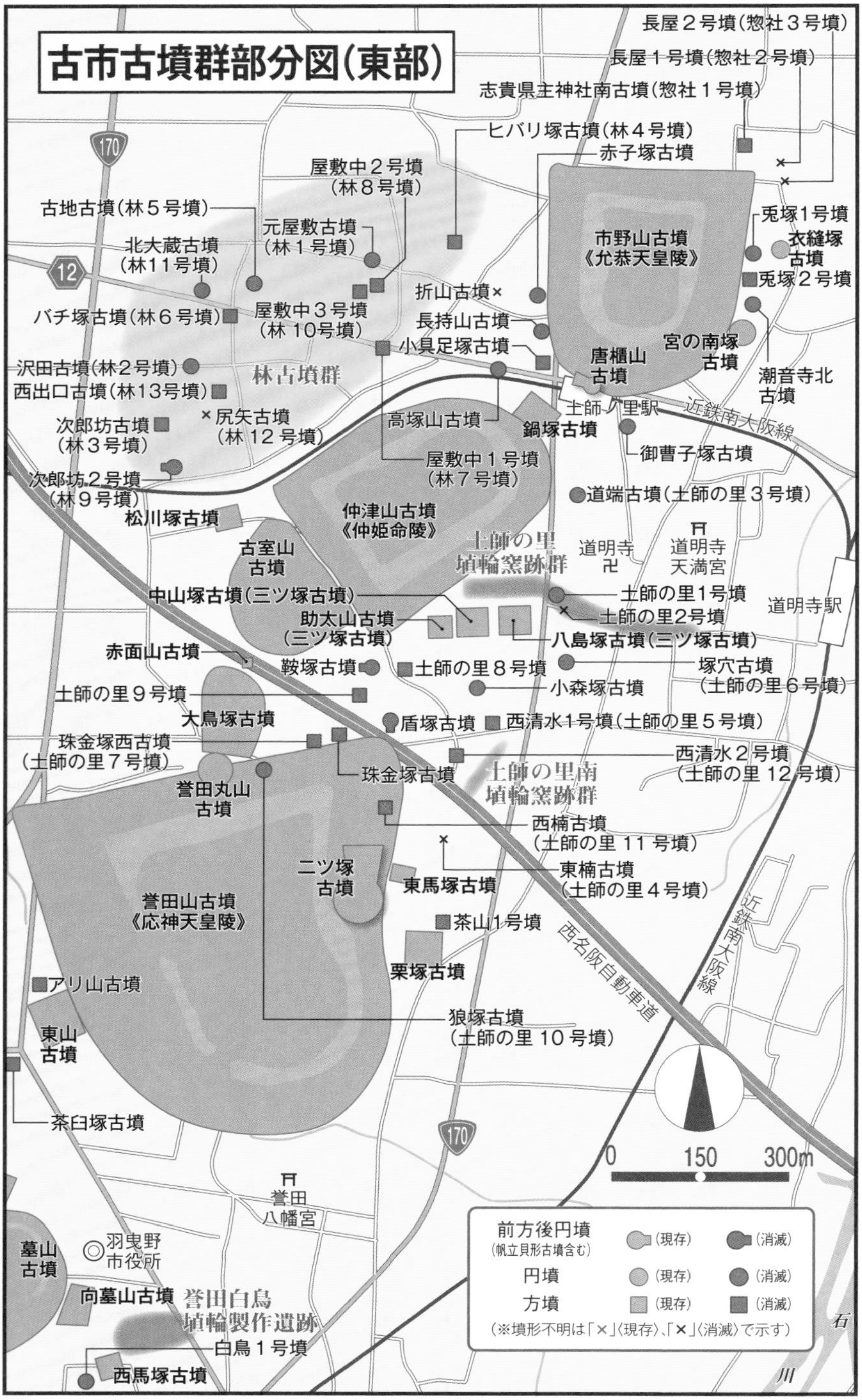
古市古墳群部分図(東部)
長屋2号墳(惣社3号墳)
長屋1号墳(惣社2号墳)
志貴県主神社南古墳(惣社1号墳)
ヒバリ塚古墳(林4号墳)
赤子塚古墳
屋敷中2号墳
(林8号墳)
古地古墳(林5号墳)
元屋敷古墳
(林1号墳)
北大蔵古墳
(林11号墳)
170
12
市野山古墳
《允恭天皇陵》
兎塚1号墳
衣縫塚
古墳
兎塚2号墳
折山古墳
バチ塚古墳(林6号墳)
屋敷中3号墳
(林10号墳)
長持山古墳
小具足塚古墳
宮の南塚
古墳
沢田古墳(林2号墳)
西出口古墳(林13号墳)
林古墳群
唐櫃山
古墳
潮音寺北
古墳
土師ノ里駅
近鉄南大阪線
次郎坊古墳
(林3号墳)
尻矢古墳
(林12号墳)
高塚山古墳
鍋塚古墳
御曹子塚古墳
屋敷中1号墳
(林7号墳)
次郎坊2号墳
(林9号墳)
道端古墳(土師の里3号墳)
仲津山古墳
《仲姫命陵》
松川塚古墳
古室山
古墳
土師の里
埴輪窯跡群
道明寺
道明寺
天満宮
道明寺駅
中山塚古墳(三ツ塚古墳)
土師の里1号墳
土師の里2号墳
助太山古墳
(三ツ塚古墳)
八島塚古墳(三ツ塚古墳)
赤面山古墳
鞍塚古墳
土師の里8号墳
塚穴古墳
(土師の里6号墳)
小森塚古墳
土師の里9号墳
大鳥塚古墳
盾塚古墳
西清水1号墳(土師の里5号墳)
珠金塚西古墳
(土師の里7号墳)
西清水2号墳
(土師の里12号墳)
珠金塚古墳
土師の里南
埴輪窯跡群
誉田丸山
古墳
西楠古墳
(土師の里11号墳)
東楠古墳
(土師の里4号墳)
二ツ塚
古墳
東馬塚古墳
誉田山古墳
《応神天皇陵》
茶山1号墳
西名阪自動車道
近鉄南大阪線
栗塚古墳
アリ山古墳
狼塚古墳
(土師の里10号墳)
東山
古墳
茶臼塚古墳
170
0
150
300m
誉田
八幡宮
前方後円墳
(帆立貝形古墳含む)
(現存)
(消滅)
円墳
(現存)
(消滅)
方墳
(現存)
(消滅)
(※墳形不明は「×」〈現存〉、「×」〈消滅〉で示す)
墓山
古墳
羽曳野
市役所
向墓山古墳
誉田白鳥
埴輪製作遺跡
白鳥1号墳
西馬塚古墳
石
川

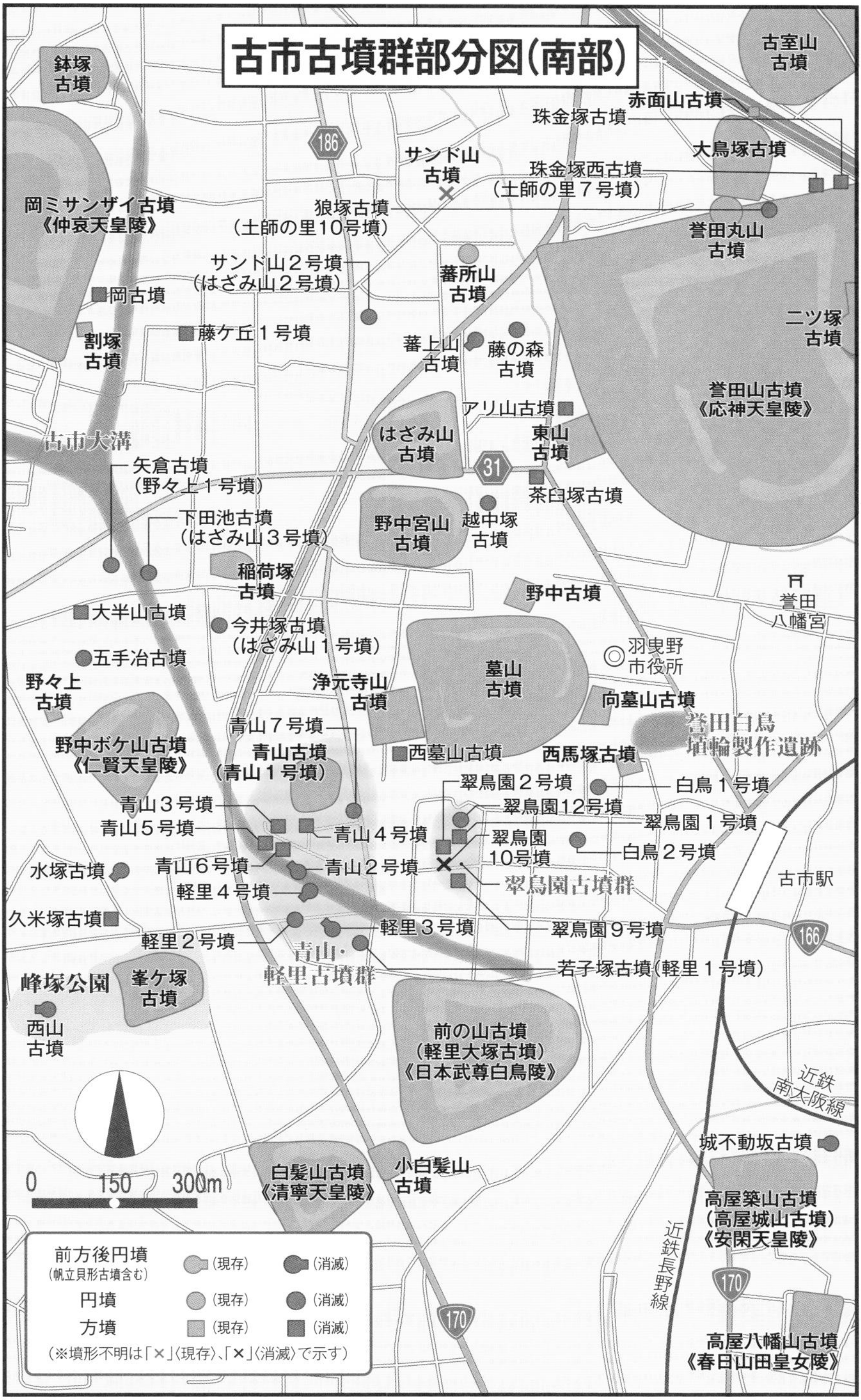
古市古墳群部分図（南部）
鉢塚古墳
古室山古墳
赤面山古墳
珠金塚古墳
大鳥塚古墳
186
サンド山古墳
珠金塚西古墳（土師の里７号墳）
岡ミサンザイ古墳《仲哀天皇陵》
狼塚古墳（土師の里10号墳）
誉田丸山古墳
サンド山２号墳（はざみ山２号墳）
蕃所山古墳
岡古墳
藤ケ丘１号墳
割塚古墳
蕃上山古墳
藤の森古墳
二ツ塚古墳
誉田山古墳《応神天皇陵》
アリ山古墳
古市大溝
はざみ山古墳
東山古墳
31
矢倉古墳（野々上１号墳）
茶臼塚古墳
越中塚古墳
野中宮山古墳
下田池古墳（はざみ山３号墳）
稲荷塚古墳
野中古墳
誉田八幡宮
大半山古墳
今井塚古墳（はざみ山１号墳）
羽曳野市役所
五手治古墳
墓山古墳
野々上古墳
浄元寺山古墳
向墓山古墳
誉田白鳥埴輪製作遺跡
青山７号墳
野中ボケ山古墳《仁賢天皇陵》
青山古墳（青山１号墳）
西墓山古墳
西馬塚古墳
翠鳥園２号墳
白鳥１号墳
青山３号墳
翠鳥園12号墳
青山５号墳
翠鳥園１号墳
青山４号墳
翠鳥園10号墳
白鳥２号墳
水塚古墳
青山６号墳
青山２号墳
翠鳥園古墳群
古市駅
軽里４号墳
久米塚古墳
翠鳥園９号墳
軽里３号墳
166
軽里２号墳
青山・軽里古墳群
若子塚古墳（軽里１号墳）
峰塚公園
峯ケ塚古墳
西山古墳
前の山古墳（軽里大塚古墳）《日本武尊白鳥陵》
近鉄南大阪線
城不動坂古墳
0
150
300m
白髪山古墳《清寧天皇陵》
小白髪山古墳
高屋築山古墳（高屋城山古墳）《安閑天皇陵》
近鉄長野線
170
前方後円墳（帆立貝形古墳含む）
（現存）
（消滅）
円墳
（現存）
（消滅）
方墳
（現存）
（消滅）
（※墳形不明は「×」〈現存〉、「×」〈消滅〉で示す）
170
高屋八幡山古墳《春日山田皇女陵》

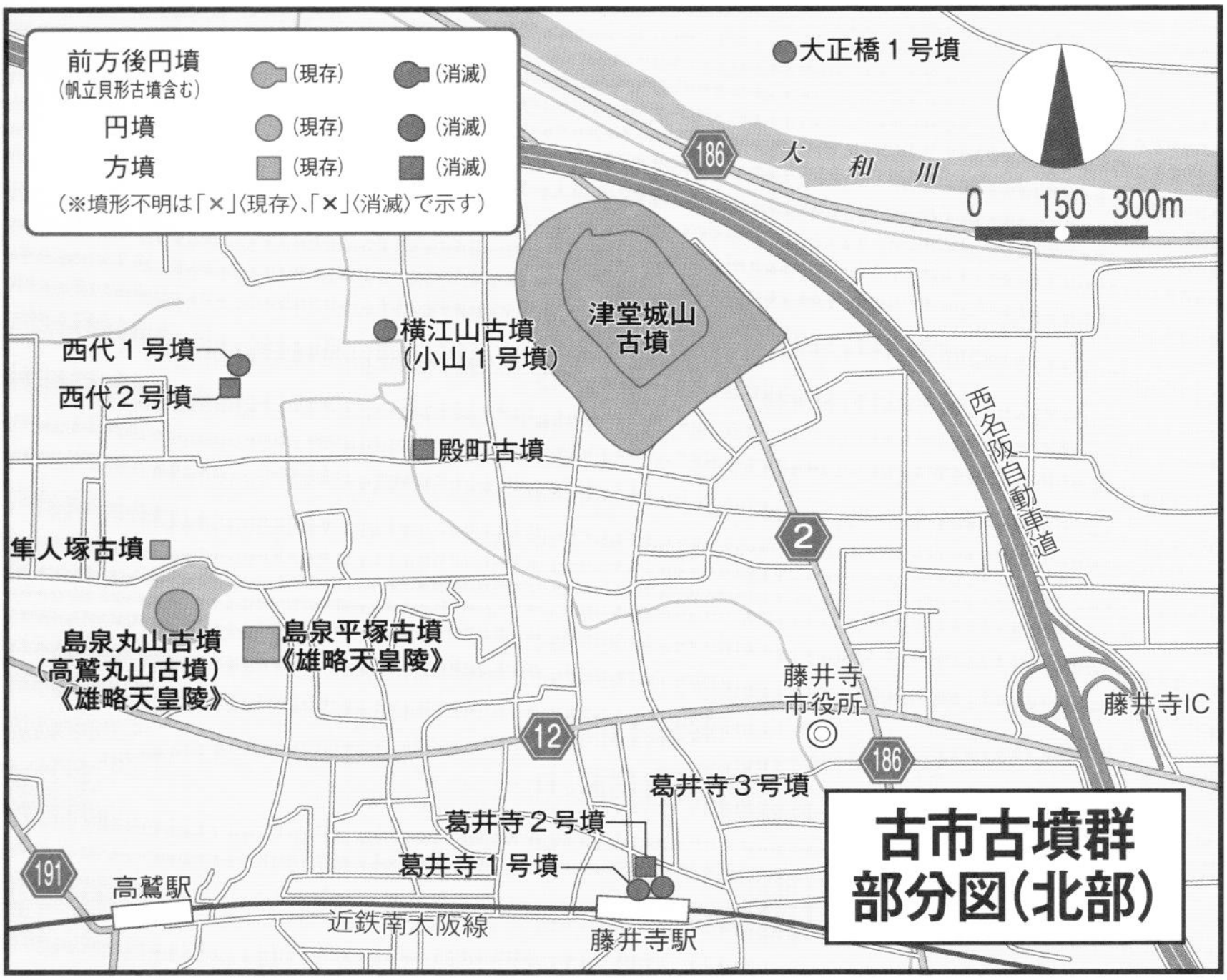
前方後円墳
（帆立貝形古墳含む）
（現存）
（消滅）
円墳
（現存）
（消滅）
方墳
（現存）
（消滅）
（※墳形不明は「×」〈現存〉、「×」〈消滅〉で示す）
大正橋１号墳
186
大和川
0 150 300m
津堂城山古墳
横江山古墳（小山１号墳）
西代１号墳
西代２号墳
殿町古墳
西名阪自動車道
2
隼人塚古墳
島泉丸山古墳（高鷲丸山古墳）《雄略天皇陵》
島泉平塚古墳《雄略天皇陵》
藤井寺市役所
藤井寺IC
12
186
葛井寺３号墳
葛井寺２号墳
葛井寺１号墳
191
高鷲駅
近鉄南大阪線
藤井寺駅
古市古墳群部分図（北部）

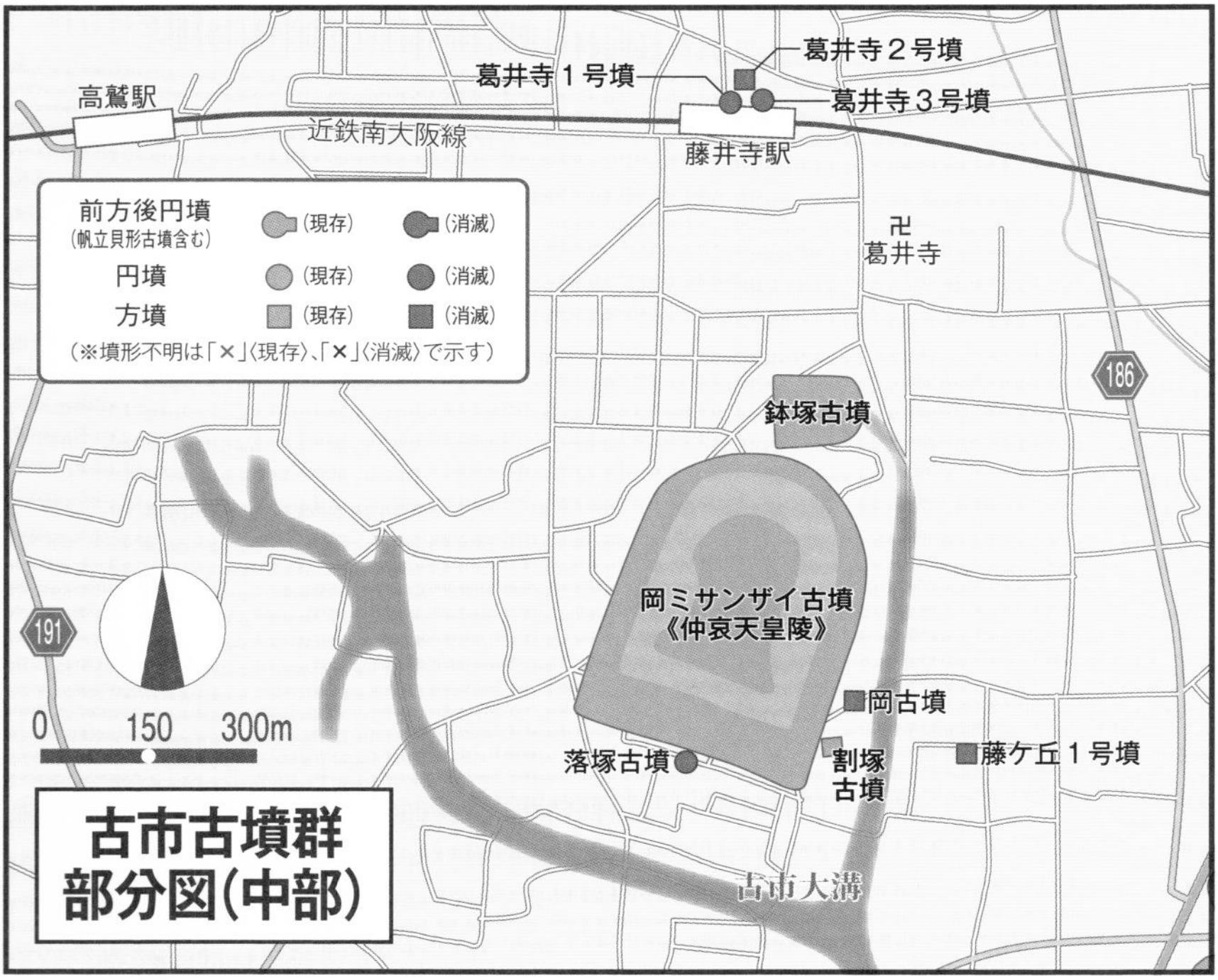
葛井寺２号墳
葛井寺１号墳
葛井寺３号墳
高鷲駅
近鉄南大阪線
藤井寺駅
前方後円墳
（帆立貝形古墳含む）
（現存）
（消滅）
円墳
（現存）
（消滅）
方墳
（現存）
（消滅）
（※墳形不明は「×」〈現存〉、「×」〈消滅〉で示す）
卍
葛井寺
186
鉢塚古墳
191
岡ミサンザイ古墳《仲哀天皇陵》
岡古墳
0 150 300m
落塚古墳
割塚古墳
藤ケ丘１号墳
古市大溝
古市古墳群部分図（中部）

古墳時代年表

時代	世紀	西暦	文献史料からわかること	考古学からわかること	古市古墳群の主な古墳	百舌鳥古墳群の主な古墳	全国の主な遺跡
弥生時代	2世紀	180頃	この頃、倭国おおいに乱れる（魏志倭人伝）				池上曽根遺跡（大阪府） 吉野ケ里遺跡（佐賀県）
	3世紀			各地に大型の墳丘墓がつくられる			纒向遺跡（奈良県）
		239	邪馬台国の女王卑弥呼が魏に使いを送る。「親魏倭王」の金印と銅鏡百枚を受ける（魏志倭人伝）				
		240～248	この頃、卑弥呼が亡くなる。径百余歩の墓をつくる。卑弥呼の宗女トヨが女王となる（魏志倭人伝）				
古墳時代 前期				巨大前方後円墳が出現、オオヤマト古墳群がつくられはじめる			箸中山古墳（奈良県） 椿井大塚山古墳（京都府）
	4世紀			佐紀古墳群がつくられはじめる			
		372	百済が倭に使いを派遣して七支刀を送る（石上神宮の七支刀）				
		4世紀後期	百済との連携強化				
		391	倭国軍が渡海して百済・新羅を破る（広開土王碑）	百舌鳥・古市古墳群がつくられはじめる	**津堂城山古墳**	長山古墳	
		396	高句麗の好太王が百済を破る（広開土王碑）	この頃、九州北部で横穴式石室を持つ古墳が現れる		乳岡古墳	
		399	百済・倭連合軍が新羅に侵入する（広開土王碑）				
		4世紀末	高句麗の好太王が大軍を発動して百済を攻める。日本も援軍を派遣し、激戦を展開	須恵器の生産がはじまる	**仲津山古墳《仲姫命陵》**		大阪南部窯跡群（大阪府）
中期	5世紀	400	好太王が倭国軍を破り、追撃して任那・加羅に至る（広開土王碑）			石津ケ丘古墳《履中天皇陵》	
		421	倭国王讃が宋に貢ぎ物を送る（宋書倭国伝）		**墓山古墳**	大塚山古墳	
		438	倭国王讃が没し、弟の珍が立つ（宋書倭国伝）		**誉田山古墳《応神天皇陵》**	いたすけ古墳	
			宋の文帝が珍を安東将軍倭国王とする（宋書文帝紀）			御廟山古墳	
		443	倭国王済が宋に使いを送り、安東将軍倭国王を授けられる（宋書倭国伝）				
				この頃、吉備や上毛野に巨大古墳がつくられる			造山古墳（岡山県）
		462	倭国王済が亡くなり、後継の興が宋に貢ぎ物を送る。安東将軍倭国王を授けられる（宋書倭国伝）	近畿の一部の古墳で横穴式石室が採用される		大山古墳《仁徳天皇陵》	
		471	稲荷山鉄剣銘文にワカタケル大王の文字	この頃、群集墳が現れる		田出井山古墳《反正天皇陵》	
		475	高句麗が百済の都、漢城を攻略する（三国史記他）		**市野山古墳《允恭天皇陵》**		
		478	倭国王興が亡くなり、弟の武が立つ。武が宋に使いを送る。宋の順帝が武に安東大将軍倭王を授ける（宋書倭国伝）		**前の山古墳（軽里大塚古墳）《日本武尊白鳥陵》**	ニサンザイ古墳	
			新羅が大きく領域を拡大。加耶も勢力下に。日本の政治的軍事的影響力が低下		**岡ミサンザイ古墳《仲哀天皇陵》**		三ツ寺Ⅰ遺跡（群馬県）
後期	6世紀	507	男大迹王（継体）が即位（日本書紀）		**野中ボケ山古墳《仁賢天皇陵》**		
		538	百済の聖明王が日本に仏教を伝える（元興寺縁起他）				
					河内大塚山古墳		
		596	蘇我馬子が飛鳥寺を造営する（日本書紀）	大規模前方後円墳の造営がされなくなる			藤ノ木古墳（奈良県）
飛鳥時代	7世紀	645（大化元年）	乙巳の変（日本書紀） これより大化の改新がはじまる				前期難波宮（大阪府）
		672	壬申の乱（日本書紀）				高松塚古墳（奈良県）

古市古墳群の編年

4世紀後半	岡古墳	五手冶古墳	古室山古墳
	大半山古墳	盾塚古墳	津堂城山古墳
	野々上古墳	割塚古墳	
4世紀末	大鳥塚古墳	仲津山古墳《仲姫命陵》	鍋塚古墳
	野中宮山古墳	二ツ塚古墳	
4世紀末～5世紀初頭	高塚山古墳		
5世紀初頭	赤面山古墳	東馬塚古墳	
5世紀前半	アリ山古墳	越中塚古墳	狼塚古墳（土師の里10号墳）
	鞍塚古墳	栗塚古墳	誉田山古墳《応神天皇陵》
	西墓山古墳	浄元寺山古墳	墓山古墳
	はざみ山古墳	東山古墳	向墓山古墳
5世紀中頃	青山古墳（青山1号墳）	青山6号墳	青山7号墳
	小森塚古墳	誉田丸山古墳	珠金塚古墳
	珠金塚西古墳（土師の里7号墳）	西清水2号墳（土師の里12号墳）	土師の里9号墳
	藤の森古墳	松川塚古墳	
5世紀中頃～後半	市野山古墳《允恭天皇陵》	軽里2号墳	軽里3号墳
	軽里4号墳	志貴県主神社南古墳（惣社1号墳）	長屋1号墳（惣社2号墳）
	長屋2号墳（惣社3号墳）	野中古墳	葛井寺1号墳
	葛井寺2号墳	葛井寺3号墳	若子塚古墳（軽里1号墳）
5世紀後半	青山2号墳	青山3号墳	青山4号墳
	青山5号墳	衣縫塚古墳	兎塚1号墳
	兎塚2号墳	御曹子塚古墳	唐櫃山古墳
	（墳形不明）サンド山古墳	茶臼塚古墳	長持山古墳
	西馬塚古墳	土師の里8号墳	蕃上山古墳
	蕃所山古墳	前の山古墳（軽里大塚古墳）《日本武尊白鳥陵》	宮の南塚古墳
5世紀末	赤子塚古墳	岡ミサンザイ古墳《仲哀天皇陵》	潮音寺北古墳
	鉢塚古墳		
5世紀末～6世紀初頭	大正橋1号墳	高屋八幡山古墳《春日山田皇女陵》	峯ケ塚古墳
6世紀初頭	城不動坂古墳		
6世紀前半	稲荷塚古墳	今井塚古墳（はざみ山1号墳）	小白髪山古墳
	下田池古墳（はざみ山3号墳）	白髪山古墳《清寧天皇陵》	高屋築山古墳（高屋城山古墳）《安閑天皇陵》
	野中ボケ山古墳《仁賢天皇陵》	水塚古墳	矢倉古墳（野々上1号墳）
6世紀中頃以降	河内大塚山古墳		

編年不明の古墳は省いた
現存する古墳は墳丘の形も示した。（前方後円墳の記号）は前方後円墳（帆立貝形古墳も含む）、（円墳の記号）は円墳、（方墳の記号）は方墳を表す

目次

終章　河内の古墳

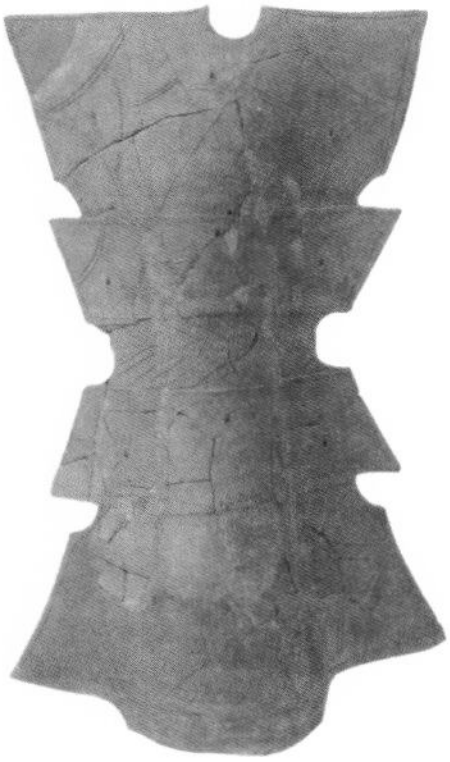

地図制作　河本佳樹
装丁　濱崎実幸

はじめに

百舌鳥《もず》古墳群と古市《ふるいち》古墳群は五世紀を中心に築かれた巨大古墳群です。現在までに確認されている古墳は、両方合わせて二三〇基以上にのぼります。現在残されているのは約九〇基ですが、そのうち四九基が世界文化遺産に登録されました。百舌鳥と古市は距離的には一〇キロメートルほど離れていますが、当時の**大王**墓と見られる古墳が交互に築かれるなど、切っても切れない関係にあります。

『百舌鳥古墳群をあるく』の姉妹編として製作にとりかかりましたが、百舌鳥古墳群に比べ調査件数やデータ量が膨大であることに驚いています。発掘調査の多くは開発のための事前調査であり、裏を返せばそれだけ開発が激しく進行したことの表れです。開発に伴う発掘調査で新しく見つかった古墳は数多くありますが、それらの古墳のほとんどは調査終了と同時に消滅の運命にあります。

しかし、幸いなことに堺市の大塚山《おおつかやま》古墳のような大型前方後円墳の破壊はなく、開発の餌食になりそうな小規模古墳を、先まわりして一括史跡指定するなど行政主導で保存された古墳もあります。津堂城山《つどうしろやま》古墳（以下、古市古墳群については各古墳の所在市を省略）や野中宮山《のなかみややま》古墳など花見の名所になっているところもあり、市民と古墳との距離が近いことが感じられます。

古市古墳群は市街地の中に密集しており、大型バスなどの入る余地はなく、乗用車でも駐車できるところは限られています。考古学は**あるけオロジー**ともいわれており、自分の足で歩いて古代の息吹を感じてください。

大王　古墳時代は各地のリーダーが集まって、共同で代表者を決めていた。各地のリーダーは王《きみ》と呼ばれ、その代表者は王のなかの王、大王《おおきみ》と呼ばれた。考古学では大王のことを通常「だいおう」と呼び習わしている。

あるけオロジー　英語のarch (a) eologyをもじったもの。

なお、このたびの増補改訂第２版では、最新の発掘調査結果などを反映させて、掲載データを全面的に見直し、景観に大きな変化の生じている古墳は写真も撮り直しました。世界遺産登録後の周辺環境の変化なども極力記載するようにしました。

また、大きな増補内容として、巻末に新たに一章を追加し、大阪府内の主要古墳を姉妹書二冊に分けて紹介しています。本書『古市古墳群をあるく　増補改訂第２版』には河内《かわち》地域の古墳を、姉妹書『百舌鳥古墳群をあるく　増補改訂第２版』には北摂《ほくせつ》地域と大阪市内、泉州《せんしゅう》地域の古墳を載せています。

このように増補・改訂された本書が、古墳探訪の手助けになれば幸いです。

第1章　古市古墳群をあるく

1　古市古墳群とは

古市古墳群は大阪府の南東部、藤井寺《ふじいでら》市と羽《は》曳野《びきの》市にまたがり、羽曳野丘陵の先端部である国府《こう》台地を中心に、四キロメートル四方の範囲に分布しています。この地は奈良盆地から流れてきた大和川と、南からの石川が合流するところの南西部に位置しています。

古い絵図や発掘調査などで一三〇基以上の古墳が確認されていますが、現存するのは**河内大塚山古墳**《かわちおおつかやま》を含め**四六基**です。そのうち**陵墓**《りょうぼ》等に指定（宮内庁用語では「治定《じじょう》」）されているのが二七基（天皇陵七基、皇后陵二基、皇子墓一基、陵墓参考地二基、陪塚《ばいづか》一五基）、国史跡が二〇基あります。このうち**誉田山古墳**《こんだやま》、津堂城山《つどうしろやま》古墳、墓山《はかやま》古墳は陵墓等との二重指定となっています。また、島泉丸山《しまいずみまるやま》古墳および島泉平塚《しまいずみひらつか》古墳は二基を合体させて雄略《ゆうりゃく》天皇陵として指定されています。

古市古墳群のつくられた時代は、四世紀後半から六世紀中頃までの間です。これまでに確認されている古墳のうち、方墳が半数近くを占めている点は百舌鳥古墳群と大きく異なります。

2　国府台地の主要古墳をめぐる

古市古墳群へは近鉄南大阪線を利用するのが便利です。どう歩くかは各自の自由ですが、まずはじめに、巨大古墳が集まる羽曳野丘陵の最先端、国府台地の尾根筋に展開する古墳をめぐりましょう。

市野山古墳

最初は台地の北端に位置する市野山《いちのやま》古墳からはじめます。土師ノ里《はじのさと》駅で下車し、駅の改札を出るとすぐ北側にあるのが市野山古墳です。近

河内大塚山古墳　古市古墳群の範疇には入らないという見解もある。

四六基　第1章で紹介している小口山《こぐちやま》古墳、小口山《こぐちやま》東《ひがし》古墳、塚穴《つかあな》古墳（来目《くめの》皇子《みこ》墓）、黒姫山《くろひめやま》古墳は、古市古墳群の範疇には入れていない。

陵墓　宮内庁では、歴代天皇・皇后・太皇太后および皇太后の墓を「陵」、皇子や皇女、その他の皇族の墓を「墓」としている。その他、もしかすると天皇や皇族の墓かもしれないというものは「陵墓参考地」と呼ばれている。これ以外に宮内庁の管理しているものに「陪冢《ばいちょう》(陪《ばい》塚《づか》と同義)」などがある。

誉田山古墳　誉田御廟山古墳とも呼ばれるが、本書では誉田山古墳の名称を使う。

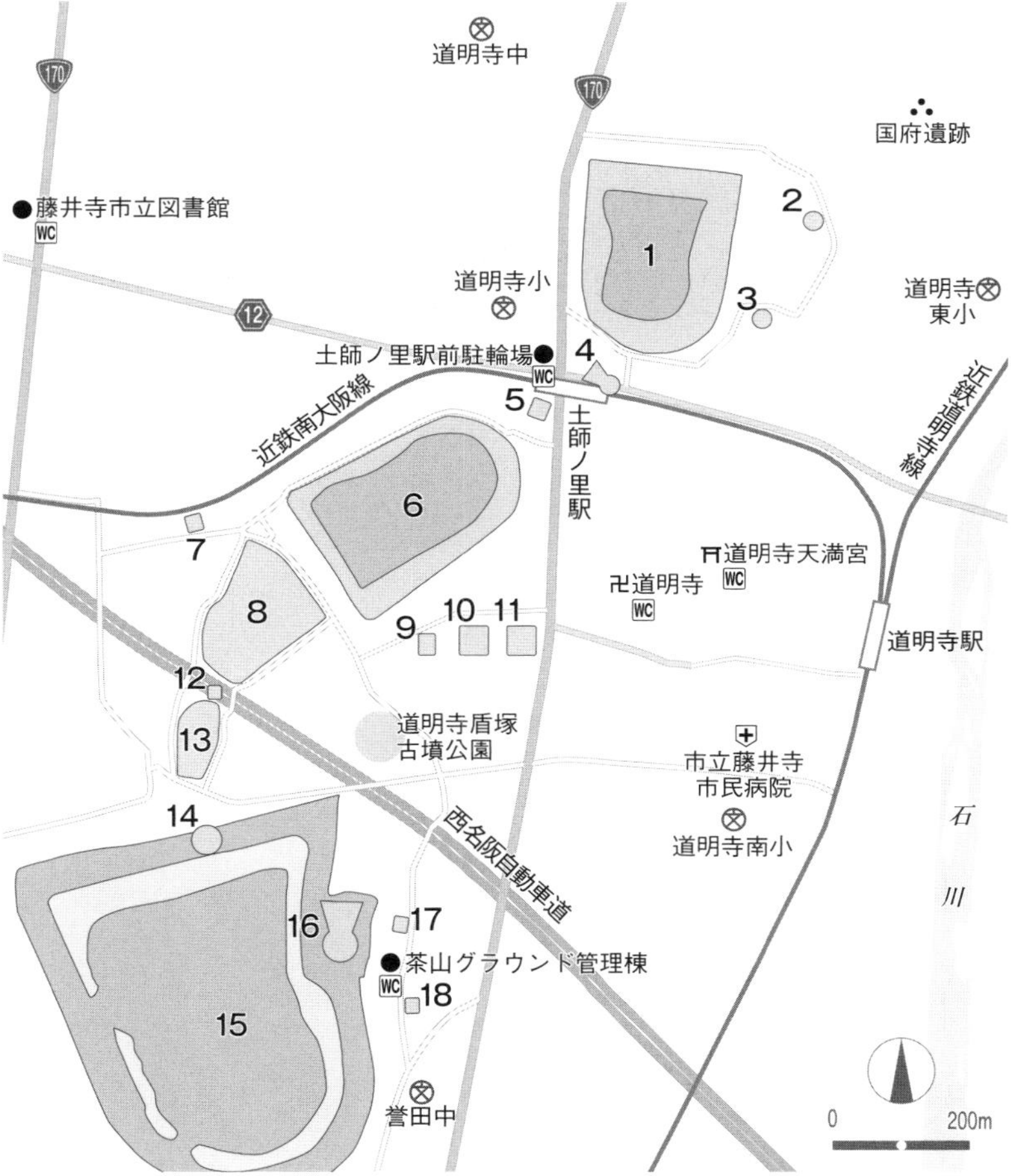

国府台地の主要古墳

1. 市野山古墳　2. 衣縫塚古墳　3. 宮の南塚古墳　4. 唐櫃山古墳　5. 鍋塚古墳　6. 仲津山古墳
7. 松川塚古墳　8. 古室山古墳　9. 助太山古墳　10. 中山塚古墳　11. 八島塚古墳
12. 赤面山古墳　13. 大鳥塚古墳　14. 誉田丸山古墳　15. 誉田山古墳　16. 二ツ塚古墳
17. 東馬塚古墳　18. 栗塚古墳

市野山古墳（前方部北西角から）

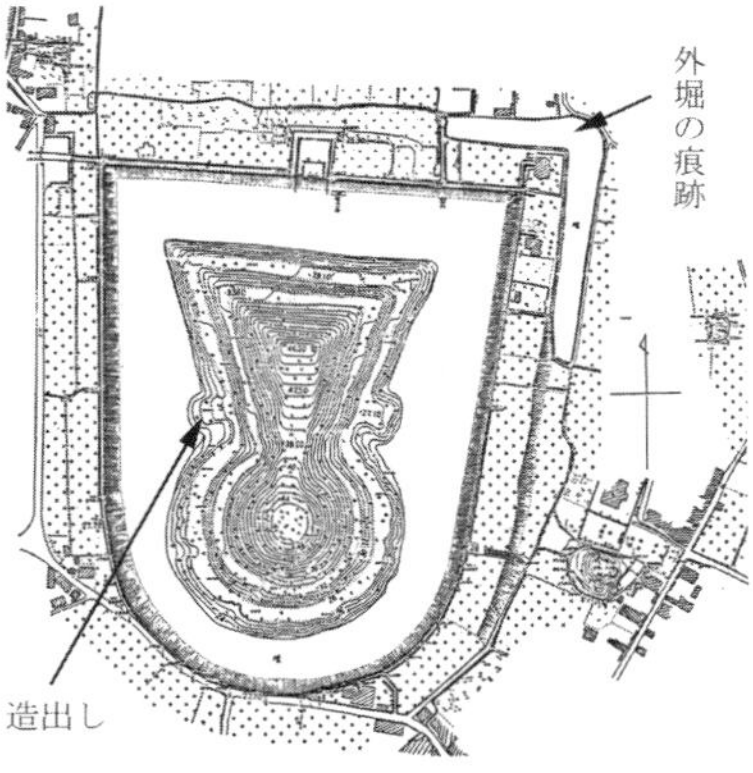

市野山古墳平面図

鉄線と併行して通る府道堺大和高田線を渡り、府道に沿って東へ一〇〇メートルほど歩いて北側に左折すると、突き当たりが市野山古墳の後円部です。宮内庁によって允恭《いんぎょう》天皇恵我長野《えがのながの》北陵《きたのみささぎ》に指定されています。

　墳丘長二三〇メートル、後円部直径一四〇メートル、同高さ二二・三メートル（高さは現状、以下同じ）、前方部幅一六〇メートル、同高さ二三・三メートルの前方後円墳です。前方部が北を向いており、盾形の堀がめぐっています。現状では内堀だけしか見えませんが、発掘調査の結果、二重の堀と堤があったことがわかっています。宮内庁の陵墓図を見れば、前方部北東角にL字形の長池がありました。これが外堀の名残であることは一目瞭然です。この池は一九七三年から七四年にかけて保育所建設のため埋め立てられました。現在、池の東側部分は藤井寺市立第五保育所などに、北側部分は現在空き地となっておりフェンスで囲まれています。二重堀の痕跡は、後円部の方ではあまり明瞭ではなく、同じ規模では完周していなかったようです。

墳丘は**三段築成**で、くびれ部の両側に造出《つくりだ》しがあります。江戸時代までは河内木綿の原材料の綿が植えられており、「綿山」と呼ばれていました。ここは地形上、堀に水が溜まりにくく空堀で、村人は自由に出入りしていたようです。現在も北東側以外は水面が確認されません。

埋葬施設は明らかでありませんが、堤などから円筒埴輪のほか、家、盾、**靫**《ゆぎ》（一四六頁上図版参照）、**衣蓋**《きぬがさ》（一一二頁右下図版参照）、馬、犬、鶏、人物形の形象埴輪が出土しています。出土した埴輪などから、築造されたのは五世紀中頃から後半と推定されています。

市野山古墳のまわりには、十数基の小古墳が取り巻いています。その多くは陪塚と思われますが、陪塚でないものも含まれています。陪塚かそうでないのかを決めるのは、なかなか難しい問題です。市野山古墳の前方部正面の内堤上からは、**埴輪円筒棺墓**《はにわえんとうかんぼ》一基、**石槨木棺墓**《せっかくもっかんぼ》二基、**土壙墓**《どこうぼ》五基が見つかっています。これ以外に西側外堤に接する位置から埴輪円筒棺墓一基、市野山古墳東側（兎塚《うさぎづか》古墳）でも埴輪円筒棺墓が発見されています。これらの墳墓は陪塚ではなく、古墳の造営や管理に関わった集団の墓ではないかと推定されています。

宮の南塚古墳

それでは、市野山古墳のまわりを東側から歩いてみましょう。後円部の南東は住宅が建て込

三段築成　三段重ねに古墳がつくられている状態。

靫　弓矢を盛り携帯する器具で、矢筒ともいう。

衣蓋　蓋・衣笠・絹傘とも書き、絹で張った長柄の傘で古代、天皇・親王・公卿などの行列にさしかざすのに用いられたもの。

埴輪円筒棺墓　円筒埴輪を転用した墓のこと。

石槨木棺墓　槨とはカプセルのようなもので、石槨木棺墓とは木の棺を石のカプセルで覆ったもの。

土壙墓　単に地面に穴を掘っただけの墓。

んでいるので直接墳丘を見ることはできません。しばらく歩くと国府八幡《こうはちまん》神社の裏手に出ます。細い路地を右手（東）に入ると神社です。その南に隣接してあるのがその名も「宮《みや》の南塚《みなみづか》古墳」です。允恭天皇陵の陪塚（飛地は号）に指定されています。現状は直径四〇メートル、高さ九メートルの円墳ですが、前方後円墳であった可能性もあります。墳丘は、かなり変形しており、フェンスの中には瓦礫やゴミに混じって葺石《ふきいし》や埴輪の破片らしきものも散乱しています。古墳がつくられた当時は樹木などが茂っていたわけではなく、葺石と呼ばれる川原石などで表面が覆われ、墳丘や堤に埴輪が立てられていました。

古墳の南側は住宅が建て込んでいるため一周することはできません。埋葬施設や副葬品などは不明ですが、西側の住宅建設に先立つ調査で、円筒埴輪と衣蓋形埴輪が出土しています。築造時期は五世紀後半と思われます。

宮の南塚古墳

葺石と埴輪を並べる作業
（藤井寺市立図書館のジオラマ）

衣縫塚古墳

潮音寺北古墳・衣縫塚古墳

少し引き返して、先ほど右に曲がったところを左（西）に行くと市野山古墳の側面に出ます。細い道ですが、堀に沿って前方部の北東角まで行くことが可能です。しかし、その前にもうひとつの陪塚、衣縫塚《いぬいづか》古墳のほうに行ってみましょう。

　国府八幡神社の北に隣接して潮音寺があります。寺の北側の分譲住宅建設に先立つ調査で、埋もれていた古墳が発見されました。直径二二メートルの円墳で、潮音寺北《ちょうおんじきた》古墳と名づけられました。墳丘はすでに削平されているので、堀の痕跡から古墳の形を想定しています。葺石と円筒埴輪、家形埴輪のほか子持勾玉《こもちまがたま》が出土。築造時期は五世紀末頃と推定されています。

　宮の南塚古墳から北へ一五〇メートルほど行ったところに衣縫塚古墳があります。新しい分譲住宅の中にあるので見つけづらいかもしれません。国府八幡神社正面の道を北に向かって歩いていくと、右側に国府の家があります。そこをすぎると道が複雑に分かれています。分かれ道をすぎると住宅の間からわずかに衣縫塚古墳

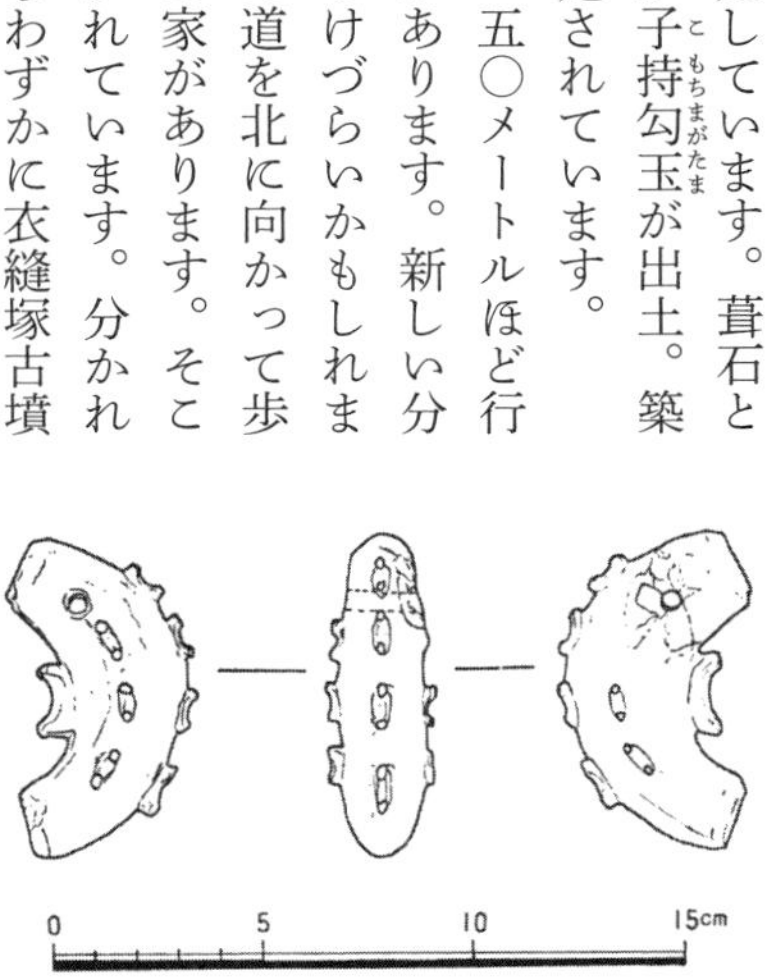

子持勾玉（土師の里遺跡）

の墳丘が見えますが、その分かれ道を左（西）折して分譲住宅の中に入って行けば、国府衣縫塚公園があります。公園の東側が衣縫塚古墳です。

　衣縫塚古墳は允恭天皇陵の陪塚（飛地ろ号）として宮内庁が管理しており、フェンスで囲われていますが、公園からはよく観察できます。直径二〇メートル、高さ四・八メートルの円墳で、墳丘の東側で堀が確認されています。堀の中から円筒埴輪のほか人物、家、大刀《たち》形の形象埴輪が大量に出土しました。築造時期は五世紀後半と推定されています。堀は住宅地の中に埋没しているため、現在は見ることができません。「衣縫塚」という名称は平安時代この地の豪族、衣縫造《いぬいのみやつこ》の孝行娘（衣縫孝女）にちなんでつけられたといわれています。公園の中には解説板が設置されています。

兎塚1号墳・2号墳

兎塚古墳埴輪円筒棺墓と木棺墓

二枚貝の入った須恵器

衣縫塚古墳の西側一帯は新しい分譲住宅となっていますが、住宅開発に伴う事前調査で、古墳二基と埴輪円筒棺墓などが新たに見つかりました。

　兎塚《うさぎづか》1号墳は衣縫塚古墳の北西部に隣接した位置にあり、直径三六メートル、墳丘長四三メートル、馬蹄《ばてい》形の堀がめぐっており、造出しのある円墳もしくは**帆立貝形《ほたてがいがた》古墳**です。調査されたのは住宅地の街路部分のみであり、計測値はいずれも推計です。堀内から埴輪円筒棺墓二基と木棺墓三基が見つかりました。円筒棺墓のうちの一基は、長さ二・二五メートルの大型で、円筒埴輪と盾形埴輪を転用したものです。小口部の閉塞には衣蓋形埴輪を用いています。堀の埋め土の中から円筒埴輪のほか、衣蓋、人物、馬形などの形象埴輪も出土しており、これらの埴輪は墳丘に立てられていたものと思われます。

　2号墳は1号墳の南側で見つかりました。大部分が調査区外のため正確な規模や形などはわかっていません。推定では一辺または直径が二〇メートル前後の円墳か方墳のようです。堀内で埴輪円筒棺墓一基が見つかっています。衣縫塚古墳の西側からも埴輪円筒棺墓が二基見つかっており、まだ埋まっている可能性がありますが、現在では住宅が建ってしまったため確認することは困難です。

　兎塚1号・2号墳およびそれらに伴う埴輪円筒棺墓のつくられた時期は五世紀後半です。調査では土壙から出土した須恵器《すえき》蓋坏《ふたつき》内に二枚貝が入れられていました。供物の中身までわかる例はほとんどなく、貴重な資料です。

　なお、兎塚古墳の西側、市野山古墳の外堤にあたる部分の調査で、四世紀後半頃の円筒埴輪が出土しています。市野山古墳築造にあたって、それ以前からあった小古墳が破壊された可能性がうかがえます。

国府遺跡とその周辺

衣縫塚古墳のある住宅街から北東約二〇〇メートルに有名な国府遺跡がありますが、このあたりの道は複雑に入りくんでいるのでわかりづらいかもしれません。国府遺跡は旧石器や縄文、弥生時代の人骨が出土し、学史的にも貴重な遺跡として国史跡に指定されています。国府遺跡は、七世紀には古代寺院が建立され、古代河内**国衙《こくが》**の有力な候補地でもあります。史跡指定地

帆立貝形古墳　円丘に小さい方形の低丘がつけられた古墳で、平面形が帆立貝に似ているために名づけられた。

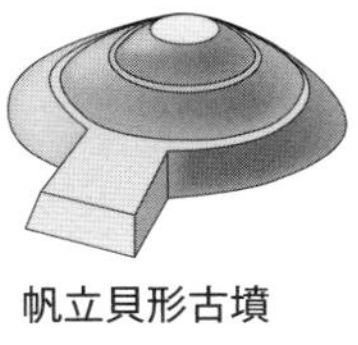

帆立貝形古墳

前方後円墳

国衙　日本の律令制において、国司が地方政治を行った役所が置かれていたところ。

はまだ整備が進んでいませんが、衣縫廃寺《いぬいはいじ》の塔心礎や国府遺跡を示す記念碑と解説板があります。

　国府遺跡から西へ二〇〇メートルのところに志《し》貴県主《きあがたぬし》神社があり、正面鳥居の付近に三基の古墳がありました。いずれも住宅建設に伴う事前調査でその痕跡が見つかったものです。志貴県主神社南古墳（惣社《そうしゃ》1号墳）は、古墳の堀と考えられる溝から円筒埴輪のほか、衣蓋、盾、馬形の形象埴輪や須恵器が出土。また、長屋《ながや》1号墳、2号墳（惣社2号墳、3号墳）からは、葺石を施した斜面が確認され、円筒埴輪のほか家、盾、衣蓋および**囲形《かこいがた》埴輪**、**碧玉《へきぎょく》**製《せい》**管玉《くだたま》**が出土。以上三古墳とも五世中頃から後半に築造された方墳と推定されていますが、小範囲の調査のため詳細は不明で、古墳ではない可能性もあります。

　志貴県主神社鳥居前から西に歩くと旧**国道一七〇号線**に出ます。道路をはさんで向かい側のキリン堂の南に允恭天皇陵の陪塚に指定されている八王子塚《はちおうじづか》（飛地い号）がありますが、古墳ではないと考えられています。

八王子塚

　市野山古墳の前方部には住宅が建て込んでいるため、正面から拝所には行けません。前方部北西角の国道沿いに入り口があります。フェン

囲形埴輪　祭祀を行う場所など何か特別な空間を囲む塀などをかたどった形をした埴輪。三重県松阪市の宝塚1号墳や大阪府八尾市の心合寺山《しおんじやま》古墳など、これまでに数十例発見されている。古市古墳群では狼塚《おおかみづか》古墳など（四五頁図版参照）。

碧玉・管玉　碧玉は石英の一変種で、不純物の違いによって緑色や褐色などさまざまな色や模様のものがある。古墳出土の管玉などは真の碧玉ではなく、碧玉類似のものである。管玉は古墳時代の装身具の玉のひとつで、細長い竹管状をしており、碧玉製のものが多い。

国道一七〇号線　旧道とバイパスが並行しており、以下新道を大阪外環状線（略称「外環」）、旧道を旧一七〇号線とする。

スに阻まれずに全景が見通せるのはこの位置しかありません。西側の堤上には、マンションなどが立ち並んでいるため、古墳の側面を直接見ることはできません。

赤子塚古墳

ここからは、市野山古墳の外堤に沿って国道を南下します。国道は外堀の上を通っており、国道をはさんでいくつかの小古墳がありました。これらは市野山古墳の陪塚と考えられますが、赤子塚《あかごづか》古墳もそのひとつです。市野山古墳くびれ部付近の外堤に接してあった古墳で、戦後の土取や宅地造成で墳丘は削平されました。その後、住宅建設に伴う発掘調査により直径三四メートル、二段築成の円墳で南側に造出しを持ち、堀がめぐっていたことがわかりました。堀の中からは、墳丘に立てられていた円筒埴輪や、家、盾、衣蓋、甲冑《かっちゅう》、犬、猪、馬、人物形の形象埴輪が出土。五世紀末頃の築造と推定されています。墳丘の下から埴輪円筒棺墓三基と方形をした周溝も見つかっています。円筒棺に使用していた埴輪は、赤子塚古墳の時期よりも一〇〇年くらい古い形式のもので、古市古墳群がつくられる前の墓と考えられます。古墳のあった場所は現在、マンションなどになっています。赤子塚古墳の西一〇〇メートルのところに折山《おりやま》古墳があったことが小字《こあざ》などから推定されますが、墳形や規模は不明です。

長持山古墳

長持山《ながもちやま》古墳は、ＪＡ大阪南道明寺《どうみょうじ》支店の前の交差点付近にあった直径四〇メートル、高さ七メートルの円墳です。墳丘は戦後まもなく土砂

赤子塚古墳

採取などで消滅して現在見ることはできませんが、交差点南西角のカーブに古墳の痕跡が残っています。

古くから二つの石棺が露出していることが知られており、明治年間、**ウイリアム・ゴーランド**により撮影された2号棺の写真が残されています。古墳の名称はこの石棺にちなんだものと言われていますが、当時村人は「ヘベサン山」と呼んでいたそうです。

一八七七年（明治一〇）頃、石棺（1号棺）を当時の堺県令、税所篤《さいしょあつし》が開け、棺内には銅器や鉄剣、棺外に短甲《たんこう》（一二二頁下図版参照）などがあったと伝えられています。ボストン美術館にある神人画像《しんじんがぞう》鏡《きょう》はこの時、流出したものと言われています。

伝長持山古墳出土神人画像鏡

一九四六年、大阪府教育委員会の委託を受けた京都大学考古学研究室の調査では、1号棺は川原石積みの竪穴式石槨《たてあなしきせっかく》で覆われており、阿蘇《あそ》**溶結凝灰岩**《ようけつぎょうかいがん》製の刳抜式《くりぬきしき》家形石棺で身は舟形をしていたことが確認されています。棺内から帯金具《おびかなぐ》やガラス小玉が、棺外からは鉄製武器（刀、矛《ほこ》、鏃《やじり》）、武具（衝角付冑《しょうかくつきかぶと》、挂甲《けいこう》、短甲）、馬具（金銅製《こんどうせい》鞍金具《くらかなぐ》、鐙《あぶみ》、轡《くつわ》、剣菱形杏葉《けんびしがたぎょうよう》）などが出土。なかでも挂甲は肩甲《かたよろい》、膝甲《ひざよろい》、籠手《こて》、臑当《すねあて》などを備えた完全なものです。

2号棺も阿蘇溶結凝灰岩の刳抜式家形石棺で、身は箱形をしています。石棺を覆っていた槨や副葬品などは見つかっていません。1号棺は五世紀後半に埋葬されたもので、2号棺はその後、六世紀前半に追葬されたものと推定されています。二つの石棺は大阪府の有形文化財に指定され、道明寺小学校の前庭に展示されていましたが、小学校

ウイリアム・ゴーランド　明治政府がイギリスより造幣寮（現造幣局）に冶金学の技術指導者として招聘した技師。日本全国の古墳めぐりをし、詳細な観察記録を残している。

溶結凝灰岩　噴火によって放出された噴出物が地上に降下した後に、噴出物自身が持つ熱と重量によってその一部が溶融し、圧縮されてできた凝灰岩の一種。

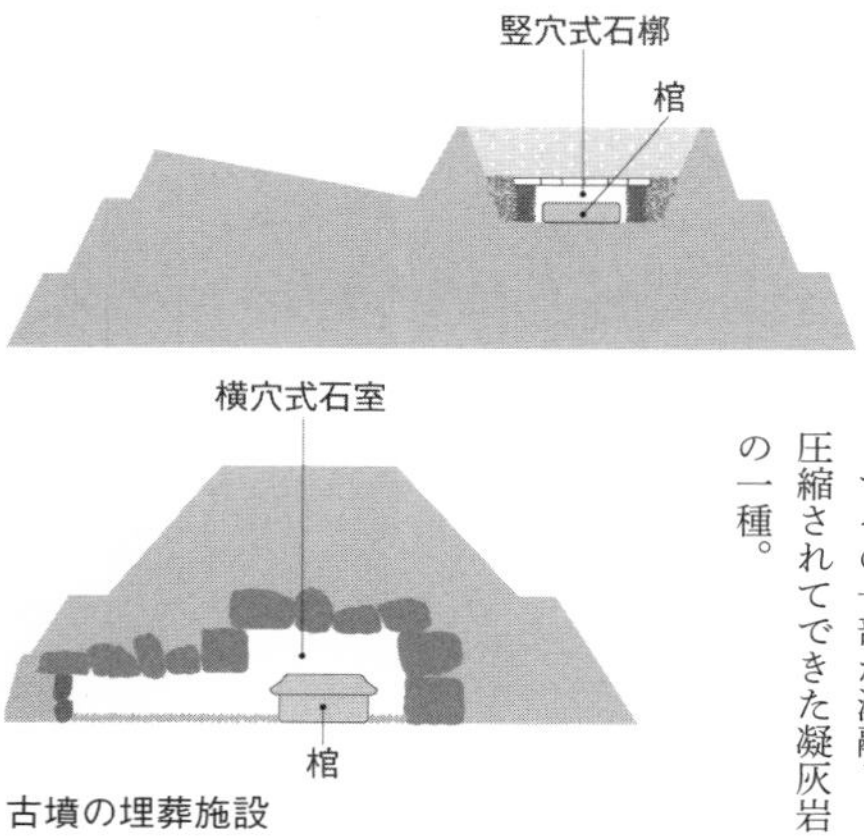

古墳の埋葬施設

の建て替え工事のため、一時別の場所に保管され、その後は唐櫃山《からとやま》古墳で公開される予定とのことです。そのほか円筒埴輪や形象埴輪も出土しています。その後の調査で帆立貝形古墳であった可能性も指摘されています。

長持山古墳のすぐ南に一辺二〇メートル（推定）の方墳、小具足塚《こぐそくづか》古墳の存在が地積図によって確認されています。

高塚山古墳

高塚山《たかつかやま》古墳は、土師の里交差点の西約五〇メートルのところにあった直径五〇メートル、高さ八メートルの円墳ですが、府道堺大和高田線の工事で破壊されました。一九五四年、工事に先立つ事前調査で墳丘中央部から**割竹形木棺**《わりたけがたもっかん》とそれを覆う**粘土槨**《ねんどかく》が見つかり、碧玉製管玉《へきぎょくせいくだたま》、ガラス小玉、鉄製武器（刀、剣、矛、鏃）・農耕具類（鍬《くわ》、斧、鉇《やりがんな》、鑿《のみ》、銛《もり》）、革製盾などが出土。なかでも鉄鏃《てつぞく》は四〇〇以上もありました。その後の調査で堀跡や葺石、円筒埴輪列も見つかっています。四世紀末～五世紀初頭の築造と推定

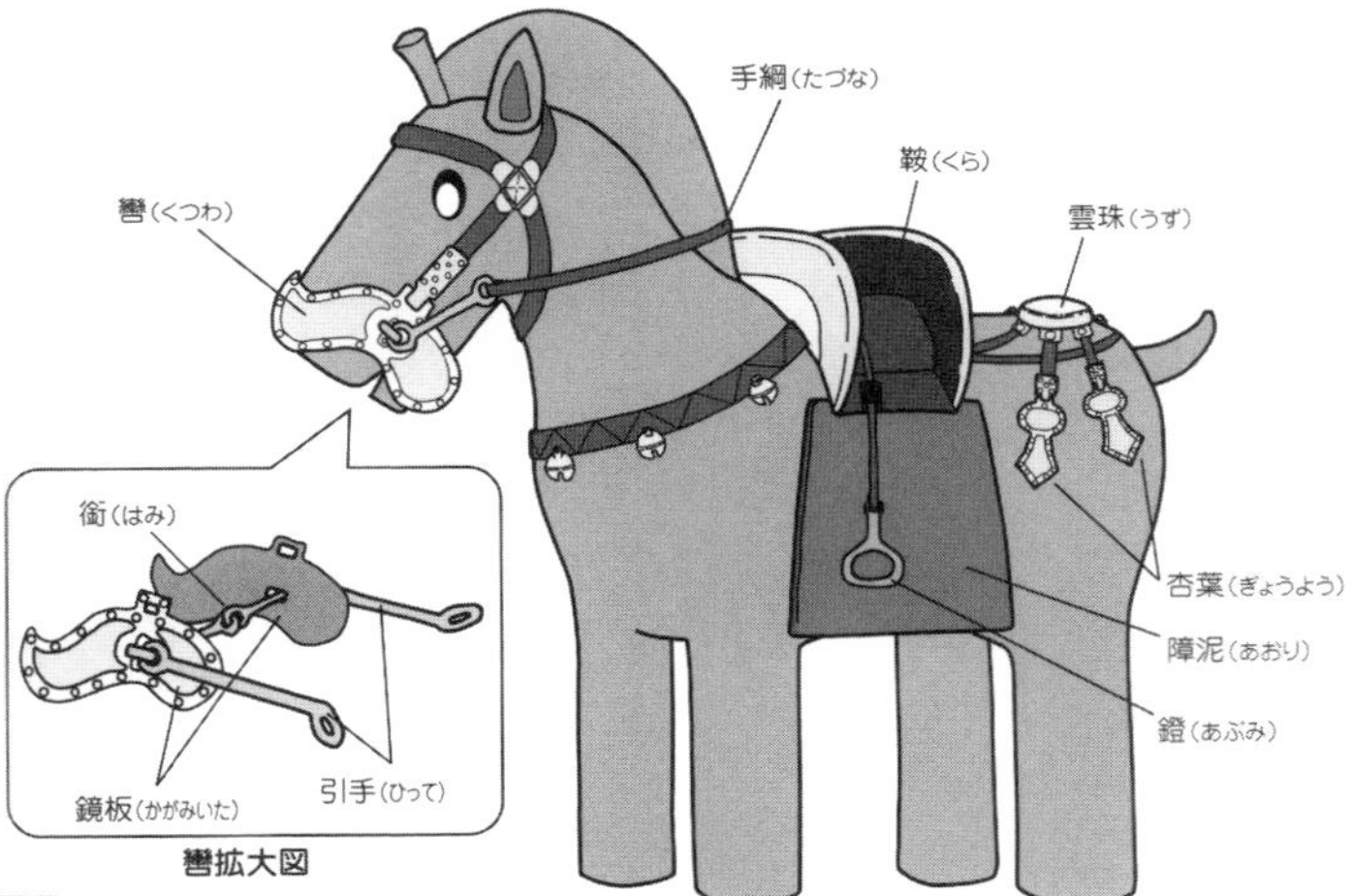

馬具

長持山古墳出土挂甲と衝角付冑

長持山古墳の石棺

ありし日の高塚山古墳

されており、市野山古墳より仲津山《なかつやま》古墳との関連が注目されます。墳丘断面の一部は崖面に残されており、土師ノ里駅下りホーム西端で見ることができます。また、古墳の西二〇メートルのところで、七世紀代と推定される**埴《はに》輪《わ》槨《かく》**が見つかっています。

唐櫃山古墳・御曹子塚古墳

これで市野山古墳を一周してきたことになるのですが、陪塚と思われる位置にある古墳はその大半が消滅し、わずか三基しか残っていません。唐櫃《からと》山《やま》古墳はそのうちの一基ですが、完全に残っているわけではなく、後円部の南半分は府道と近鉄線によって破壊されています。残された前方部は民間の庭地になっていましたが、現在は更地となっています。二〇一四年、国の史跡に指定され、藤井寺市により買い上げられました。今後、整備して公開する予定とのことです。

　唐櫃山古墳は、墳丘長五九メートル、後円部直径四四メートル、同高さ八メートル、前方部幅二四メートル、同高さ三メートル、周堀を持つ帆立貝形古墳です。府道大和高田線工事に先立ち、北野耕平氏（神戸商船大学名誉教授）らによって調査されました。この調査で後円部中央に主軸と平行して竪穴式石槨が見つかり、そ

割竹形木棺　竹を縦に割ったような形の棺。石材を使用したものは割竹形石棺（一二七頁左下図版参照）。

粘土槨　遺骸を安置するために粘土床を設け、さらに遺骸を納めてから粘土でこれを被覆した施設。直接遺骸を覆うもののほか、木棺に安置してから粘土で被覆する場合もある。床にだけ粘土を敷いたものが多いが、木棺はほとんど腐って消滅する。

埴輪槨　土器棺を円筒埴輪で覆った墓。

唐櫃山古墳石棺

の中から刳抜式家形石棺が出土。石棺は長持山古墳1号棺とよく似ており、石材も同じ阿蘇溶結凝灰岩です。石棺内は盗掘を受けていましたが、九〇〇余のガラス小玉や丸玉が、また棺外から武器（鉄鏃、刀剣）や武具（衝角付冑、眉《ま》庇付冑《びさしつきかぶと》〈一二二頁下図版参照〉、頸甲、肩甲、短甲）、馬具、帯金具などが出土しています。墳丘には埴輪列と葺石があり、墳頂部から家形と人物形埴輪が出土。築造された時期は五世紀後半と推定されています。

　その後、二〇一二年に藤井寺市教育委員会が調査し、後円部をめぐる円筒埴輪列と盾、衣蓋、人物形の形象埴輪、須恵器器台《きだい》が見つかっています。なお、この墳丘の断面は土師ノ里駅下りホームの壁面で観察することができましたが、現在はコンクリートで擁壁され見ることはできません。

　唐櫃山古墳の南東約一〇〇メートル、近鉄線をはさんだところから周堀と墳丘の一部が発見され、小字名から御曹子塚《おんぞうしづか》古墳と名づけられました。現在はマンションが建っていますが、一九五五年頃までは墳丘の一部が残っていたことが伝えられています。直径三〇メートルの円墳と見られ、出土した円筒埴輪から五世紀後半の築造と推定されています。

鍋塚古墳

土師ノ里駅の改札口を出ると、左手すぐに見えるのが鍋塚《なべづか》古墳です。一辺六三メートル、高さ七メートル、古市古墳群では最大級の方墳で、堀がめぐっていた可能性があり、堀を含めると一辺七〇メートルになります。埋葬施設や副葬品は不明ですが、葺石と埴輪列が確認されています。円筒埴輪のほか、家、盾、靫、衣蓋形の形象埴輪も採集されています。仲津山《なかつやま》古墳の外堤部に食い込んでおり、築造時期も同じ四世紀末頃と考えられ、仲津山古墳と密接な関係がうかがえます。

土師ノ里駅周辺には高塚山古墳や長持山古墳など沢田七つ塚と呼ばれる小古墳群がありましたが、道路や建物の建設によって次々に姿を消していき、ほぼ完全な形で残っているのは鍋塚古墳だけになりました。一九五六年、周囲に宅地開発が迫ってきたため、民有地であった古室《こむろ》山《やま》古墳、赤面山《せきめんやま》古墳、大鳥塚《おおとりづか》古墳、助太山《すけたやま》古墳とともに一括して国史跡に指定されました。

本書を執筆するため、久しぶりに訪れたらすっかり景観が変わっていました。最近まで茂っていた樹木は伐採され、表面に芝生や小木が植えられ墳頂まで階段がつけられています。墳頂に登ると仲津山古墳の堂々とした姿が目に入ります。墳丘裾に新たに解説板が立てられました。

鍋塚古墳

仲津山古墳

鍋塚古墳のすぐ南にある医院の角を西に入ると仲津山《なかつやま》古墳後円部の堤に出ます。ここは墳丘のほぼ中軸線上です。現在、堤上の大部分は住宅となっていますが、前方部を除いて堤上を一周することができ、墳丘を間近に観察することができます。仲津山古墳の堀も一見してわかるように水は溜まっていません。右に行くか左に行くかは自由ですが、ここでは右、すなわち周堀に沿って左まわりに歩きましょう。住宅街をはさんで古墳の側面に沿うように近鉄線がカーブしています。

仲津山古墳は応神《おうじん》天皇皇后仲姫命《なかつひめのみこと》仲津山陵《なかつやまのみささぎ》に指定されています。墳丘長二九〇メートル、後円部直径一七〇メートル、同高さ二六・二メートル、前方部幅一九三メートル、同高さ二三・二メートル、三段築成の前方後円墳で、くびれ部の両側に造出しを持ちます。埋葬施設や副葬品についてはよくわかっていませんが、石棺の存在や滑石製勾玉《かっせきせいまがたま》、**銀環**《ぎんかん》が出土したとの言い伝

銀環　銀メッキした耳飾り。

仲津山古墳

堤上で見つかった埴輪列

仲津山古墳平面図

えが残されています。

国府台地の最高所に位置し、幅が狭く深い盾形の堀と、幅の広い堤がめぐっています。宮内庁敷地外の堤上で大阪府や藤井寺市が発掘調査を行い、堤の外側斜面に葺石が施されていることや、堤の内側に埴輪列がめぐっていることが確認されています。円筒埴輪のほか衣蓋、盾、靫形の形象埴輪も出土しており、四世紀末頃の築造と考えられています。百舌鳥・古市古墳群の中では、最初に築かれた大王墓です。天皇は皇后よりも先に亡くなっていますが、皇后の墓が先につくられています。ここでも宮内庁の指定に根拠がないことがわかります。

松川塚古墳と林古墳群

仲津山古墳の堤上を歩いて行くと前方部の北西角に古室八幡《こむろはちまん》神社があります。そこから、さらに一〇〇メートルほど西に行くと松川塚《まつかわづか》古墳です。駐車場と果樹園に囲まれており、北側は近鉄線に接しています。松川塚古墳は一辺二五メートル以上、高さ三メートルの方墳で、葺石と円筒埴輪が確認されています。埋葬施設などは不明ですが、埴輪の年代から古墳の築造時期は五世紀中頃と推定されています。以前、松川塚古墳のすぐ西側に「御陵前駅」があったと言われています。土師ノ里駅から一キロも離れていないところなので、応神天皇陵や仲姫命陵に参詣するために設けられた駅だったのでしょう。

松川塚古墳の北側一帯で、埋没した古墳が一三基見つかっています。市街地の再開発などで調査が進めば、まだまだ見つかる可能性があります。林《はやし》古墳群と呼ばれ、そ

松川塚古墳

れぞれ1号墳から順に番号が付されています。これは行政的な名称で、通常は発見された順に番号をつけていきます。それぞれの古墳には個別の名前があります。

元屋敷《もとやしき》古墳（林1号墳）は直径一五メートルの円墳で、円筒埴輪のほか人物形などの形象埴輪が出土。沢田《さわだ》古墳（林2号墳）は直径二〇メートルの造出し付円墳で、円筒埴輪のほか、盾、靫、衣蓋、冑、人物、鶏形の形象埴輪が出土しています。次郎坊《じろうぼう》古墳（林3号墳）、ヒバリ塚古墳（林4号墳）、古地《ふるち》古墳（林5号墳）、バチ塚古墳（林6号墳）、屋敷中《やしきなか》1号墳（林7号墳）、屋敷中2号墳（林8号墳）でも円筒埴輪が出土しています。古地古墳（円墳？）を除いて方墳と考えられますが、墳形や墳丘規模はよくわかっていません。次郎坊2号墳（林9号墳）は墳丘長二〇メートルの前方後円墳で、円筒埴輪のほか家、馬形の形象埴輪が出土。屋敷中3号墳（林10号墳）は方墳ですが、規模は不明で、円筒埴輪のほか、盾、靫、衣蓋、人物、馬、鶏形の形象埴輪が出土。北大蔵《きたおおくら》古墳（林11号墳）は、直径二三・四メートルの造出し付の円墳で、円筒埴輪のほか衣蓋、家形の形象埴輪が出土しています。尻矢《しりや》古墳（林12号墳）は円筒埴輪が出

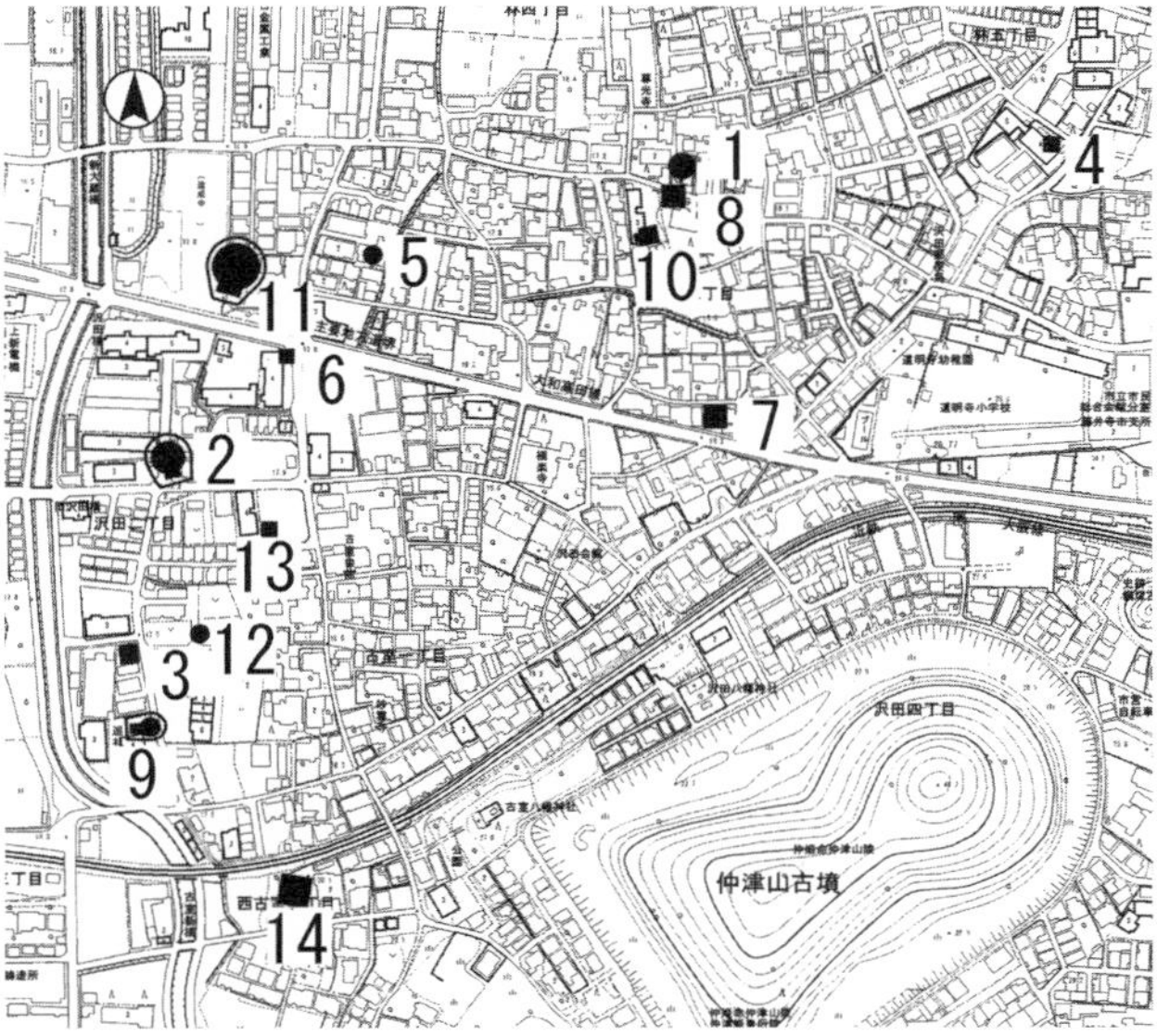

林古墳群分布図
1.元屋敷古墳　2.沢田古墳　3.次郎坊古墳　4.ヒバリ塚古墳　5.古地古墳
6.バチ塚古墳　7.屋敷中１号墳　8.屋敷中２号墳　9.次郎坊２号墳
10.屋敷中３号墳　11.北大蔵古墳　12.尻矢古墳　13.西出口古墳
14.松川塚古墳

土していますが、墳形、規模は不明です。西出《にしで》口《ぐち》古墳（林13号墳）は方墳ですが、規模は不明です。円筒埴輪、形象埴輪が出土しています。古墳群のつくられた年代は、五世紀前半から六世紀前半の間と推定されています。

古室山古墳

仲津山古墳の北側堤上をほぼ半周してきました。仲津山古墳に続いて国府台地上に古室山《こむろやま》古墳があり、互いに前方部を向き合わせています。

古室山古墳は、墳丘長一五〇メートル、後円部直径九六メートル、同高さ一五・三メートル、前方部幅一〇〇メートル、同高さ九・三メートル、三段築成の前方後円墳です。東側に造出しを持ち、葺石と埴輪が確認されています。埋葬施設や副葬品は明らかではありませんが、墳頂部に板状の石が散在しているので、竪穴式石槨と考えられます。埴輪には円筒埴輪のほか、家、衣蓋、盾、靫、冑形の形象埴輪があります。墳丘西側で堀の跡が確認されており、前方部に堤の一部が残っていますが、堀は空堀であったようです。築造時期は仲津山古墳よりやや古く、四世紀後半と推定されています。

後円部の墳頂からは、玉《たま》手山《てやま》をはじめ葛城《かつらぎ》、金剛《こんごう》の山並みを一望のもとに見渡せます。梅、桜をはじめ、紅葉もまた美しく、古墳めぐりで歩き疲れた時、ひと息入れるのにはうってつけの場所です。百舌鳥古墳群では墳丘に登れる前方後円墳は定《じょう》の山《やま》古墳だけで、陵墓以外もフェンスで囲われ鍵がかかっています。古市にはこの古室山古墳をはじ

古室山古墳（手前の後円部より前方部を望む）

め、隣接する大鳥塚古墳のほか、野中宮山古墳や津堂城山古墳が墳丘内に入れます。また峯《みね》ケ《が》塚《づか》古墳も今は入ることはできませんが、公園整備が終われば、いずれ登ることが可能になるでしょう。登ればいいというわけではありませんが、フェンスに鍵をかけて市民から遮断するのはいかがなものでしょうか。世界遺産登録を機に、市民に開放する方向で検討していただけるよう望みます。

赤面山古墳・大鳥塚古墳

古室山古墳の南には、西名阪自動車道をはさんで大鳥塚古墳がありますが、その西名阪道の高架下に赤面山《せきめんやま》古墳があります。一辺二二メートル、高さ二・七メートルの方墳で、五世紀の初め頃の円筒埴輪が出土しています。国史跡に指定されており、高速道路建設にあたって、橋脚を一箇所とばして保存され、側道も墳丘を避けてカーブしています。しかし、高架下はフェンスで囲まれており、入ることはできません。解説板もないため、ただの盛土にしか見えず、これが国史跡の古墳とはとても思えませ

赤面山古墳

大鳥塚古墳（前方部西側より）

ん。

住宅をはさんですぐ南にあるのが大鳥塚《おおとりづか》古墳です。墳丘長は一一〇メートル、後円部直径七二・六メートル、同高さ一二・三メートル、前方部幅五〇メートル、同高さ六・一メートルの前方後円墳です。古室山古墳と反対に前方部が南を向いています。後円部は三段、前方部は二段で、くびれ部両側に造出しがあり、幅の狭い馬蹄形の周堀（空堀）がめぐります。葺石が施され、円筒埴輪のほか、家、盾、衣蓋、冑形の形象埴輪が出土。付近からは大鳥塚古墳のものと見られる**草摺**《くさずり》衝角付冑形埴輪も出土しています。埋葬施設は粘土槨と推定され、**位至三公鏡**《いしさんこうきょう》（東京国立博物館蔵）と**変形獣形鏡**《へんけいじゅうけいきょう》（前方部から出土、宮内庁書陵部蔵）および鉄製武器（剣、刀、矛、鏃）の出土が伝えられています。築造されたのは四世紀末と考えられます。

第二次大戦時に後円部の墳丘裾に軍用機を隠す壕が掘られており、墳形が著しく損傷しています。国史跡に指定されていて、墳丘に登ることはできますが、樹木が茂っており、古室山古墳と違って見通しがききません。傾斜がきつく、また枯れ葉などが落ちていると滑りやすいので、下りるときには特に注意が必要です。

大鳥塚古墳の南には誉田山古墳がありますが、ここでいったん中断して道明寺方面に向かうことにしましょう。

大阪府営藤井寺道明寺住宅内の古墳

大鳥塚古墳から西名阪自動車道をはさんだ東側が、大阪府営藤井寺道明寺住宅です。住宅地の中の広い空間が、道明寺盾塚《たてづか》古墳公園です。府営住宅の敷地は土師の里遺跡の範囲に含まれています。盾塚古墳、珠金塚《しゅきんづか》古墳、鞍塚《くらづか》古墳は一九五五年、住宅建設工事に先立って発掘調査されました。この時の調査は埋葬施設が中心だったようです。

その後、一九八七年より老朽化した住宅の建

草摺　鎧の一部。胴から下に分かれて垂れている裾。

位至三公鏡　主文が竜鳳双頭文系統で、鈕《ちゅう》の上下に「位至」「三公」または「君宜」「高官」の銘文を入れたもの。後漢末より六朝《りくちょう》前半に、中国北部で使用された。

変形獣形鏡　変形した獣が描かれている銅鏡。銅鏡は形と文様によって呼称が決められており、縁の断面によって平縁、三角縁などがあり、神と獣が描かれているものは神獣鏡で、その数によって二神とか三獣などと区別されている。鈕《ちゅう》は紐を通す孔のことで、乳《にゅう》は鈕をめぐる円錐形の突起、帯は狭い文様帯のこと。画や文字のあるものは画文帯などと呼ばれる。

て替えのため、上記三古墳の再調査が行われました。その結果をもとに盾塚古墳と鞍塚古墳の墳丘と周堀のあったところは、住宅棟建設位置を変更し保存されることになりました。今は公園となり、盾塚の墳丘と周堀の位置はコンクリートブロックで表示されています。鞍塚古墳はその北側に隣接しており、表示はされていませんが、パンダの置物がある広場あたりがその跡地です。

では、過去の調査と合わせながら見ていくことにしましょう。

盾塚古墳

盾塚《たてづか》古墳は、墳丘長七三メートル、後円部直径四九メートル、前方部幅二五メートルの帆立貝形古墳です。後円部西側に造出しを持ちます。周堀は卵のような形をした楕円形です。円筒埴輪のほか、家、靫、草摺、衣蓋形の形象埴輪や葺石も見つかっています。

埋葬施設は後円部の粘土槨に割竹形木棺が納められており、粘土槨の上は一一枚の赤と黒の漆塗りの盾が覆っていました。盾塚古墳の名称はこの盾からきています。副葬品は棺内から変《へん》形六獣鏡《けいろくじゅうきょう》、銅釧《どうくしろ》、銅環、銅鈴、筒形銅器《つつがたどうき》、石《いし》釧《くしろ》（一〇二頁左下図版参照）、玉類（勾玉、管玉、棗玉《なつめだま》）、竪櫛《たてぐし》、武具（衝角付冑、各種短甲など）、鉄製武器（刀、剣、鏃）および農・工具（斧、鎌、

盾塚古墳公園

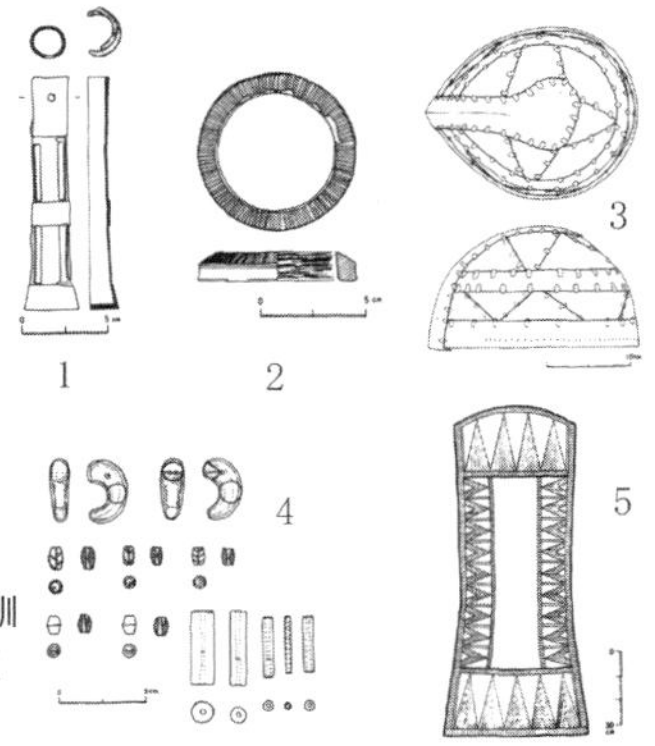

盾塚古墳出土遺物
（1.筒形銅器　2.石釧
3.衝角付冑　4.玉類
5.漆塗盾）

鉇《やりがんな》、鑿《のみ》、刀子、錐《きり》ほか）、棺外からは鉄刀、鉄剣が出土。さらに前方部の副葬品のみを納めたとみられる施設から鉄製品（矛、鍬、鋤《すき》先、鎌、斧、刀、剣）が出土しています。築造された時期は四世紀後半と推定されています。

鞍塚古墳

鞍塚《くらづか》古墳は墳丘長五一メートル、後円部直径四〇メートル、前方部幅二一メートル、南側に造出しを持つ帆立貝形古墳で、周堀は盾塚古墳と同じ楕円形（卵形）です。円筒埴輪、朝顔形埴輪のほか、家、衣蓋、盾、甲冑、草摺、鳥形の形象埴輪や葺石も見つかっています。埴輪の中には**窖窯**《あながま》で焼かれた須恵質のものもあります。埋葬施設は組合式**木棺直葬**《くみあわせしきもっかんじきそう》です。副葬品は棺内外から、方格規矩鏡《ほうかくきくきょう》、玉類（碧玉製管玉、ガラス小玉、滑石製勾玉）、鉄製武器（刀、剣、鏃、矛、槍《やり》）および農・工具（斧、鎌など）、武具（衝角付冑、短甲など）、鞍金具など馬具一式のほか**鉄鋌**《てってい》が出土。馬具は古市古墳群の中でも初期のものとされています。築造された時期は五世紀前半と推定されています。鞍塚の名称は鞍を含む馬具が出土したことからつけられました。

府営住宅内の調査では上記のほか、方墳三、埴輪円筒棺墓三一、木棺墓三、土壙墓九、土器棺墓七、火葬墓一八基と多数の墳墓が見つかっています。これ以外に土壙が約二〇〇箇所あり、これも多くは墳墓と考えられ、古墳時代中期から平安時代前期にかけて、この地域は**土師《はじ》氏**の

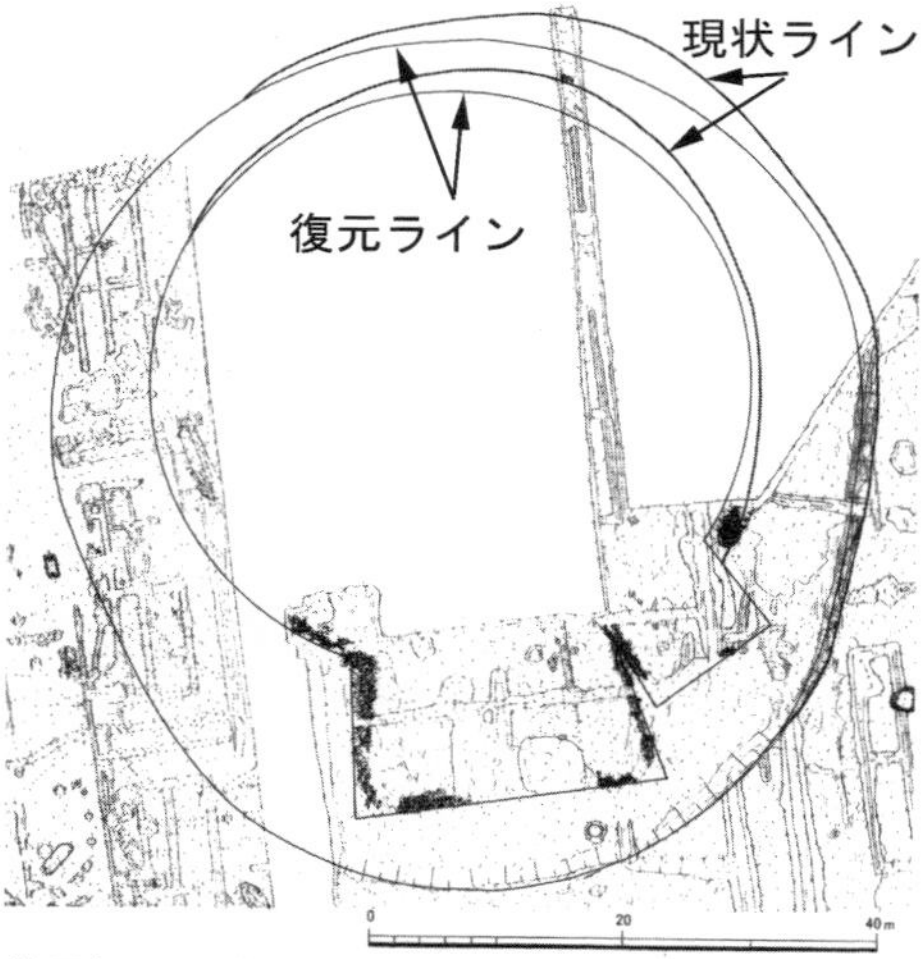

鞍塚古墳墳丘復元図

窖窯　須恵器や瓦などを焼く場合に土中を刳《く》り抜いてつくった窯。登窯《のぼりがま》。

木棺直葬　古墳や弥生時代の墓で、まわりの施設がなく、木棺だけが直接埋められたもの。

鉄鋌　両端の広がる短冊形の薄板で、鉄の素材。

土師氏　古墳時代中期に古墳造営や葬送儀礼に関わった氏族。道明寺一帯は、「土師の里」と呼ばれ、土師氏が本拠地としていたところ。

共同墓地であったと考えられています。時代のわかる遺構はあまり多くはありませんが、古墳時代に含まれるものとしては、小型方墳（五世紀中頃～六世紀前半）、埴輪円筒棺墓（五世紀後半～七世紀代）のほか若干の土壙墓と木棺墓があります。

　小型方墳のうち古墳名がつけられ文化財分布図に載っているのは、土師の里9号墳だけです。9号墳は府営住宅8棟付近にあり、一辺が一〇メートルです。周堀が全周していたかどうか不明です。堀内から円筒埴輪が出土しており、五世紀中頃の築造と考えられています。残る二基の方墳は鞍塚古墳の北側に隣接するものと、盾塚古墳前方部の東に隣接するものがありますが名前はつけられていません。前者は一辺一六メートルと推定され、堀内から円筒埴輪、朝顔形埴輪のほか、船、靫、家、鶏形の形象埴輪および埴輪円筒棺墓が見つかっています。円筒棺は一辺九メートルで、土師器、須恵器、埴輪などが出土していますが、古墳に伴うものかどうかは明らかではありません。

珠金塚古墳

珠金塚《しゅきんづか》古墳は盾塚古墳の西約六〇メートルにあった方墳です。府営住宅立替工事に先立つ試掘調査で「現状でのおおよその位置を確認した」と報告されていますが、その詳細についての記述がないため、現在では正確な位置を特定することができません。過去の調査記録や分布図で見る限り、府営住宅の敷地外、西名阪自動車道の高架下にあったようです。

　墳丘は一辺二七メートル、高さ四メートル、葺石と円筒埴輪、家、衣蓋、盾形の形象埴輪が確認されています。墳頂部に東西に長い二基の粘土槨があり、南側にあった粘土槨には割竹形木棺が納められていました。棺内外からは、斜《しゃ》縁神獣鏡《えんしんじゅうきょう》、四獣形鏡《しじゅうけいきょう》や玉類（硬玉《こうぎょく》製勾玉、同棗玉、碧玉製管玉、ガラス製勾玉、同丸玉、同小玉、滑石製勾玉、同臼玉《うすだま》）、鉄製武器・武具・農工具が出土。北側は組合式木棺で、環状乳《かんじょうにゅう》神獣鏡《しんじゅうきょう》、方格規矩鏡、玉類（硬玉製勾玉、同棗玉、滑石製臼玉、金製空玉《うつろだま》、ガラス製丸玉、同小玉、同平玉、琥珀《こはく》製棗玉、同丸玉、環状ガラス玉、金箔ガラス玉）、鉄製武器・武具・農工具などが出土しています。鉄製武器や武具、玉類が多量に埋納されており、特に玉類の種類や量が多いことから古墳名の由来になったようです。埋葬施設は二箇所にあり、両者でつくられた時期が若干ずれるようですが、五世紀中頃の築造と考えられています。

土師の里遺跡内の古墳

土師の里遺跡は府営住宅内の古墳群も含め、仲津山古墳の南東部に広がる遺跡です。遺跡の範囲内には集落、墓地、窯跡などがありますが、次に土師の里遺跡内にあるそのほかの古墳をまとめて紹介しましょう。

珠金塚古墳の西側から一辺三〇メートルの方墳が発見され、珠金塚西《しゅきんづかにし》古墳（土師の里７号墳）と名づけられました。個人住宅の建設に先立つ調査で発見され、周堀が確認されて、葺石と円筒埴輪、朝顔形埴輪や家、靫形などの形象埴輪が出土しました。埴輪の年代から五世紀中頃の築造と推定されています。昭和三〇年代までは墳丘が残っていたと伝えられています。

盾塚古墳公園と助太山古墳の間にある共同住宅、ファラン道明寺の建設に先立つ調査で一辺一二メートルの方墳が見つかり、土師の里８号墳と命名されました。幅二メートルの堀がめぐっていますが、葺石はありません。堀内からは円筒埴輪のほか、家、草摺、鶏形の形象埴輪が出土しています。埋葬施設は粘土で覆われた三つの埴輪円筒棺です。中央の棺が一番大きく、この古墳に埋葬された中心人物と考えられます。棺内には人骨が残っており、葬られたのは若年男性と推定されています。副葬品は棺内外から

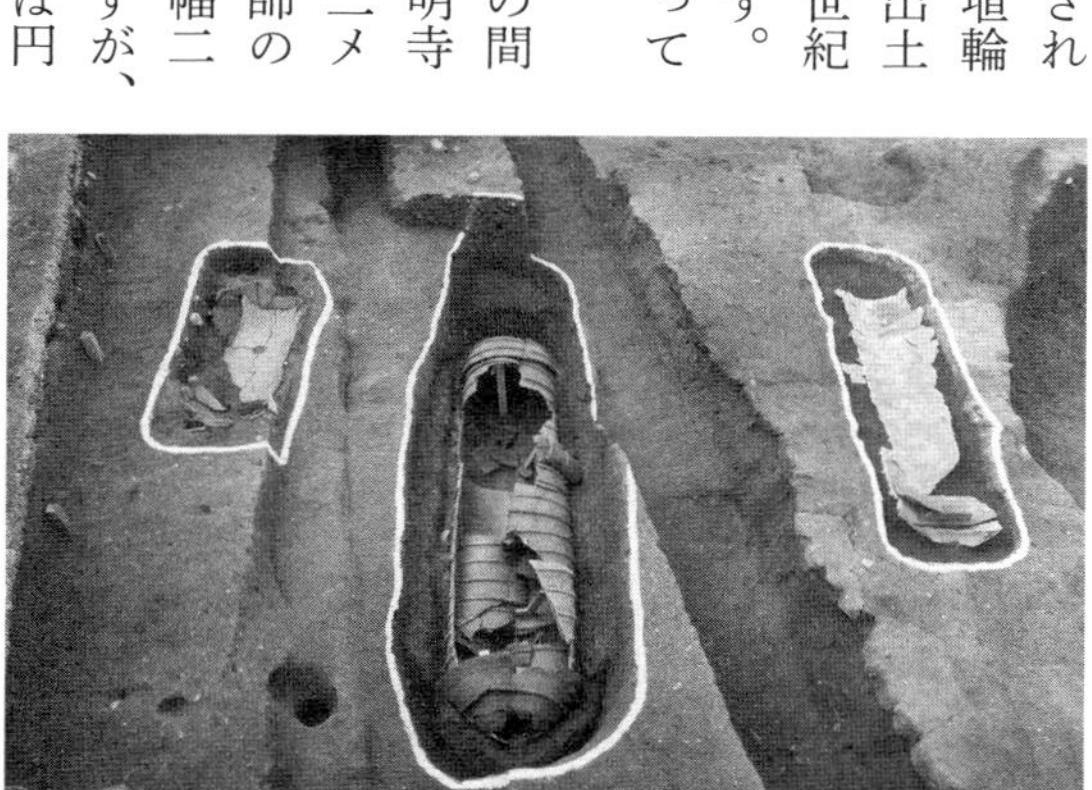

土師の里８号墳の埋葬施設

空玉　銅や銀などでつくられた玉で、中が空になっているもの。

鉄製品（剣、刀、鏃、鎌、斧、鋤先）が出土。北側の棺からも鉄製品（槍、矛、短剣）が出土していますが、南側の棺には副葬品はありません。出土した鉄製品の中からすり減った刃を研ぎ直した鎌が見つかり、鉄の武器や農工具は実際使っていたものであることがわかりました。築造された時期は五世紀後半と推定されています。

狼塚《おおかみづか》古墳（土師の里10号墳）は、大鳥塚古墳東側の発掘調査で見つかりました。直径二一メートル、造出し付の円墳です。発掘現場は、誉田山古墳の前方部にある誉田《こんだ》丸山《まるやま》古墳のすぐ東でもあります。円筒埴輪列と葺石が確認されています。埴輪には家、盾、靫、水鳥、鶏形のほか、囲形埴輪が出土しています。囲形埴輪の出土した場所は造出しの北側くびれ部のところで、方形の区画内には樋形の土製品が置かれています。奈良県御所《ごせ》市の南郷《なんごう》大東《おおひがし》遺跡で見つかった導水施設の遺構と共通するものがあり、水の祭りの場所を模した埴輪群と考えられます。古墳の築造時期は誉田山古墳と同じ五世紀前半と推定され、陪塚の可能性が高い古墳です。

東楠《ひがしくす》古墳（土師の里4号墳）、西楠《にしくす》古墳（土師の里11号墳）は、盾塚古墳の南、西名阪自動車道をはさんだ住宅街にあり、いずれも住宅建設に先立つ調査で堀の跡が発見されました。前者は古墳の形や規模は不明ですが、円筒埴輪と衣蓋形埴輪が出土。後者は八メートルの小規模な方墳と推定され、円筒埴輪や家、衣蓋、甲冑形の形象埴輪のほか、土師器が出土しています。

西《にし》清《し》水《みず》1号墳（土師の里5号墳）は、中山塚古墳の南一三〇メートルのところ、市立第四保育所のすぐ南にあり、民間の事務所建設に先立つ調査で発見されました。一辺三〇メートルの方墳で堀内から円筒埴輪のほか、家、衣蓋、盾、短甲、馬、人物形の形象埴輪が出土しています。

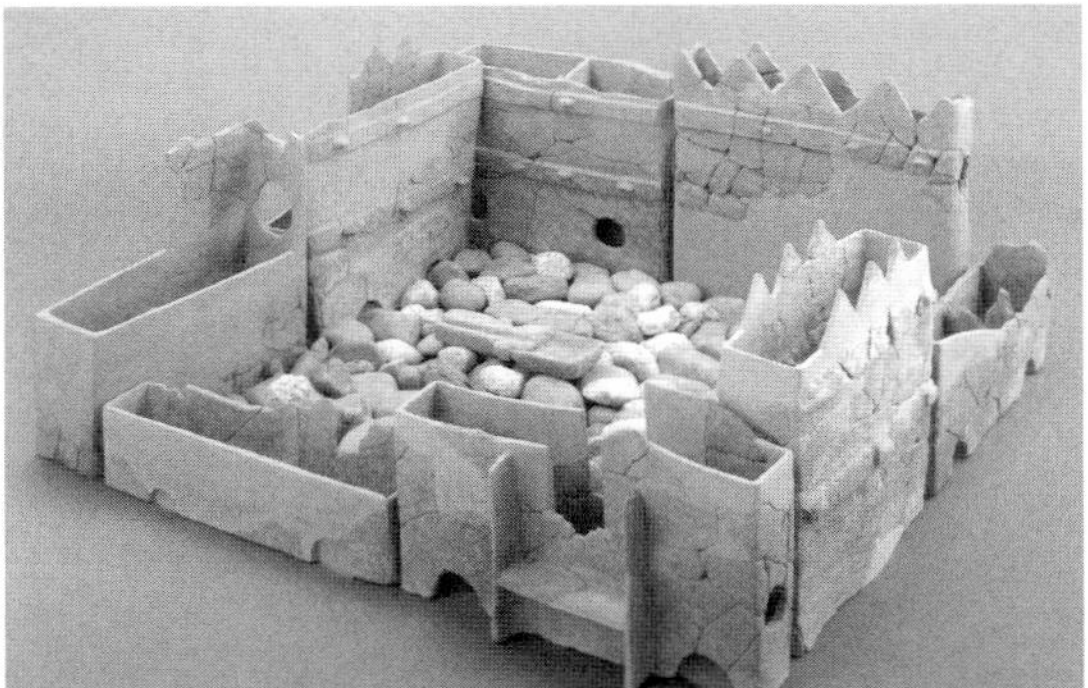

狼塚古墳出土囲形埴輪

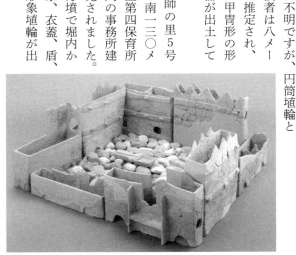

西清水１号墳と助太山古墳のほぼ中間にある円墳の小森塚《こもりづか》古墳は、周堀から円筒埴輪、囲形埴輪等が出土。築造時期は五世紀中頃と推定されます。

西清水２号墳（土師の里12号墳）は西清水１号墳の南西一〇〇メートルにあり、住宅建設の事前調査で古墳の堀を検出。堀内からは円筒埴輪や、衣蓋、盾、靫、甲冑、短甲、家、馬形の形象埴輪が出土。一辺一〇メートルの方墳と推定されていますが、形象埴輪が大量に出土していることから、発掘された箇所は帆立貝形古墳の造出しの可能性があります。いずれにしても、調査範囲が狭いため断定することができません。五世紀中頃の築造と推定されています。

塚穴《つかあな》古墳（土師の里6号墳）は八島塚《やしまづか》古墳の南東、旧一七〇号線をはさんだところにあります。国道からも、道明寺天満宮へ通じる道からもまったく見えません。南東側の細い路地をまわり込んで行くと、道路がカーブしています。それが古墳の痕跡とすると、直径八〇メートルになります。大阪府教育委員会が古墳の南側を発掘調査したところ、五世紀後半の埴輪、土師器、須恵器が多量に含まれた地層が見つかりました。埴輪の中には鶏、太刀、家、靫形の形象埴輪があります。調査者は、塚穴古墳を中世に削平した時に捨てた土ではないかと推定しています。古墳の北半分は畑の状態で残っています。

土師の里１号墳は八島塚古墳の東、道明寺天満宮に通じる道路の北側にあり、七世紀の小型竪穴式石槨です。土師の里２号墳はそのすぐ東にありました。古墳の堀と思われる溝から埴輪円筒棺墓が見つかっています。

道端《みちばた》古墳（土師の里３号墳）は、土師ノ里駅の南一五〇メートルのところにあり、一九七九年の調査で古墳の周堀が見つかり、堀内に埴輪円筒棺墓が三基並んで置かれていました。直径二〇メートルの円墳と推定されています。昭和初年の航空写真には墳丘が写っていたものが、同一二年頃にはなくなっていたと伝えられています。

塚穴古墳　来目皇子墓に指定されている塚穴古墳とは別のもの。

以上、土師の里1号墳を除いて五世紀から六世紀代の埴輪が出土していますが、調査区域が限られており、埋葬施設に埴輪円筒棺を使用している例があります。円筒棺は古い埴輪を転用した可能性もあるため、古墳のつくられた年代を特定することは困難です。上記の古墳群は塚穴古墳を除いて、いずれも開発の事前調査で見つかったものであり、現在はその痕跡すらも見ることができません。

三ツ塚古墳と修羅

仲津山古墳の南側は急な崖になっており、東の道明寺天満宮付近まで続いています。この崖を利用して埴輪の窯跡（土師の里埴輪窯跡群）が築かれています。崖の下で東西に三基の方墳が並んでいます。西から助太山《すけたやま》古墳、中山塚《なかやまづか》古墳、八島塚《やしまづか》古墳で、三ツ塚《みつづか》古墳はこの三基の総称です。中山塚古墳と八島塚古墳は一辺五〇メートル、高さは前者が八・五メートル、後者は八メートルです。助太山古墳は他の二墳よりひとまわり小さい一辺三六メートル、高さ六メートルです。三つの古墳は墳丘の南辺を揃え、堀を共有しています。

助太山古墳は堀を除いた墳丘のみが国史跡に指定され、中山塚古墳（飛地い号）、八島塚古墳（飛地ろ号）は仲姫命陵の陪塚として宮内庁の管理です。助太山古墳は堀の西側が調査されていますが、築造時期を特定するまでには至っていません。墳頂部には凝灰岩の巨石が露出していたため、**横口式石槨**《よこぐちしきせっかく》の天井石ではないかという説もありますが、詳細は不明です。古墳は整備され、墳丘に登る石段が設置されています。

ほかの二墳は墳丘のみが宮内庁で堀は民有地です。このため、中山塚古墳と八島塚古墳の間で一九七八年に共同住宅の建設計画が持ち上がり、大阪府教育委員会が事前調査を行いました。この調査で大小二つの木製ソリが出土しました。大きいほうのソリは常緑樹のアカガシ属の自然木で、二股に枝分かれした部分を利用しており、

横口式石槨　後期～末期の古墳にみられる横穴式墓制のひとつであり、切石を用いて、内部に木棺や乾漆棺を納められる程度の大きさで、短辺の小口部が開口する。代表的な例に高松塚古墳がある。

全長八・八メートルあります。小さいほうはクヌギで全長二・八メートルです。このソリは通称〝修羅《しゅら》〟と呼ばれています。なぜ〝修羅〟と呼ぶかというと、仏教の八部衆《はちぶしゅう》のひとつに阿修《あしゅ》羅《ら》という神がいますが、阿修羅は戦いの神としてのイメージをもたれており、激しい争いの場を修羅場とも言います。ライバルの帝釈天《たいしゃくてん》に戦いを挑む悪神の意から、中世以降、大石（たいしゃく）を動かす器具や装置のことを修羅と呼ぶようになったとのことです。

　出土した木製のソリの年代は特定されていませんが、大きく五世紀説と七世紀説に分かれます。五世紀とする根拠は、堀内から出土した埴輪は中山塚古墳と八島塚古墳に立てられていたもので、その年代は五世紀とするものです。また、七世紀説は助太山古墳が横口式石槨を持つ七世紀の古墳であり、他の二古墳も同時期とするものです。出土した埴輪は三ツ塚古墳のすぐ北側の埴輪窯から混入した可能性もあり、堀内からは埴輪とともに七～八世紀代の土器も出土

助太山古墳

修羅発掘風景

しています。さらに、五世紀代の古墳には、石棺を除いて大きな修羅で運ばなくてはならない巨石は使われていません。これらのことから、筆者は五世紀説の根拠は薄いと考えます。中山塚古墳と八島塚古墳は宮内庁の管理であり、今のところ調査の予定はありませんが、古墳の時期が特定できればこの論争に決着がつくでしょう。

修羅の現地説明会には一万二〇〇〇人が訪れ、五〇〇メートル離れた土師ノ里駅まで切れ目なく長蛇の列が続きました。しかも正面で見られる時間は一人わずか五〇秒。こんな貴重なものが出土したにもかかわらず開発を止める手立てはなく、予定通り共同住宅が建てられてしまいました。

一九七八年九月三日、近くの大和川、石川合流点付近の河川敷で、修羅の複製を使って巨石を運搬する実験が行われました。修羅に一四トンの石を載せて実験したところ、じか曳きではほとんど動かなかったものが、下にコロを敷くと走るように滑ったとのことです。この複製は道明寺天満宮の梅林横の覆屋に保管されています。実物は大阪府立近《ちか》つ飛鳥博物館に常設展示されています。小さいほうの修羅は、藤井寺市立図書館の一階にあります。ここには古墳づくりの大きなジオラマと赤子塚古墳出土の埴輪な

現地説明会風景

現在の三ツ塚古墳（左：八島塚古墳、右：中山塚古墳。修羅はこの間から出土した。現在は共同住宅が建てられている）

どが展示されています。

八島塚古墳から国道に出ると、三叉路の交差点に道明寺天満宮〇・二キロメートルと書いた大きな看板があります。そのまま東に進むと近鉄道明寺駅です。途中に道明寺と道明寺天満宮があるので立ち寄るのもいいでしょう。

3　誉田山古墳とその周辺

誉田山《こんだやま》古墳へのアプローチは古市駅からはじめましょう。古市駅の北七〇〇メートルのところに誉田《こんだ》八幡《はちまん》宮《ぐう》があります。誉田八幡宮は日本最古の八幡宮といわれ、主祭神は応神天皇です。境内に宝物館があり、誉田丸山古墳から出

誉田八幡宮境内にある石棺材

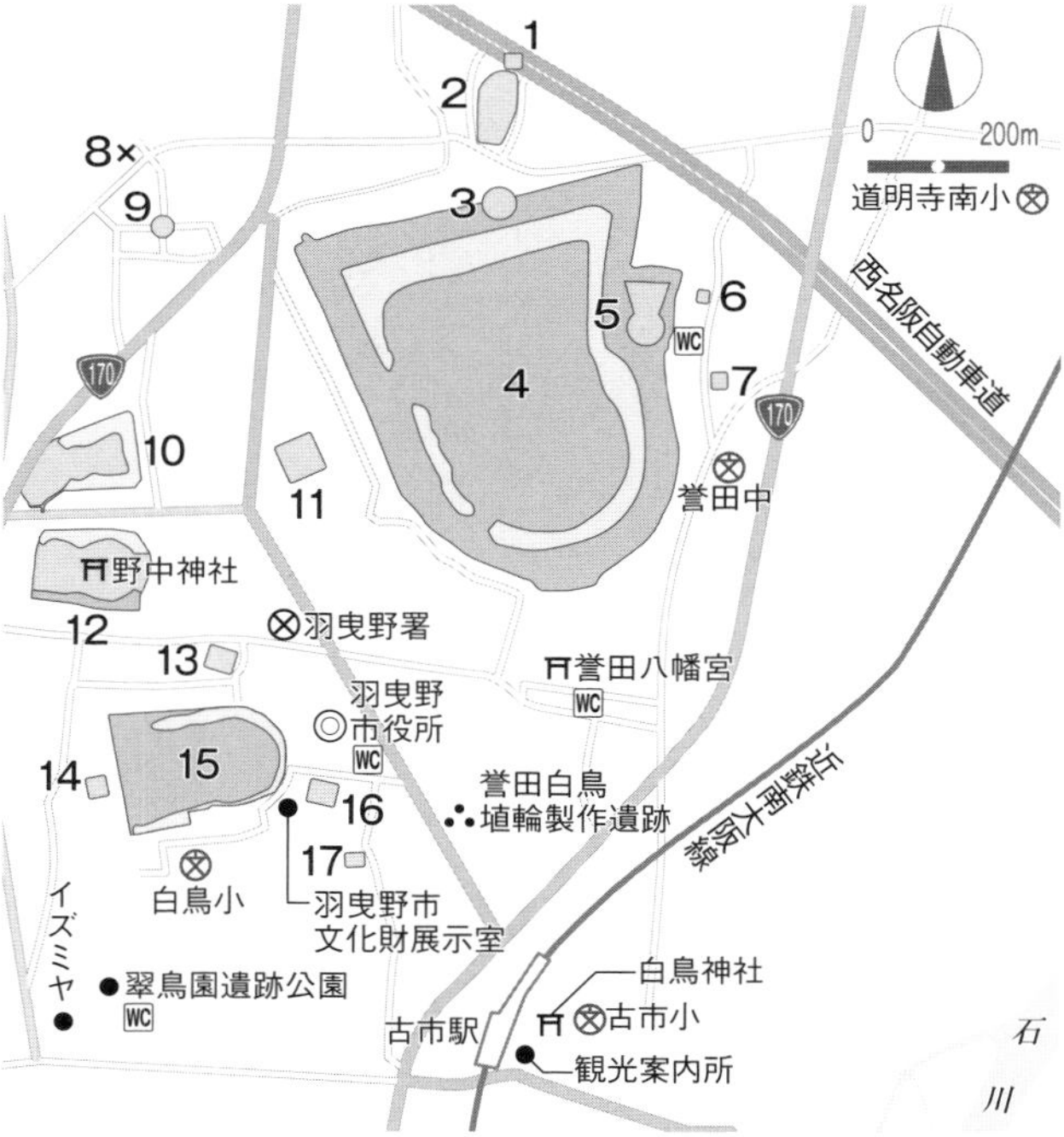

誉田山古墳と周辺の古墳（その1）

1.赤面山古墳　2.大鳥塚古墳　3.誉田丸山古墳　4.誉田山古墳　5.二ツ塚古墳　6.東馬塚古墳　7.栗塚古墳　8.サンド山古墳　9.蕃所山古墳　10.はざみ山古墳　11.東山古墳　12.野中宮山古墳　13.野中古墳　14.浄元寺山古墳　15.墓山古墳　16.向墓山古墳　17.西馬塚古墳

土した国宝金銅《こんどう》製《せい》竜《りゅう》文《もん》透《すかし》彫《ぼり》鞍《くら》金具《かなぐ》（五九頁上図版参照）などが展示されています。ただしこの宝物館は土曜日の一三時から一六時しか開館していません。境内のツツジの植え込みと藤棚の横、池の中には竪穴式石槨の天井石の一部や長持形石棺の石材がありますが、誉田山古墳のものかどうかはわかりません。

誉田山古墳

後円部から参拝

誉田八幡宮は誉田山古墳の後円部にあります。本殿右奥に放生橋があり、秋季大祭の神輿渡御《みこしとぎょ》神事にはこの橋を渡って後円部の祭祀場まで行きます。この神事は現在も九月一五日に行われています。現在は橋を迂回し、堀のほとりまでですが、一般の人が陵墓に入れる唯一の例です。『河内名所図会』には、ここから階段が後円部頂まで続いており、六角の宝殿が描かれています。現在の拝所は北側前方部にあることや、前方後円墳の名称によって正面は前方部と思われがちですが、少なくとも誉田八幡宮建立からは、誉田山古墳は後円部から参拝するのが正式であったのです。

容積では全国一

誉田山古墳は、墳丘長四二五メートル、後円部直径二五〇メートル、同高さ三五メートル、前

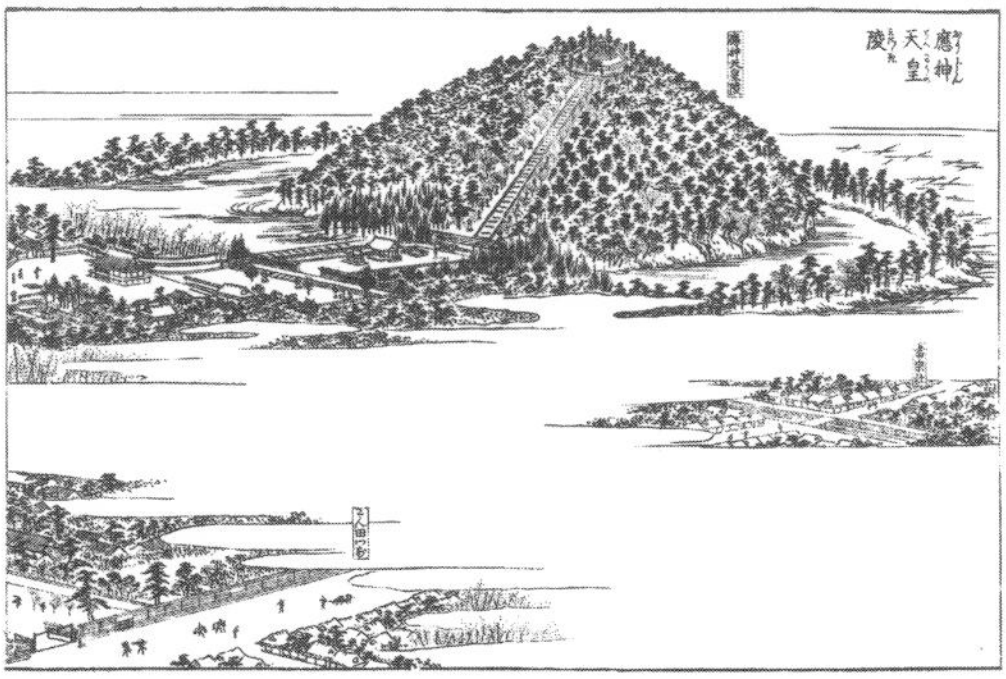

応神天皇陵（『河内名所図会』）

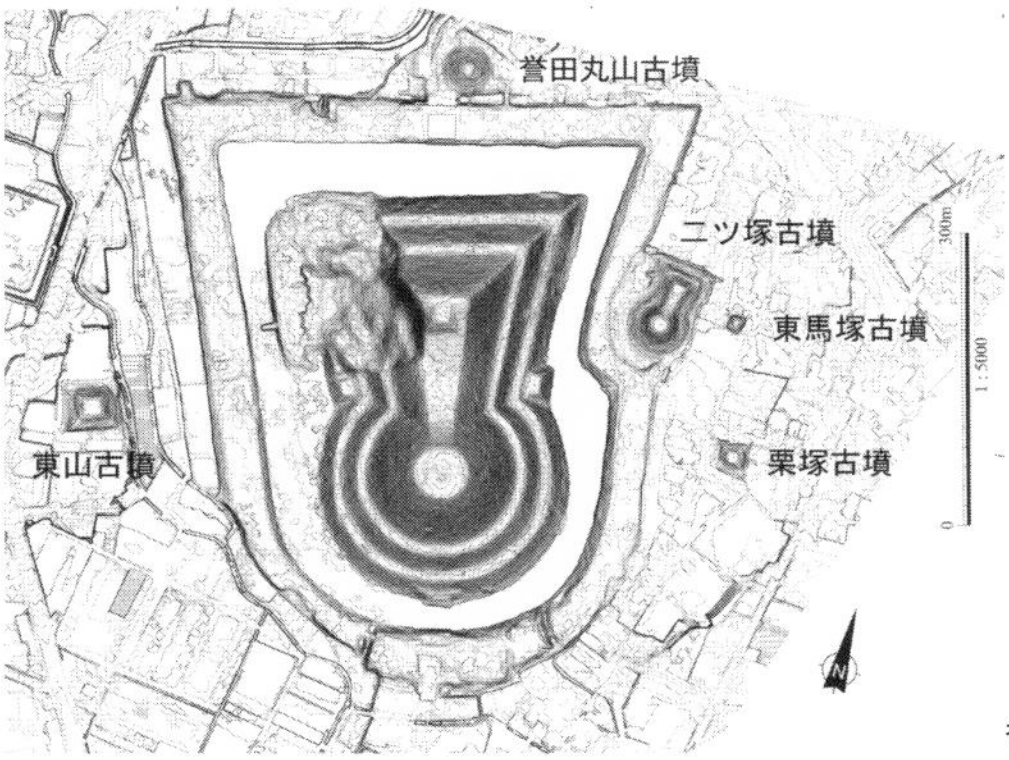

誉田山古墳平面図

方部幅三〇〇メートル、同高さ三六メートルと、大山古墳についで全国第二位の規模を持つ前方後円墳です。その容積では大山古墳をしのぎます。宮内庁により応神天皇恵我《えがの》藻伏《もふしの》崗《おかの》陵《みささぎ》に指定されていますが、その区域は墳丘本体と内堀、内堤までで、西側の外堀と外堤は国史跡となっています。

国府台地の南端、低位段丘と旧大乗《だいじょう》川の氾濫原にまたがって立地しており、周堀を含めた全長は六五〇メートルに達します。墳丘は三段築成で、両側くびれ部に方形の造出しがあります。堀は二重にめぐっていますが、東側の堤と堀はいびつになっています。これは先に築かれた二《ふた》ツ《つ》塚《づか》古墳を避けたためと考えられます。測量図を見ると西側前方部が崩れているのがわかりますが、これは西側半分が軟弱な氾濫原に築かれていることや墳丘の下を活断層が走っているためで、天平六年（七三四）、マグニチュード七の大地震で墳丘が崩落したことが明らかになっています。北側の拝所から墳丘の段差が確認できるとのことですが、樹木が繁茂しているため判然とはしません。

埋葬施設は竪穴式石槨で長持形石棺の一部が露出していたという伝承がありますが、詳しいことはわかっていません。墳丘と内堤の内外法面《のりめん》、外堤の内側法面には葺石が施されています。これまでに見つかっている遺物は円筒埴輪のほか、衣蓋、水鳥、盾、靫、家、草摺、短甲、馬形の形象埴輪、クジラ、タコ、イカ形の土製品、板、天秤棒《てんびんぼう》、鋤、棒、笠、衣蓋形の木製品があります。円筒埴輪は墳丘や堤上に、二万本以上立てられていたと推定されています。直径五〇センチ、高さ一メート

上空から誉田山古墳（左下）を望む。右下は仲津山古墳、上は岡ミサンザイ古墳

ルを超える大型のものが確認されていますが、墳丘内にはそれより大きな埴輪もあると推測されています。埴輪は窖窯で焼かれた最初のもので、誉田山古墳が築造されたのは五世紀前半と推定されています。

内堤内への立ち入り

二〇一一年二月二四日、陵墓の保存と公開を求める考古学・歴史学関係一六学・協会（以下「**陵墓関係学会**」と略す）の要望で内堤内への立ち入り観察が行われました。中堤は幅約五〇メートル、巡回路は二・八キロメートルあり、一周するのに三時間のコースです。今回の立ち入り観察では、安全上の確保ができないとの理由で、墳丘への立ち入りは許可されませんでした。墳丘は鬱蒼とした樹木に覆われており、内堤からの表面観察はほとんどできなかったようです。

前方部西側の墳丘の損壊は以前から測量図で確認されていましたが、担当官によれば、「損壊は前方部西側の堀をほぼ埋めるほどの大規模だったようで、一八八九年（明治二二）の堀浚渫時に掘削されて現在の状況になった」と説明がありました。崩壊は後円部では起こっておらず、断層の影響かどうかは不明で、もともとの土壌の違いから崩壊したとも考えられるとの意見も、事後検討会で出されました。

誉田山古墳の周堀は二重堀で、二ツ塚古墳と接する部分の堀・中堤の形がいびつになっています。これは一般的に先行して築かれていた二ツ塚古墳を避けて、誉田山古墳の周堀がつくられたためとされています。今回の立ち入り観察で、両古墳の関係性を究明することが課題のひとつでした。二ツ塚古墳には段築、盾形周堀の痕跡、前方部西側面に造出し状の遺構があることが確認されました。この遺構は、奈良県広陵町の巣山古墳などに見られる出島状遺構であった可能性を指摘する意見もあります。

低い前方部を東側に向けた帆立貝形古墳と見られている誉田丸山古墳の前方部も注目すべき箇所でしたが、前方部と思われる部分が資材置き場および通路になっており、十分な観察ができ

陵墓関係学会　当初九学・協会であったが、現在は一六学・協会。

きなかったようです。そのほか内堤には二列の埴輪がめぐっており、葺石の痕跡や中堤の後世における利用・改変の様子などが観察されました。また、崩落箇所や地形の起伏も認められるが、内堤および墳丘自体の残りは良好であったとのことです。

学会の立入観察に先立って、「宮内庁の陵墓委員が墳丘に入ったところ、前方部にも方形壇が確認できた」と報道されました（二〇一一年二月一九日、共同通信社配信）。このことは航空レーザー測量図でも確認でき、大山古墳の例などから、前方部にも本格的な埋葬施設がある可能性が高いと思われます。

余談ですが、陵墓内に絶滅寸前の**ヒメボタル**が多数生息しており、二〇〇八年の調査では二五〇〇匹以上が確認されています。

栗塚古墳

誉田山古墳の周囲には陪塚と思われる小古墳がいくつかあります。誉田八幡宮を出てひとめぐりしてみましょう。東門を出るときれいにブロック舗装された東高野街道です。街道に沿って北に進みましょう。四〇〇メートルほど行く

栗塚古墳

ヒメボタル　陸生で、暗くじめじめした自然林に棲む。体長六～一〇ミリ。オスはメスを探して飛びながら、フラッシュのような鋭い光を放つ。

と道が二股に分かれており、東高野街道と書かれた石碑があります。そこから北七〇メートルのところに栗塚《くりづか》古墳があります。右側の道に沿って誉田中学校があり、学校の北端付近から栗塚古墳の墳丘が見通せます。住宅に囲まれているため、墳丘が見通せるのはここだけです。

栗塚古墳は応神天皇陵の陪塚（飛地ろ号）に指定されています。一辺四三メートル、高さ五メートル、二段築成の方墳で七・五メートルの堀がめぐっています。墳丘は宮内庁の管理であり、埋葬施設などは不明ですが、周堀は住宅開発に伴い発掘調査が行われています。

その結果、墳丘と堤の内側法面に葺石が施され、堤上に円筒埴輪列が確認されました。また、堀内からは円筒埴輪のほか、衣蓋、家、鶏、犬、馬、人物、盾、囲形の形象埴輪が出土。誉田山古墳と同じ五世紀前半の築造と考えられ、主軸が同古墳の外堤と平行していることから、陪塚の可能性が高いと考えられます。現在、栗塚古墳の堀と堤は住宅になり、墳丘を取り巻いています。

二ツ塚古墳

栗塚古墳の西側にまわりこんで、さらに北に五〇メートルほど行くと、窓や扉に古市古墳群の航空写真を貼りつけた建物があります。ここは茶山グランドの管理棟で、駐車場とトイレがあり、裏側にまわると解説板が設置されています。普段は閉まっていますが、トイレは利用できます。管理棟の裏と駐車場には、誉田山古墳外堤の東端の位置が緑のブロックで表示されています。茶山グランドのテニスコートをはさんでフェンスの向こうに見えるのが、二ツ塚《ふたつづか》古墳です。

二ツ塚古墳は、墳丘長は一一〇メートル、後円部直径七三メートル、同高さ九・九メートル、前方部幅六〇メートル、同高さ八・六メートルの前方後円墳で、誉田山古墳の前方部東側の内堤に近接して築かれています。前方部は北向き

二ツ塚古墳

で、盾形の周堀と葺石が確認されており、円筒埴輪のほか朝顔形埴輪や盾、靫形の形象埴輪が出土しています。

二ツ塚古墳は宮内庁により応神天皇陵域内陪塚に指定されています。しかし、誉田山古墳の内堀と堤がこの古墳を避けてつくられていることから、誉田山古墳よりも先に築かれていることが明らかで、誉田山古墳の被葬者と深い関わりのある人物の墓ではないかとの説もあります。築造されたのは四世紀末と推定されています。

東馬塚古墳

茶山グランド管理棟駐車場の北、フェンス越しにあるのが東馬塚《ひがしうまづか》古墳です。西側は二ツ塚古墳に隣接し、誉田山古墳の外堤を画するラインの内側に築かれています。一辺三〇メートル、高さ三・五メートルの方墳で、応神天皇陵の陪塚（飛地い号）に指定され、宮内庁の管理です。現在は南側を除いてコの字状に住宅に囲まれています。グランドのネットフェンス工事に伴う発掘調査で埴輪列が確認されました。埴輪の年代は五世紀初頭のもので、誉田山古墳よりも若干先行します。堤の上に陪塚が築かれているというのは不自然です。二ツ塚古墳の陪塚という考えもあり、東側には二重堀がなかった可能性も否定できません。

東馬塚古墳北側の住宅開発に伴う調査で、円筒埴輪のほか、家、衣蓋、盾、大刀、人物、馬形の形象埴輪が出土しています。家形埴輪には入母屋《いりもや》造《づくり》高床《たかゆか》式のものや切妻《きりづま》造《づくり》平屋《ひらや》式のものがあります。また、盾形埴輪の中には通常の盾形のものと**石見型埴輪**《いわみがた》があります。これらの埴輪は東馬塚古墳と同時代の五世紀初頭のものですが、少し離れているため、東馬塚古墳のものかどうかは明らかではありません。

東馬塚古墳（駐車場に薄く斜めに入っている線は誉田山古墳の外堤を区画するライン）

この付近は茶山《ちゃやま》遺跡の範囲で埴輪円筒棺墓が多数見つかっています。東馬塚古墳と栗塚古墳の中間では、マンション建設に伴う調査で一辺一〇メートルの方墳と考えられる堀の跡が新たに見つかりました。堀内から円筒埴輪や、鶏、鷹、馬、盾、靫、大刀形の形象埴輪が出土、茶山1号墳と名づけられました。さらに1号墳から東へ七〇メートルのところに、一辺一〇メートル以上の方墳と見られる周堀が最近発見されました。出土した埴輪から五世紀中頃と推定されています。また栗塚古墳の南でも一辺二三メートルの方墳が見つかり、珍しい倭装大刀《わそうたち》形など各種形象埴輪が出土しています。これ以外に破壊された古墳が多くあったと思われます。

石見型埴輪　盾形をした埴輪の一種で、奈良県磯城《しき》郡三宅町の石見遺跡で出土したことから「石見型埴輪」と呼ばれている。近年の研究では、盾ではなく権威を象徴する杖「玉杖《ぎょくじょう》」の形との関連性が考えられるようになった（一〇六頁左下図版参照）。同じ形をした木製品もある。

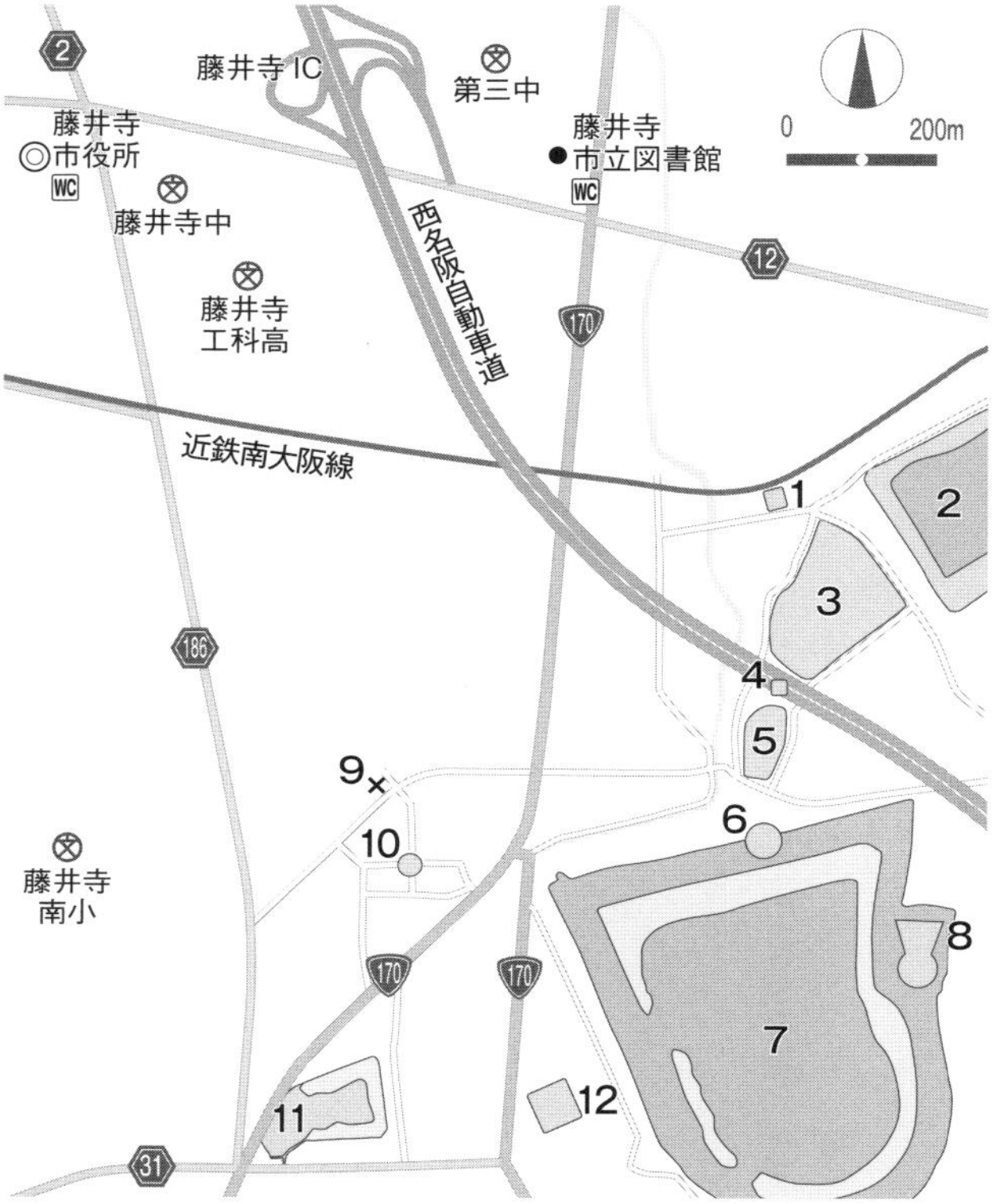

誉田山古墳と周辺の古墳（その2）
1.松川塚古墳　2.仲津山古墳　3.古室山古墳　4.赤面山古墳
5.大鳥塚古墳　6.誉田丸山古墳　7.誉田山古墳　8.二ツ塚古墳
9.サンド山古墳　10.蕃所山古墳　11.はざみ山古墳　12.東山古墳

誉田丸山古墳

誉田《こんだ》丸山《まるやま》古墳は誉田山古墳前方部拝所のすぐ東に隣接してあり、宮内庁が応神天皇陵域内陪塚に指定しています。直径五〇メートル、高さ七メートルの円墳で、堀がめぐっており、円筒埴輪列と葺石が施されています。確認はされていませんが、造出しを持つ可能性もあります。

埋葬施設の詳細は不明ですが、石材が見られないことから、木棺を粘土槨で覆っていた可能性があります。かつて墳頂部に衣蓋、盾、靫形の形象埴輪があったと報告されています。

誉田丸山古墳を有名にしているのは、きらびやかな金銅製の馬具です。江戸時代の嘉永元年（一八四八）に金銅製龍文透彫鞍金具、鉄地《てっち》金銅《こんどう》張《ばり》方形《ほうけい》鏡板《かがみいた》、**金銅製《こんどうせい》歩揺《ほよう》**付《つき》飾金具《かざりかなぐ》のほか三角板鋲留式短甲、**直弧文《ちょっこもん》**鹿角製《ろっかくせい》刀装具《とうそうぐ》、鉄製の刀、矛、鏃が出土したと伝えられています。なかでも馬具は日本最古級のものであり、一括して国宝に指定され、誉田八幡宮が所蔵しています。ただし、誉田丸山古墳出土というのは建前で、本当は誉田山古墳から出土したものかもしれません。埴輪は京都大学総合博物館と宮内

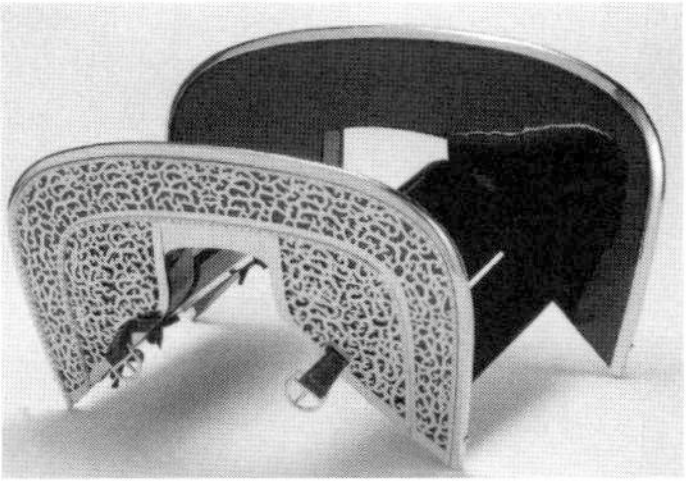
金銅製龍文透彫鞍金具復元模造品

誉田丸山古墳

金銅製歩揺　金銅製とは、銅や青銅の地に鍍金《めっき》したもの。歩揺は、頭髪具などに薄い金板や玉を連ねて垂下した飾りで、歩くごとに揺らぐのでこう呼ばれている。

直弧文　古墳時代に発達し、曲線・直線の構成からなる日本特有の文様。

庁が所蔵しています。誉田丸山古墳が築造されたのは、誉田山古墳より後の五世紀中頃と推定されており、陪塚でない可能性もあります。近つ飛鳥博物館の常設展示室の入り口には、復元された鞍金具のレプリカが展示されています。

サンド山古墳

誉田山古墳拝所前の道を西に行くと、外環の西古室の交差点に出ます。交差点を渡りさらに二〇〇メートルほど行くと、右手にサンド山《やま》古墳があります。サンド山古墳は宮内庁により応神天皇陵の陪塚（飛地へ号）に指定されています。現状では長さ三〇メートル、高さ三メートルの双円墳状に見えますが、本来の形はわかりません。採集された円筒埴輪から、五世紀後半と推定されています。誉田山古墳の陪塚と言うには少し距離があり、築造時期からしてその可能性はありません。

サンド山古墳の南東三〇〇メートルに、直径

サンド山古墳

二〇メートルのサンド山2号墳（はざみ山2号墳）がありました。

蕃所山古墳

サンド山古墳の角を南に一〇〇メートル行くと、閑静な住宅街の真ん中にロータリーがありますが、その中心にあるのが蕃所山《ばんしょやま》古墳です。現状では直径二二メートル、高さ三メートルの円墳で、国史跡に指定されています。円筒埴輪の破片が採集されているだけで、発掘調査がされていないため、本来の規模や墳形、周堀の有無、埋葬施設などはわかりません。埴輪の年代から、五世紀後半の築造と考えられます。地元では応神天皇陵の完成時にモッコが集められたので、「モッコ塚」と呼ばれているそうです。

藤の森古墳・蕃上山古墳

再び外環に戻って、応神陵前交差点を東に渡

蕃所山古墳

ると、誉田山古墳の外堀に出ます。誉田山古墳西側の外堀と外堤部は国史跡に指定さています。史跡の中を歩く前に、消滅した古墳をいくつか紹介しておきましょう。

一九六五年、大阪府水道部は文化財保護委員会（現文化庁）から、ポンプ場建設による藤《ふじ》の森《もり》、蕃上山《ばんじょうやま》両古墳の破壊について承諾を得たので、京都大学大学院生（当時）の西谷正氏らに委託して事前調査を行いました。調査前の写真を見ると、藤の森古墳の墳丘は、ほぼ完全に残されていました。墳丘は調査が完了して一週間もしない間にブルドーザーによって削平されました。当時はまだ文化財保護行政が十分機能しておらず、公共事業による古墳の破壊が大手を振ってまかり通っていたのです。

藤の森古墳は「フジイの森」とも呼ばれ、渡来系氏族の葛井《ふじい》氏の氏寺があったとの伝承もあります。直径二二メートル、高さ三メートルの円墳で堀がめぐっており、埴輪列と葺石が確認されています。周堀内からは円筒埴輪のほか、家や盾形の形象埴輪も出土しています。埋葬施設は片袖式の横穴式石室（三〇頁左下図版参照）で、板状の石材を小口積みし、壁面に赤色顔料が塗られていました。内部は盗掘を受けていま

藤の森古墳の石室

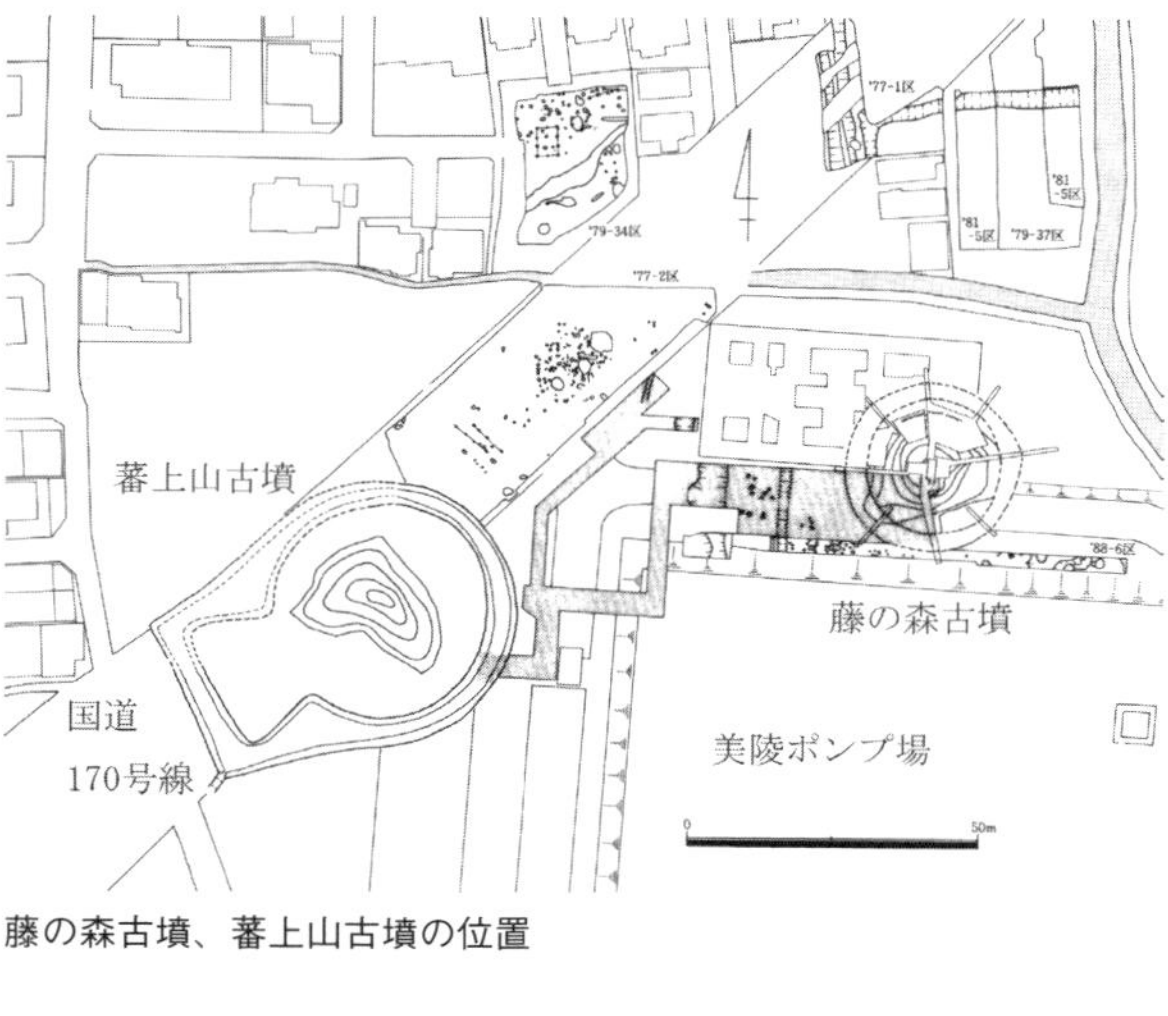

藤の森古墳、蕃上山古墳の位置

したが、人骨や鹿角製刀子、鉄鏃、金銅製**三輪玉**《みわだま》、ガラス製勾玉および丸玉、短甲などが出土しています。また、鉄釘と鎹《かすがい》が出土したことから、組合式木棺が安置されていたと推定されています。石室外から馬具なども出土しました。

築造されたのは五世紀中頃と推定され、近畿地方ではいち早く横穴式石室を採用した例で、その形は九州の影響を受けていると指摘されています。埋葬施設が竪穴式石槨から横穴式石室に移行する過渡期のもので、このような石室を竪穴系横口式石室と呼ぶ研究者もいます。石室は**シュラホール**に移築されています。

蕃上山古墳はポンプ場敷地内と外環にまたがっているため、一九六五年と一九七二年に調査が行われています。それらを総合すると、墳丘長五三メートル、後円部直径四〇メートル、同高さ六メートル、前方部幅二〇メートルの帆立貝形古墳で、馬蹄形の堀がめぐっています。北側くびれ部に三角形状に飛び出した造出しが確認されていますが、南側にはありません。墳丘は大半が削平されていましたが、南側のくびれ部には葺石が残されていました。堀の中からは円筒埴輪のほか、家、衣蓋、盾、甲冑、人物形の形象埴輪が多数出土しています。なかでも**襲**《おすい》をまとい襷《たすき》をかけた巫女や、靫を背負い弓を持つ武人、襷をかけた男子など見応えのあるものです。築造されたのは五世紀後半と推定されています。

埋葬施設は古くから破壊されていましたが、板状の石材が見つかっていることから、板石積みの竪穴式石槨と考えられています。副葬品と思われる遺物は、鉄剣の破片が一点見つかっているのみです。藤の森、蕃上山古墳から出土した埴輪の一部は、近つ飛鳥博物館で常設展示されています。

三輪玉　中央の大形の半球形の左右に小形の突起を持つ、長さ三〜四センチほどで下面の平坦な特異な形の装飾品。

シュラホール　藤井寺市立生涯学習センター「アイセルシュラホール」。

襲　古代の衣服のひとつ。頭からかぶって衣服の上を覆い、下は裾《きぬ》まで長く垂れた衣。

蕃上山古墳の巫女形埴輪

アリ山古墳

誉田山古墳の西側史跡地内の道を南に向かって歩くと、西側に森が見えてきます。これは東《ひがし》山《やま》古墳の森です。アリ山《やま》古墳は、東山古墳の北側に隣接してありました。現在は病院になっています。一九六一年、大阪大学によって発掘調査されています。旧は雑木林であったところが、戦後開墾され、果樹園となっていました。当時、鉄器の破片が何者かにより盗掘されているようなので、残された遺物の収容と遺構の究明のために行われたものです。その後二〇〇八年から九年にかけて、藤井寺市教育委員会により再調査が行われました。

アリ山古墳は一辺四五メートル、高さ四・五メートル、二段築成の方墳です。隣接する東山古墳と同じ軸線で墳丘が築かれ、堀も共有しています。また、誉田山古墳の外堤のラインと平行しており、両古墳とも誉田山古墳の陪塚と考えられます。墳丘の西辺、南辺で円筒埴輪列の一部と葺石が確認されました。ほかに甲冑、草摺、盾、衣蓋形などの形象埴輪も出土し、築造されたのは五世紀前半と考えられます。

アリ山古墳で特筆すべきことは、大量の鉄器の埋納です。やや詳しく見ていくことにしましょう。中央の埋納施設をはさんで南北に二箇所、計三箇所の施設が見つかりました。北側の施設はほぼ埋納時の姿をとどめていましたが、中央と南側の施設は攪乱を受けています。中央と北側の施設は木棺直葬と推定されていますが、いずれも人体埋葬は確認されていません。

中央の施設からは鉄製の武器（槍、矛、鏃）や農工具（斧、鎌、鍬、**蕨手刀子**《わらびてとうす》）と水銀**朱**の入った土師器が、南側の施設からは薄い短冊状の鉄板が出土しました。最も残りのよかった北側の施設は、種類の異なる鉄製品が三層に積み重ねられていました。上層からは一五〇〇本以上の鏃、中層からは刀、剣、槍などの武器、下層からは斧、鑿、鉇《やりがんな》、錐、鋸、蕨手刀子などの工具類と鍬、鎌などの農具類が出土。ほかに鉤《かぎ》

蕨手刀子　柄頭が蕨の若芽のように屈曲しているのでこう呼ばれている。古代東北、北海道に出土例の多い蕨手刀とは別のもの。

朱　生命力や不老長寿などを表す神聖なものと考えられており、古墳の石室、石槨、棺や遺骸には朱が施されている例がある。朱には辰砂《しんしゃ》とベンガラがあり、辰砂は硫化水銀からなる鉱物で、ベンガラの主成分は酸化鉄。

アリ山古墳の鉄器埋納状況復元（大阪府立近つ飛鳥博物館）

状鉄製品や土製丸玉が出土。三つの施設全体の総数では、三〇〇〇点近い鉄製品が出土しています。この埋納状態を復元したものが、近つ飛鳥博物館で常設展示されています。実際に矢柄《やがら》のついた姿は迫力があります。人体埋葬の有無については確認されなかったとのことですが、中央の施設が中心的な施設と考えられ、水銀朱の入った土師器の壺の存在などを併せ考えると、人体埋葬があった可能性もあります。

　このような鉄製品の大量埋納は、墓山古墳の陪塚である西墓山《にしはかやま》古墳や、堺市の石津ケ丘古墳の陪塚である七観《しちかん》古墳などでも見られます。いずれも人体埋葬の痕跡は確認されていませんが、堺市の大塚山古墳など、墳丘内に人体埋葬を伴う施設と副葬品だけの施設が併存している古墳もあります。

東山古墳

　アリ山古墳の南に接して築かれているのが、東山《ひがしやま》古墳です。東西五七メートル、南北五四メートル、高さ七メートル、アリ山古墳よりひとまわり大きい方墳で、国史跡に指定されています。二〇一四年、範囲確認調査が行われ、周堀と埴輪列が確認されています。円筒埴輪や朝顔形埴輪をはじめ、衣蓋、草摺、家形の形象埴輪も出土しました。墳丘は二段築成です。築造さ

東山古墳

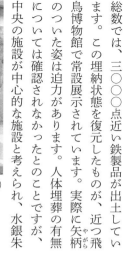

東山古墳の埴輪出土状況

れたのは五世紀前半で、アリ山古墳と同じく誉田山古墳の陪塚と考えられます。

二〇一九年にアリ山古墳との境界で発掘調査が行われ、両者をつなぐ渡土堤《わたりどて》と一列に並んだ柱穴が見つかりました。この穴は木の埴輪を立てるものかもしれません。また渡土堤の斜面下からも楯、靫などの埴輪がかたまって発見されました。

東山古墳と誉田山古墳との間に水路が流れていますが、水路から東は誉田山古墳の史跡地で

渡土堤の下から出土した形象埴輪

す。一部は整地され、桜などが植えられています。ひと息入れるには最適の場所です。

宮内庁が指定して

史跡に指定された誉田山古墳外堤

いる陵墓は墳丘や内堤の中だけというもので、古墳全体を指定している陵墓はほとんどありません。そのため、陵墓指定地外は民有地で開発の波にさらされているのが実情です。中心部を抜きにしてその外側だけを史跡指定することは困難で、誉田山古墳は希有な例です。

陵墓問題を研究してきた今井堯氏は「文化庁と宮内庁の二重指定を本格的に考えることなしに、墳域全体の保存・保全は不可能に近いといえよう」と述べています（今井堯『天皇陵の解明』新泉社）。

4　墓山古墳から岡ミサンザイ古墳へ

さて、ここからは羽曳野丘陵の縁辺に広がる中・低位段丘に築かれた古墳群について紹介します。誉田山古墳の東半分は国府台地と呼ばれる段丘面の上ですが、その西半分は旧大乗川がつくり出す氾濫原の上に乗っています。現在はフラットな地形に見えていますが、はざみ山古墳や野中宮山《のなかみややま》古墳と誉田山古墳とは、小さな谷で隔てられているのです。この谷の西側に築かれた古墳群を、古市駅を起点に歩いてみましょう。

羽曳野市役所は古市駅から北西約五〇〇メートルのところにあり、市役所南側一帯は誉田白《こんだはく》鳥《ちょう》埴輪製作遺跡です。付近は小さな谷地形になっており、傾斜地に一一基の登窯が築かれていました。市役所前面の道路をはさんで向かい側に、陶板で史跡誉田白鳥埴輪製作遺跡と表示されています。中に入ると、1号窯の位置が石材で明示され、窯の模型と解説板があります（第3章参照）。

墓山古墳

墓山《はかやま》古墳は市役所の西側にあり、墳丘長二二五メートル、後円部直径一三五メートル、同高

墓山古墳（前方部北西角から）

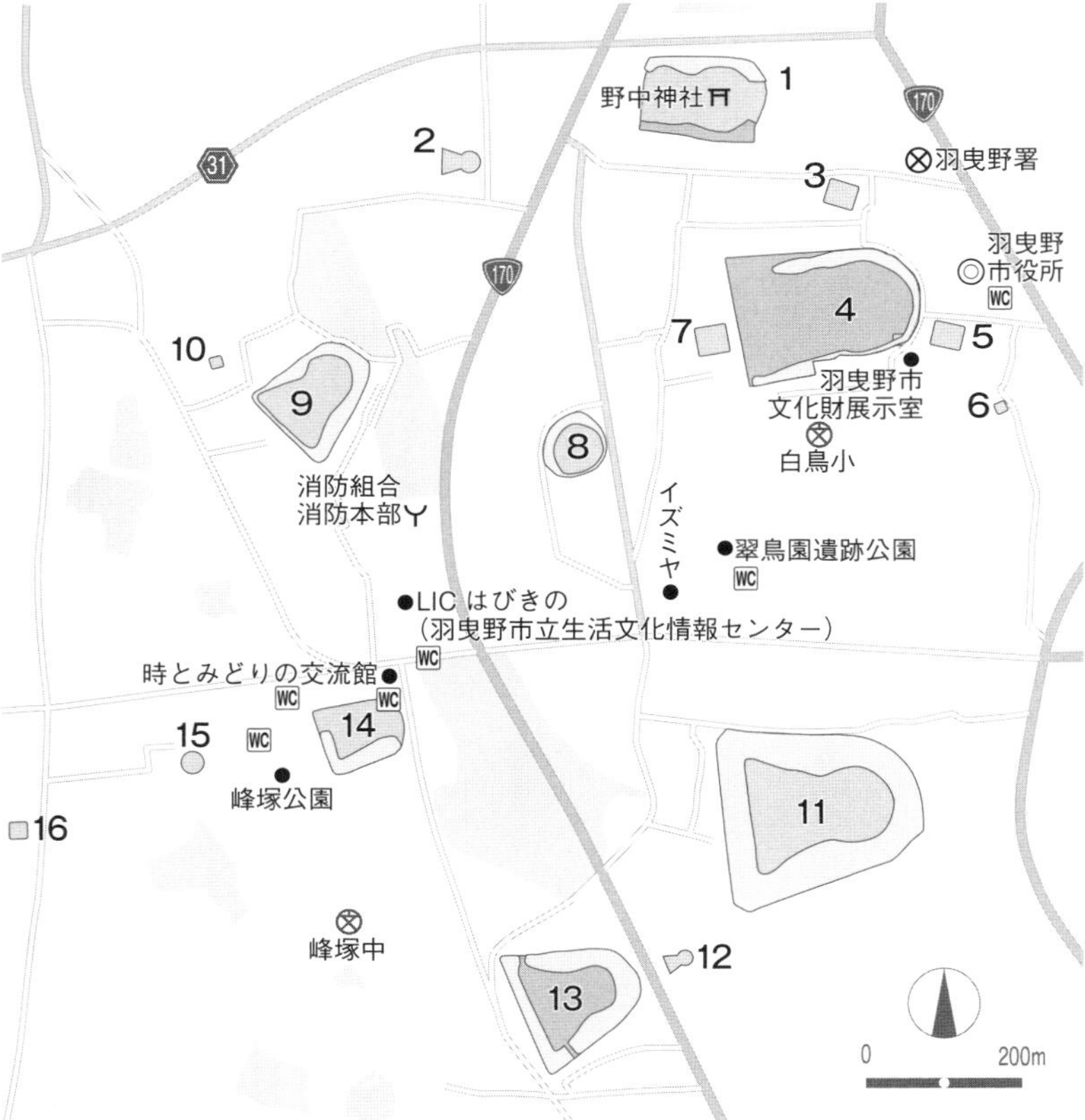

墓山古墳と周辺の古墳

1.野中宮山古墳　2.稲荷塚古墳　3.野中古墳　4.墓山古墳　5.向墓山古墳　6.西馬塚古墳
7.浄元寺山古墳　8.青山古墳　9.野中ボケ山古墳　10.野々上古墳　11.前の山古墳
12.小白髪山古墳　13.白髪山古墳　14.峯ケ塚古墳　15.小口山古墳　16.塚穴古墳

さ二〇・七メートル、前方部幅一五三メートル、同高さ一九メートル、前方部を西に向けた前方後円墳です。墳丘は三段に築かれ、くびれ部両側に造出しを持ち、盾形の周堀と幅三七メートルの広い堤があります。南側の造出しの部分で、堤の一部が突出し渡土堤のようになっていましたが、近年、誉田西墓地が拡張され堀内に大きく食い込んでいるため、現在は確認することができなくなっています。

　応神天皇陵の陪塚（飛地ほ号）に指定されていますが、古市古墳群で五番目に大きい、大王墓クラスの古墳で、陪塚とはとうてい考えられません。そればかりか、本古墳に伴う陪塚が周辺に散在しています。墳丘の形は市野山古墳や茨木《いばらき》市の太田《おおだ》茶臼山《ちゃうすやま》古墳（継体《けいたい》天皇陵）と同一で大きさもよく似ています。誉田山古墳も同じ形をしていますが、面積は誉田山古墳の四分の一です。宮内庁の管理地は墳丘のみですが、堤も含めて国史跡に指定されています。重複して指定されている数少ない古墳のひとつです。

　内部の状態は詳しくはわかりませんが、後円部の頂から多量の滑石製勾玉や家、衣蓋、盾、靫、短甲形などの形象埴輪が出土したと伝えられています。勾玉や埴輪は宮内庁書陵部、京都大学総合博物館、東京国立博物館に保管されています。また、南北に並ぶ二箇所のくぼみがあり、亀甲紋《きっこうもん》を刻んだ**竜山石**《たつやまいし》製の石棺蓋石が露出していたとの報告もあります。このことから、埋葬施設は竪穴式石槨で、中には長持形石棺が納められていたと推定することができます。

　一九七五年、前方部南西にある野中墓地の造成工事に先立つ調査で、堤の斜面に葺石が施されていることが確認され、円筒埴輪のほか盾形や人物形埴輪が出土しています。この人物形埴輪は等身大で最も古いものとして知られています。墓山古墳の堤の大半は宅地や

竜山石　兵庫県高砂市伊保町竜山に産する流紋岩質凝灰岩の石材名。加工が容易なことから古墳時代の石棺の材料としてよく使われている。

墓山古墳とその周辺（西墓山古墳は浄元寺山古墳南側に隣接してあったが、現在は消滅）

墓地になっていますが、一部は国史跡として公有化されています。築造されたのは五世紀前半と考えられます。

西馬塚古墳・白鳥1号墳・2号墳

西馬塚《にしうまづか》古墳は、羽曳野市役所の南約一〇〇メートルの住宅街の中にあります。宮内庁により応神天皇陵の陪塚（飛地は号）に指定されています。一辺四五メートル、高さ一〇メートル、二段築成の方墳で、葺石を施し、周囲に堀がめぐっています。堀の中からは円筒埴輪や朝顔形埴輪のほか、家、盾、衣蓋、水鳥形の形象埴輪、須恵器（蓋坏、高杯、甕《かめ》、𤭯《はそう》、器台）、土師器（高杯、壺）が出土。築造されたのは五世紀後半と推定されています。誉田山古墳からは言うに及ばず、墓山古墳からも少し距離があり、築造時期も異なるため、両古墳の陪塚とは考えられません。

一九八〇年、西馬塚古墳の西側二五メートルのところで、白鳥《はくちょう》1号墳が発見されました。住宅建設に伴う発掘調査により、周堀の一部と円筒埴輪列が検出され、直径二〇メートルの円墳と見られています。また、1号墳の南約八〇メートルのところから白鳥2号墳が見つかりました。直径二〇メートルの円墳で、円筒埴輪のほか、家、鶏形および石見型埴輪などが出土。築造時期は六世紀代と推定されています。その後、両古墳の間で五世紀代の埴輪を伴う溝が検出されています。さらにその南二〇〇メートルのところから、五世紀後半の埴輪と直径一八メートルの円墳とみられる遺構が見つかっています。この付近一帯にはまだ未発見の古墳があることが推測されますが、現在では住宅が密集しており、古墳の位置を確認するのは困難です。

西馬塚古墳

向墓山古墳

向墓山《むこうはかやま》古墳は、墓山古墳後円部に接して築かれており、東辺六八メートル、西辺六二メートル、南北六二メートル、高さ七～一一メートルのややいびつな形をした方墳です。墳丘は二段築成で、葺石を施しています。堀は確認されていませんが、墓山古墳外堤部に接する部分では、両古墳が共有する溝と渡土堤が見つかっています。溝と渡土堤は計画的につくられており、墓山古墳の陪塚と考えられます。円筒埴輪や朝顔形埴輪のほか、家、衣蓋、盾、靫、水鳥形の形象埴輪が出土しており、築造時期は五世紀前半と推定されています。

　宮内庁により応神天皇陵の陪塚（飛地に号）に指定されており、墳丘の大部分は宮内庁の管理ですが、西側は市有地で墳丘裾の一部が復元整備されています。中にはベンチと解説板が設置されており、平日の一〇時から一六時までは見学することができます。古墳に隣接して羽曳野市文化財展示室が二〇一五年にオープンし、市内から出土した埴輪などが展示されています。ただし、係員が常駐していないため、入り口の直通電話で歴史文化推進室に連絡する必要があ

向墓山古墳

羽曳野市文化財展示室

ります。また土日祝日と年末年始は休みです。

なお、市役所一階の市民ギャラリーと綾南の森総合センター内の資料室では市内出土遺物を展示することもあります。

浄元寺山古墳

向墓山古墳と市役所の間の道は墓山古墳後円部の周堀に突き当たりますが、そこに解説板があります。後円部は堤上を歩けるのでどちらに行くかは自由ですが、ここでは南からまわることにしましょう。途中から誉田西墓地によって周堀が埋め立てられ、極端に狭くなっています。墓地の中を通り抜けることはできませんが、墳丘を間近に観察することが可能です。墓地と住宅街を迂回していくと、前方部の南西角に出る路地があります。堤上は野中共同墓地です。墓地のすぐ西側にあるのが浄元寺山《じょうがんじやま》古墳です。墓地の北側の空き地は墓山古墳の史跡指定地です。

浄元寺山古墳は一辺六七メートル、高さ九・七メートル、堀がめぐる二段築成の方墳で、墳丘と堀の法面には葺石が施されています。円筒埴輪と朝顔形埴輪が出土しており、五世紀前半の築造と推定されています。古墳はフェンスで囲まれていますが、通り道のすぐ横にあり、樹

浄元寺山古墳

木もまばらで、墳丘の形をよく観察することができます。国史跡に指定されており、向墓山古墳とは同じ企画でつくられた可能性が高いと考えられています。

西墓山古墳

浄元寺山古墳の南に接して青山一丁目児童遊園があり、浄元寺山古墳の解説板が立てられています。この付近が西墓山《にしはかやま》古墳の跡です。西墓山古墳は一九八八年、共同住宅建設に先立つ発掘調査で発見された一辺二〇メートルの方墳です。墳丘の大半は削平されていましたが、葺石と円筒埴輪列が見つかりました。衣蓋形や家形の形象埴輪も出土しています。墳丘の中央に二列の木箱があり、その中に大量の鉄器が納められていました。東側の施設には鉄製の武器（刀、剣、短剣、槍先）が二〇〇点以上、西側の施設には短剣のほか、鉄製農工具（鍬先、鎌、斧、鑿、鉇《やりがんな》、刀子、鋸）、**滑石製模造品**（斧、鎌形）など、総数二〇〇〇点を超える遺物が出土しています。人体が埋葬された形跡はありません。築造時期は墓山古墳と同じ五世紀前半と推定されています。

隣接する浄元寺山古墳との企画性や位置関係から、その陪塚と見る人もいます。浄元寺山古墳は墓山古墳の陪塚と考えられるので、陪塚の陪塚、わかりやすく言うと太陽と地球と月のような関係。そんな例はあるのでしょうか。筆者は両方とも墓山古墳の陪塚でよいのではないかと思います。

石製模造品　実物を模造した小型粗製の仮器で、実用品ではなく祭祀・供献的な性格を持ったものと考えられる。前期古墳には必需品であった呪術的な副葬品は、形式的な代用品で補われるようになる。

西墓山古墳の鉄器埋納状況

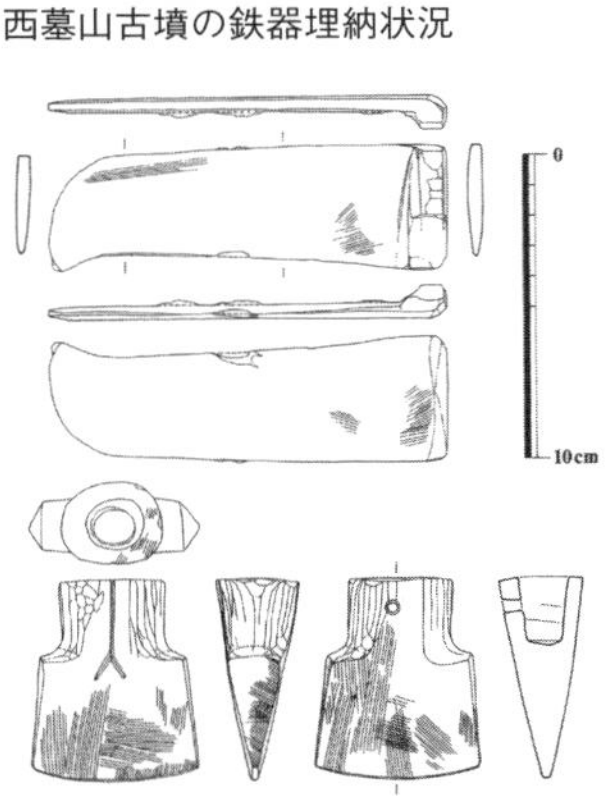

西墓山古墳出土滑石製模造品（上：鎌　下：斧）

野中古墳

墓山古墳の後円部北側の住宅街の中に、国史跡の野中《のなか》古墳があります。地元では通称うらやぶ古墳と呼ばれていました。一辺三七メートル、高さ五メートル、二段築成の方墳で、堀がめぐっています。一九六四年、大阪大学によって発掘調査されました。当時は竹笹などが全面に繁茂し、高さ一〇メートルを超える老松と数本の樫の木が茂っており、墳丘の南側が大きく削平されていたようです。墳丘斜面からは円筒埴輪列と葺石が確認され、墳頂部から衣蓋、冑、靫、囲形の形象埴輪などが出土しました。

野中古墳を有名にしているのは、多数の甲冑と鉄製品の出土です。墳頂部には五列の木箱があり、その中から甲冑一一組、鉄製の刀剣一七〇、鏃七四〇、鉄鋌一二九（重さにして三六キログラム）以上のほか多数の農工具（鍬、鋤、鎌、斧、刀子、鉇《やりがんな》、錐）、滑石製模造品（鎌、斧、刀子形）や碧玉製管玉、小型把手《とって》付壺形土器などが出土しています。西側から二列目の木箱には朱が散布され、人体埋葬の可能性をうかがわせます。一古墳から出土した甲冑の数では、堺市の黒姫山《くろひめやま》古墳に次いで全国で二番目の多さ

野中古墳

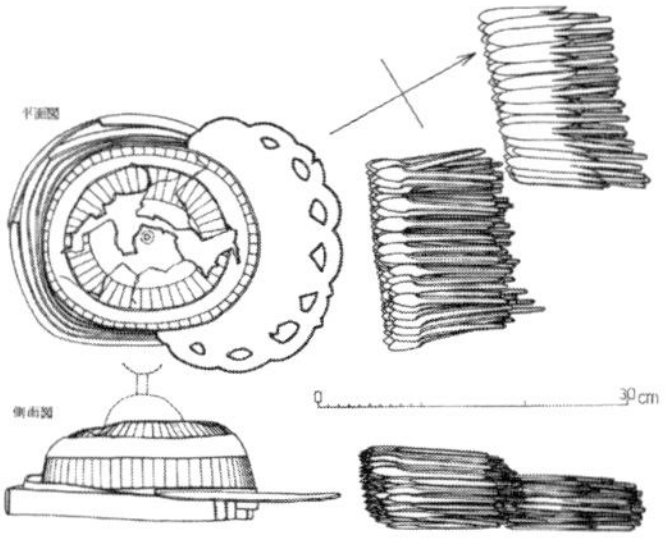

野中古墳眉庇付冑と鉄鏃の出土状態

です。

　また木箱上に置かれていた小型把手付壺形土器は朝鮮半島南部の伽耶《かや》地域の陶質《とうしつ》土器ですが、これとは別に墳頂部に数千の須恵器、土師器の破片が散布していました。これは「葬送時に使った土器類を壊して全体に撒いたもの」との説もあります。現在でも出棺の時に茶碗を割る風習がありますが、どこか通じるところがあるのでしょうか。

　また、一九九〇年、藤井寺市教育委員会の調査では、堀の東側で渡土堤状の遺構が確認され、堤の斜面から四万点を超える滑石製模造品（臼玉、勾玉、有孔円板、剣形）や堀内から水鳥、衣蓋、囲形などの形象埴輪が出土しました。築造された時期は五世紀中頃から後半と推定されています。

野中宮山古墳

野中宮山《のなかみややま》古墳は野中古墳から北西約一〇〇メートルのところにあります。墳丘長一五四メートル、後円部直径一〇〇メートル、同高さ一四・一メートル、前方部幅九〇メートル、同高さ一〇・一メートル、三段築成の前方後円墳です。墳丘の形が柄鏡《えかがみ》形をしていることや、墳丘に沿った形で周堀がめぐることなど、古い古墳に見られる特徴があります。

　現在、水をたたえた堀が残るのは北側だけで、南側は児童公園になっており、遊具と仮設トイレが設置されています。前方部は西側を向いており、後円部の頂には古墳名称の由来になった野中神社があります。前方部の半分が削平され、市立藤井寺南幼稚園分園になっていますが、旧は寺院があったようです。

　一九八四年と八五年に児童公園造成に先立つ発掘調査が行われま

野中宮山古墳平面図

した。後円部の葺石とくびれ部の造出しが確認され、壺形埴輪列のほか、衣蓋、盾、馬、猪、水鳥、鶏、囲形の形象埴輪が出土しました。また、前方部の発掘調査でも壺形埴輪のほか、円筒埴輪、朝顔形埴輪や木製品が出土しています。なお、北側では造出しは確認されていません。

　埋葬施設に関する情報はありませんが、後円部に板状の石材が落ちていることから、竪穴式石槨の可能性があります。墳丘や堤から出土した円筒埴輪から、四世紀末の築造と推定されています。明らかになった墳丘や堤の裾の位置はタイルなどで表示されています。古市古墳群では唯一陵墓にも史跡にも指定されていない大型前方後円墳で、世界遺産にも登録されていません。以前は墳丘上からの眺望がすばらしかったようですが、今では樹木にさえぎられてあまり見通しがききません。野中宮山古墳は桜の名所として「**藤井寺八景**」のひとつになっており、夜桜見物もできるとのことです。

越中塚古墳・茶臼塚古墳

越中塚《えっちゅうづか》古墳は、野中宮山古墳後円部の東約一〇〇メートルにあり、一九八八年度に共同住宅建設に先立つ調査で発見されました。その後の調査と合わせて全長四四メートル、後円部直径三九メートルの帆立貝形古墳であることがわかりました。卵形の堀を持ち、前方部正面に渡土堤がある珍しい形です。葺石と埴輪列が確認され、家や盾形の形象埴輪も出土しており、築造時期は五世紀前半と推定されています。

　茶臼塚《ちゃうすづか》古墳は、越中塚古墳から北東約一〇〇メートルの野中東交差点付近にあります。一辺二〇メートルの方墳と考えられ、五世紀後半の築造と推定されています。墳丘はすでに削平されていますが、現在、跡地の西側半分が残され

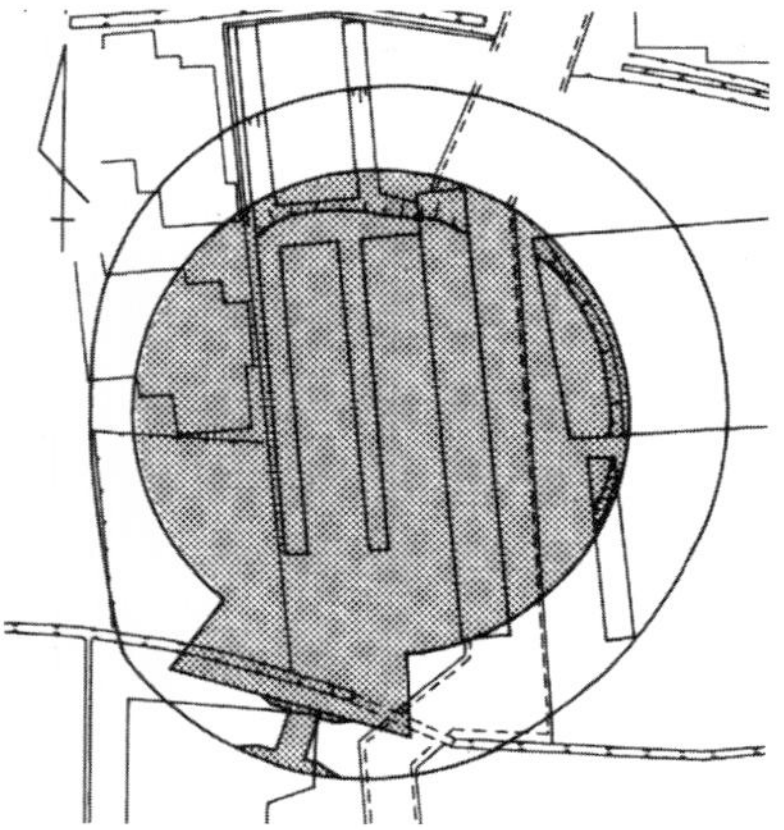

越中塚古墳復元図

藤井寺八景　二〇〇七年に観光協会設立一〇周年を記念して選定された。ほかに葛井寺、道明寺天満宮、道明寺、辛国神社、シュラホール、津堂城山古墳、伴林氏《ともはやしのうじの》神社がある。

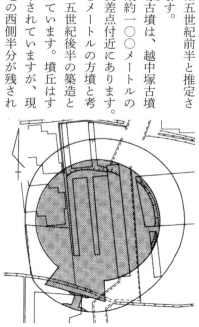

ています。周辺にはこのほか、埋没している古墳が多数あることが、地積図や古い文献からもうかがえます。

はざみ山古墳

はざみ山《やま》古墳は、野中宮山古墳のすぐ北にある前方後円墳で、国史跡に指定されています。府道堺羽曳野線をはさんで野中宮山古墳と並んでいるように築かれていますが、野中宮山古墳とは正反対の前方部が東向きです。墳丘長は一〇三メートル、後円部直径六〇メートル、同高さ九・五メートル、前方部幅六六メートル、同高さ九・一メートルで盾形の周堀を持ちます。墳丘は戦前の土取りでかなり変形しており、特に後円部の北西側は大きく削平されています。さらに堀水の浸食などで墳丘はひとまわり小さくなっています。店舗などが立ち並んでいる南側を除いて堤上を一周することができます。周堀の後円部側は古くから埋め立てられ水田になっていました。そのため堀の形が和鋏《わばさみ》に似ていることから「はさみ山」と呼ばれていたそうです。

墳丘は三段築成の前方後円墳で、両側くびれ部に造出しがあります。墳丘斜面には葺石が施され、平坦面には円筒埴輪列がめぐっています。ほかに家、衣蓋、盾形の形象埴輪も確認されています。埋葬施設は明らかではありませんが、後円部から石棺が掘り出され、水路の橋や樋門の底石にしたと伝えられています。現在、副葬品とともにその所在は不明です。周辺の発掘調査で、幅の広い堤が完周し円筒埴輪列が確認されていますが、堤の斜面には葺石が施されていないことがわかりました。築造されたのは五世紀前半と推定されています。外環の側道が少し曲がっているのは、堀と堤を避けて建設されたためですが、堤の一部は道路の下になっています。

はざみ山古墳（前方部南東角から）

岡ミサンザイ古墳

野中交差点から堺羽曳野線を西に七〇〇メートルほど行くと、右手に野中寺《やちゅうじ》の山門が見えてきます。野中寺は、南河内郡太子《たいし》町にある叡福《えいふく》寺《じ》の「上《かみ》の太子」、八尾《やお》市にある大聖勝軍寺《たいせいしょうぐんじ》の「下《しも》の太子」に対し、「中《なか》の太子」と呼ばれ、創建は七世紀後半とされています。創建当時は東に金堂、西に塔を配置する法隆寺式の伽藍配置だったことがわかっています。金堂跡や塔跡のほか、中門跡、講堂跡、回廊跡にも多くの礎石が残っており、国の史跡に指定されています。

ヒチンジョ池西古墳の石槨

山門を入ると、本堂の左に大阪府指定文化財のヒチンジョ池西古墳の石槨があります。ヒチンジョ池西古墳は、野中寺の南西約一キロメートルのところにありました。石槨は一九四六年に発見され、野中寺境内に移築されました。二上山《にじょうざん》製の凝灰岩を組み合わせてつくられており、出土した遺物から、中に漆

岡ミサンザイ古墳と周辺の古墳
1.鉢塚古墳　2.岡ミサンザイ古墳　3.割塚古墳

岡ミサンザイ古墳墳（前方部南西角から）

塗りの木棺が安置されていたことがわかりました。この石槨は横口式石槨で、七世紀末から八世紀初頭につくられたものと推定されています。

　野中寺の東側の道路（藤井寺羽曳野線）を北へ約七〇〇メートル行くと、岡《おか》ミサンザイ古墳です。途中に藤井寺南住宅前バス停がありますが、すぐ北にある交差点から先の住宅街は、真の東西ではなく西北西から東南東にかけて少し斜めに区画されています。地図上で見ると、岡ミサンザイ古墳の前方部と平行に区画されていることがわかります。この交差点から斜めに延びる道路に沿って、**古市大溝**《ふるいちおおみぞ》の跡があります。この付近では、古市大溝は岡ミサンザイ古墳の前方部に平行に掘られているのです。

　岡ミサンザイ古墳は、墳丘長二四五メートル、後円部直径一四八メートル、同高さ一九・五メートル、前方部幅一八二メートル、同高さ一六メートル、三段築成の前方後円墳で、宮内庁により仲哀《ちゅうあい》天皇恵我長野西陵《えがのながののにしのみささぎ》に指定されています。墳丘の東側に造出しがあり、周囲に幅五〇

古市大溝　いつ、何の目的で掘られたかについては諸説あり、いまだに決着をみていない。掘削時期は五世紀、六世紀、七世紀説、目的は運河、灌漑用など（一〇～一一頁のカラー地図参照）。

メートルもある広い盾形の堀がめぐり、さらにそれを取り巻く幅三五メートルの**周庭帯**《しゅうていたい》が想定されています。墳丘は中世に城が築かれたため、かなり攪乱されています。

一九七三年と七五年に宮内庁が調査し、堤上に立てられた円筒埴輪列と築造当初の堤の状態が確認されています。本来の堤は自然の地形通り西側に高く、東側が低くなっていました。先ほど歩いてきた府道は、岡ミサンザイ古墳の前方部西角あたりで五叉路になります。交差点を斜め右方向に曲がると堤に出ます。堤に沿って歩くと、前方部から後円部に向かってゆるやかに下がっていきますが、後円部の住宅街にまわり込むと、堀内を見通すことができないくらい堤が高くなります。このことは後世、堀を灌漑用のため池として利用するため、堤を積み上げたものと考えられます。したがって、現在のように満々と水をたたえる構造ではなかったようです。

一九九六年にも宮内庁によって調査されていますが、この時は陵墓関係学会に公開されました（第5章参照）。

周辺の調査で、円筒埴輪のほか、家、盾、船、馬、衣蓋、靫、人物形の形象埴輪が見つかっています。岡ミサンザイ古墳に関しては、埋葬施設や副葬品の伝承はなく、築造年代を推定するには古墳の形や埴輪しかありませんが、五世紀末頃の築造と考えられ、埋葬施設は横穴式石室の可能性もあります。岡ミサンザイ古墳を、**四七九年**に亡くなった雄略《ゆうりゃく》天皇の墓とする説もあります。

東側にある老人ホーム建設に先立つ発掘調査で、堤に直交する大溝が見つかっています。この大溝は古墳築造時の排水溝として利用され、いったん埋め戻されたあと、奈良時代に再度掘削され、灌漑用水に利用したのではないかと推定されています。ほかに七世紀初頭の墓も検出され、その隣接地でも二基の埴輪円筒棺墓が見つかりました。現在も付近に墓地があり、奈良時代にもこのあたりは墓域であったようです。

周庭帯　堀のさらに外側にめぐらされた低い平坦地を指し、末永雅雄氏が航空写真を検討して発見し、命名した古墳の付属地のこと。

四七九年　『日本書紀』の崩年干支による。『古事記』では四八九年。

岡ミサンザイ古墳はこの墓地と北側の私有地を除いて一周することができますが、先に記したように後円部は堤が非常に高く、堀内を見通すことができません。後円部の西側にまわり込むと、コンクリート柵の間から周堀と墳丘を垣間見ることができます。目前のススキを目隠しにすれば、堀の向こうにあるシュラホールが大海原を行く古代船に見えなくもありません。

岡ミサンザイ古墳とシュラホール

割塚古墳・岡古墳・落塚古墳

岡ミサンザイ古墳の周辺には、かつて一基の双円墳と六基の小円墳があったとゴーランドは報告しています。ゴーランドが双円墳としたのは前方後円墳の鉢塚古墳のことですが、それ以外で確認できるのは割塚《わりづか》古墳、岡《おか》古墳、落塚《おちづか》古墳です。割塚古墳と岡古墳はいずれも円墳ではなく方墳です。末永雅雄氏撮影の航空写真を見る限り、前方部の全面に二基の古墳らしきものが写っています。拝所の正面にある一基は落塚古墳ですが、もう一基は古墳かどうかは不明です。通常、天皇陵の周囲にある古墳は宮内庁により陪塚に指定されていますが、これらの古墳は陪塚には指定されていません。

　割塚古墳は、岡ミサンザイ古墳の前方部周堀の東角から約五〇メートル東にあります。一辺三〇メートル、高さ三メートルの方墳で、国史跡に指定されています。すぐ北にある岡古墳とは、もと一体の塚で、それを二つに割り裂いたところから割塚の名前が生まれたと伝えられています。岡古墳は北の割塚、割塚古墳は南の割塚と呼ばれていたそうです。築造されたのは岡古墳と同時期の四世紀後半と推定されています。割塚古墳の東二〇〇メートルのところに、五世紀後半の築造と推定される一辺一六メートルの方墳、藤《ふじ》ケ《が》丘《おか》1号墳がありました。

　岡古墳は、一辺三三メートル、高さ五メートルの方墳です。一九八〇年に住宅建設による発掘調査が行われ、二段築成で墳丘斜面に葺石を施しており、中段のテラスで円筒埴輪列が確認されています。円筒埴輪列は五本に一本が朝顔形埴輪で、見つかった埴輪は五三本ですが、それを元に復元すると三〇〇本の埴輪が並べられていたことが推測されます。ほかに船、家、盾、衣蓋、靫形の形象埴輪が出土しています。なかでも船形埴輪は日本有数の大型品で、準構造船《じゅんこうぞうせん》を模しています。墳頂の中央部からは粘土槨が

割塚古墳

岡古墳

検出されました。内部にコウヤマキ製の割竹形木棺が安置され、三面の変形獣形鏡が副葬されていました。築造された時期は岡ミサンザイ古墳より一〇〇年早い四世紀後半と考えられ、陪塚でないことが明らかになりました。

一九八〇年三月一五日、日本考古学協会など歴史関係一〇団体は、開発の危機にあった岡古墳の保存要望書を提出しました。大阪府と藤井寺市は調査後保存のため開発者と協議を行いましたが、不調に終わり、現在は住宅になっています。岡古墳は古市古墳群の中で、第二次大戦後破壊された最後の古墳と言われていますが、それは墳丘が残っていた古墳に限ってのことで、開発により新たに発見された埋没古墳は調査終了と同時に破壊され、現状保存されることはありません。

岡古墳の埴輪や鏡は、二〇〇メートル北にあるシュラホールで展示されています。この建物の外観は船形埴輪をモチーフに設計されています。シュラホールでは、西墓山古墳の埋葬施設の実物大模型や野中古墳の甲冑、津堂城山古墳から出土した水鳥形埴輪など、藤井寺市内の遺跡から見つかった旧石器時代から奈良時代までの遺物を展示しています。正面玄関左にある温室は、衣蓋形埴輪をモチーフに設計されています。

落塚古墳は岡ミサンザイ古墳の南約四〇メートルにあった直径二〇メートル、高さ三メートルの円墳ですが、一九六〇年代の宅地開発で破壊されました。調査が行われていないため、埋葬施設や出土遺物は不明です。

鉢塚古墳

シュラホールの西側の道を二〇〇メートルばかり北に行くと市立藤井寺西幼稚園があり、その裏にあるのが鉢塚《はちづか》古墳です。幼稚園のほうからはよく見えませんが、住宅街の中をまわり込んで古墳の南へ出ると解説板があり、全景が見通せます。

鉢塚古墳

墳丘長六〇メートル、後円部直径三八メートル、同高さ六・五メートル、前方部幅四〇メートル、同高さ四メートルの前方後円墳で、周囲に掘がめぐっています。墳丘上に葺石が施された形跡はなく、埋葬施設や副葬品も知られていません。前方部正面の発掘調査で円筒埴輪が出土しており、その形式から五世紀末頃、岡ミサンザイ古墳に近い時期に築造されたと考えられますが、陪塚かどうかは定かではありません。筆者はこのころになると巨大古墳に付属する陪塚はつくられなくなる時期と考えています。

　ここまで来ると、藤井寺駅はすぐそこです。途中に辛国《からくに》神社や葛井寺《ふじいでら》もあります。ぜひ見学していきましょう。葛井寺は百済《くだら》系渡来氏族の葛井連《ふじいのむらじ》の氏寺とも伝えられています。西国三十三所巡礼の第五番札所で、本尊は国宝千手千眼《せんじゅせんげん》観世音菩薩坐像《かんぜおんぼさつざぞう》です。四月下旬になると境内は藤の香りに包まれ〝ふじまつり〟も行われます。

　藤井寺駅の北側に三基の古墳がありました。葛井寺1号墳は直径一〇メートルの円墳で、家形埴輪ほか須恵器器台、甕、紡錘車形石製品などが出土。2号墳は一辺五〜五・五メートルの方墳で、円筒埴輪ほか須恵器坏蓋が出土しています。3号墳は直径一三メートルの円墳です。いずれも五世紀中頃から後半の築造と推定されています。

5 高屋築山古墳から野中ボケ山古墳へ

さて、ここからは古市古墳群の中でも比較的新しい古墳を中心に歩いてみましょう。起点は古市駅です。

白鳥神社古墳

古市駅のすぐ東側は古市駅東広場で、観光案内所があります。その広場の奥が白鳥《しらとり》神社です。旧は「伊岐宮《いきのみや》」と呼ばれ、前《まえ》の山《やま》古墳(日本武尊白鳥《やまとたけるのみことはくちょう》陵)の頂にありましたが、戦国の兵火により衰退し、峯ケ塚《みねがづか》古墳の頂に小祠として祀られてきました。ところが文禄五年（一五九六）の**慶長の大地震**で倒壊し放置されていたものを、天明四年（一七八四）に現在地に移されたと伝えられています。

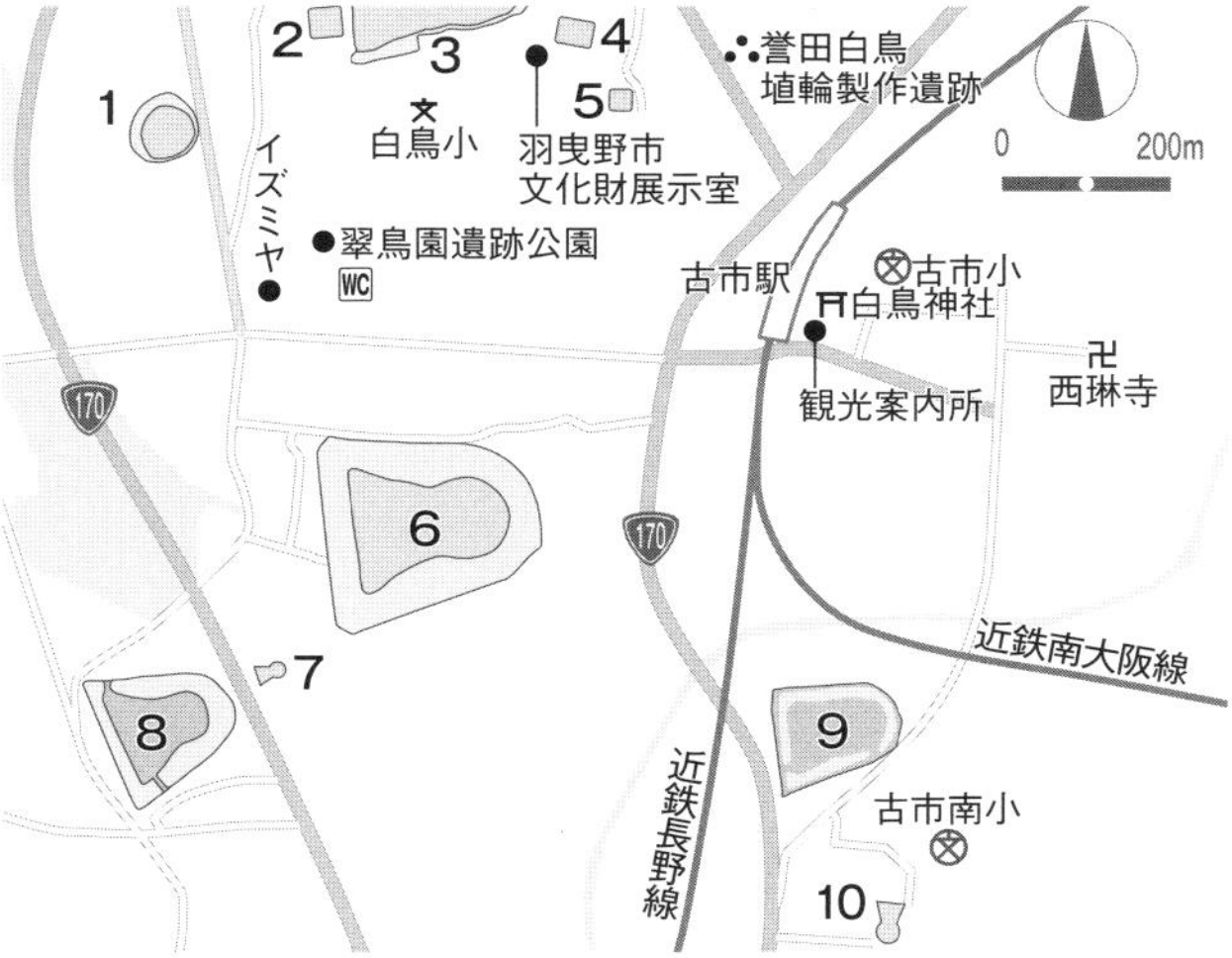

前の山古墳と周辺の古墳
1.青山古墳　2.浄元寺山古墳　3.墓山古墳　4.向墓山古墳　5.西馬塚古墳
6.前の山古墳　7.小白髪山古墳　8.白髪山古墳　9.高屋築山古墳
10.高屋八幡山古墳

慶長の大地震　正確には文禄五年であり、天変地異を期に慶長に改元。

白鳥《しらとり》神社古墳は、この神社の高まりを後円部と見立て、前方部が西向きの前方後円墳とされてきました。前方部は一八九八年（明治三一）、河陽鉄道（現近鉄線）により分断され、その後の古市駅周辺の開発や旧一七〇号線などにより削平されたとされていますが、本格的な発掘調査が行われておらず、古墳の形や埋葬施設などはまったくわかっていません。

一九八六年に後円部の隣接地で発掘調査が行われましたが、墳丘の裾や葺石は確認されておらず、埴輪もほとんど出土しなかったようです。一九九一年には前方部と推定されていた部分の発掘調査が行われ、包含層から円筒埴輪や朝顔形埴輪をはじめ、草摺、盾、家、衣蓋などの形象埴輪が出土しています。しかし、遺構が見つかっておらず、本古墳に伴うものかどうかはわかりません。というより白鳥神社の高まりは古墳でない可能性のほうが高いのです。

白鳥神社

高屋築山古墳（高屋城山古墳）

白鳥神社正面の道を東に二〇〇メートルほど行くと、鳥居があり、カラー舗装された道に突き当たります。そこを南に折れてすぐに東に曲がると、突き当たりが西琳寺《さいりんじ》です。西琳寺は、七世紀前半に渡来系氏族の西文氏《かわちのふみうじ》によって建立された寺院です。当時の建物は現存していま

西琳寺の礎石

せんが、境内には、塔の心柱を支えた巨大な礎石が保存されていますので、立ち寄って見学していきましょう。

　鳥居のところまで戻って、カラー舗装された道を南へまっすぐ行くと、近鉄線の踏切にさしかかります。踏切を渡ると上り坂になっており、坂を登りきったところが高屋《たかや》築山《つきやま》古墳です。宮内庁により安閑《あんかん》天皇古市高屋丘陵《ふるいちのたかやのおかのみささぎ》・継体天皇皇女神前皇女《かんさきのひめみこ》墓に指定されています。独立した丘陵の北端部に築かれており、墳丘長一二二メートル、後円部直径七八メートル、同高さ一三メートル、前方部幅一〇〇メートル、同高さ一二・五メートルの前方後円墳で、前方部が西を向いています。墳丘には葺石が施され、北側に造出しらしきものがあります。平面図を見れば墳丘がシンメトリーでなく、前方部北角がほぼ直角になっていることがわかります。このような古墳を、片直角型の前方後円墳と呼ぶ研究者もいます。

　中世には畠山氏の居城、高屋城の本丸として利用されていました。そのため墳丘はかなり改変され、現在の姿が築造当初のものかどうかわかりません。一九九二年、宮内庁の調査が陵墓関係学会に公開され、次第にその姿が明らかになってきました。墳丘北側の傾斜が急なのは、城郭として利用するため、墳丘を削った様子がうかがわれます。本来の墳丘はもう少し大きく、北側前方部は現状よりも張り出していたと考えられ、従来は片直角型の前方後円墳とされてきましたが、その可能性が低くなったようです。現在、二箇所にある渡土堤は、後世につけられたものです。

　埋葬施設や副葬品は不明ですが、昭和初期にくびれ部付近に空洞があったことが知られており、横穴式石室の可能性があります。**鰭付《ひれつき》円筒**

鰭付円筒埴輪　左右に鰭状の突起がついた円筒埴輪。

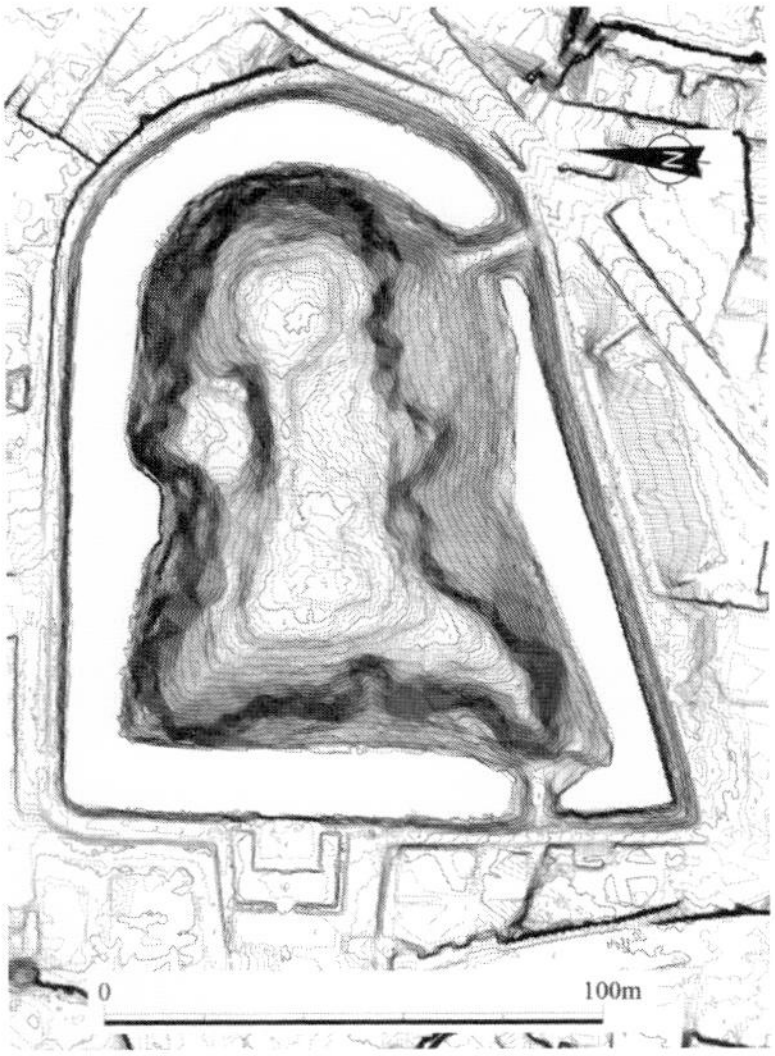

高屋築山古墳平面図

埴輪や朝顔形埴輪のほか、衣蓋形埴輪、須恵器などが出土しています。これらの出土遺物などから、六世紀前半に築造されたと推定されています。

現在、東京国立博物館にある伝安閑陵出土ガラス碗は、江戸時代に墳丘の崩れた部分から出土したと伝えられていますが、本古墳の副葬品かどうか定かではありません。**ササン朝ペルシア**の製品で、類似品は正倉院御物や奈良県橿原市の新沢《にいざわ》126号墳出土の例があります。

旧一七〇号線沿いに拝所があり、そこから北側の堤に沿って歩くことができますが、途中、住宅でさえぎられます。後円部にまわり込むと視界が開け、石川をはさんで二上山を望むことができます。

二〇一九年二月二二日、陵墓関係学会の立ち入り観察が行われました。今回の観察では墳丘を一周することができず、東側から北側では、墳丘北半分は周堀の外側から眺めるだけとなりました。東側と北側は改変が著しく、傾斜が急になっており、宮内庁の規定により墳丘第一段テラス面だけしか立ち入りが許可されないためです。

事後検討会では、①現状で片直角になっている前方部は後世の改変の結果であり、本来は左右対称だった可能性がある、②明確な葺石と判断できる石材の散布がみられなかった、③段築が二段か三段かは判断できる情報がない、④須恵器や埴輪から築造時期は若干古くなる可能性がある、⑤今回のような改変の激しい古墳では、墳丘裾からでは改変状況や城郭の構造など十分な情報を得ることが困難で、より上方まで立ち入って観察することが必要、などの意見が出されました。

城不動坂古墳

二〇〇九年、分譲住宅建設に伴う調査で、高屋築山古墳の北東側約五〇メートルのところから、城不動坂《しろふどうざか》古墳が見つかりました。古墳は高

ササン朝ペルシア　三世紀にイラン高原を支配した国家。ローマ帝国、ビザンツ帝国と抗争した。高度なイラン文明を発達させたが、七世紀半ばにイスラム勢力の侵攻を受け滅亡。

屋城築城で大きく破壊されていましたが、墳丘長三六メートルの前方後円墳で、埋葬施設は両袖式の横穴式石室であることがわかりました。石室内から凝灰岩製の組合式家形石棺の破片とともに須恵器器台、高杯、提瓶《ていへい》、甕、土師器壺などが出土しており、六世紀初頭の古墳と推定されています。周堀内からは盾持人物埴輪ほか多数の埴輪も見つかっています。古市古墳群の中では最も新しい前方後円墳のひとつです。現在は住宅が建てられており、古墳のあった場所はどこかわからなくなっています。「河内国御陵併陪冢図」には「フドウ塚」が描かれており、この丘陵一帯には小古墳がいくつか存在していたようです。

　なお、高屋城は室町時代後期の平山城《ひらやまじろ》としては全国最大規模です。高屋築山古墳に築かれた本丸と南に続く二の丸、さらに内堀を隔て三の丸が広がっており、それらが幅一〇メートル、高さ三メートルにも及ぶ大規模な土塁によって保護されていました。丘陵南側は昭和三〇年代の開発で破壊されていましたが、二の丸と三の丸に一部、土塁と二の丸の主要遺構が残っていました。一九八四年、最後に残された高屋城跡の遺構が宅地開発により破壊されることになり、市民団体による保存運動が起こりました。史跡指定や歴史公園にして整備するよう文化庁、大阪府、羽曳野市に要望しましたが、残念ながら保存に至らず、破壊されてしまいました。

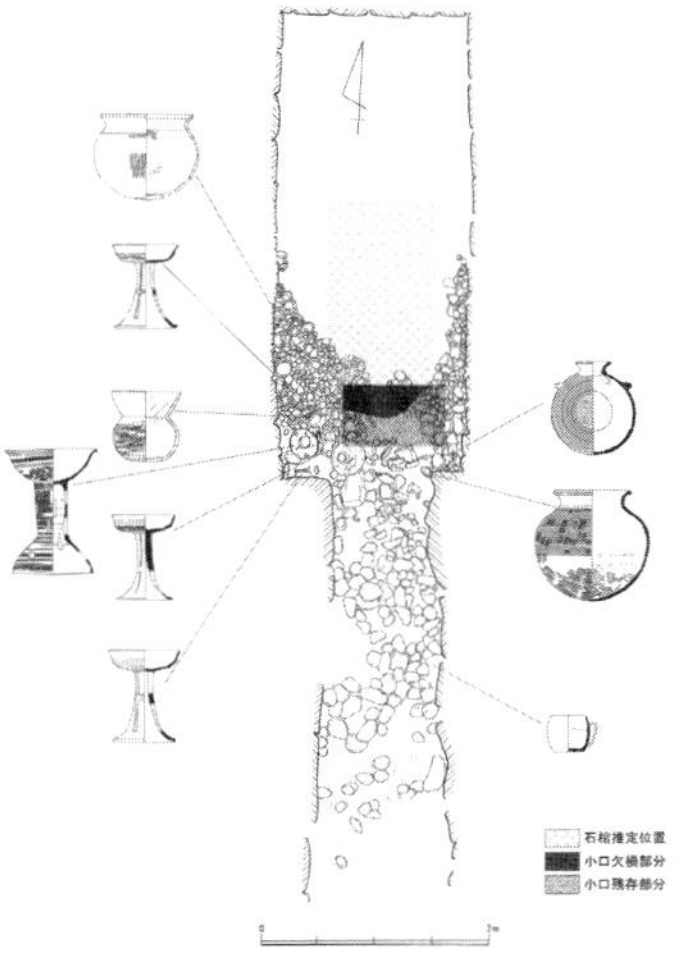

城不動坂古墳出土遺物配置図

高屋八幡山古墳

高屋築山古墳から南約二〇〇メートル、丘陵のほぼ中央に高屋八幡山《たかやはちまんやま》古墳があります。宮内庁により安閑天皇皇后春日山田皇女古市高屋《かすがのやまだのひめみこふるいちのたかやの》陵《みささぎ》に指定されています。現在は方形に区画され

高屋八幡山古墳

ていますが、周辺の発掘調査によって、墳丘長八五メートル、盾形の周堀を持つ前方後円墳であることが確認されています。前方部は北側を向いており、葺石を施し、円筒埴輪と朝顔形埴輪のほか、家、人物形の形象埴輪が出土しています。築造時期は五世紀末～六世紀初頭と推定されています。

旧一七〇号線の城山交差点付近に細い路地のような参詣道がありますが、高屋築山古墳の南側の道路沿いにある公共施設循環バス古市5丁目停留所から住宅街の中に入ることも可能です。この住宅街の中で二基、高屋築山古墳の外堤部分から二基の埴輪円筒棺墓が見つかっています。同じ丘陵上には方墳二基も存在していたようです。

前の山古墳（軽里大塚古墳）

高屋築山古墳前方部から旧一七〇号線に沿って古市方面に戻りましょう。途中、近鉄線の車庫にかかる橋を渡ったところから、高屋築山古墳の全景が見通せます。白鳥交差点の手前に「仁賢《にんけん》天皇、清寧《せいねい》天皇、日本武尊《やまとたけるのみこと》御陵参拝道」と書かれた石碑があり、そこからカラー舗装された道路が続いています。その道に沿って行く

能褒野　現在の三重県亀山市。

琴弾原　現在の奈良県御所市。

と、前《まえ》の山《やま》古墳の堤に出ます。前方部の角にはウオーキング・トレイルの案内板が設置されています。

前の山古墳は、宮内庁により景行《けいこう》天皇皇子日本武尊《やまとたけるのみこと》白鳥《はくちょう》陵に指定されています。『日本書紀』によると、「日本武尊は**能褒野**《のぼの》で没し、その地で葬られたが、白鳥となって大和に向かい、**琴弾原**《ことひきのはら》に舞い降りたあと、旧市邑《ふるいちのむら》（羽曳野市）に降り立ち、その後、天空に飛び去った」とされています。宮内庁によると能褒野墓《のぼののはか》（能褒野《のぼの》王塚《おうつか》古墳）が日本武尊の墓で、奈良県御所市と羽曳野市の白鳥陵はそれの付属物という位置づけになっています。三箇所とも宮内庁の管理ですが、御所市の白鳥陵は古墳ではなさそうです。

前の山古墳は、墳丘長二〇〇メートル、後円部直径一〇六メートル、同高さ二〇・五メートル、前方部幅一六五メートル、高さ二三・三メートル、三段築成で、北側のくびれ部に造出しがあります。前方部が後円部直径の約一・五倍もあり、高さも約三メートル高くなっており、前方後円墳の中でも新しい特徴を持っています。墳丘の形は堺市のニサンザイ古墳と相似形です。前方部が西側を向いており、幅三〇～五〇メートルもある盾形の広い堀がめぐっています。

前の山古墳平面図

宮内庁による墳丘裾部の護岸工事に伴う発掘調査で、円筒埴輪列や葺石が検出されています。そのほか朝顔形埴輪、須恵器器台、甕、イカ、タコを模した土製品なども出土しています。南側くびれ部にも造出しが

前の山古墳（前方部北西角から）

あった可能性が高いと思われますが、この時の調査では確認ができなかったようです。そのほか周辺部の調査でも家、衣蓋、盾形の形象埴輪などが出土。これらのことから、築造時期は五世紀後半と推定され、伝説上の人物である**日本武尊**の墓ではないことが明らかになりました。

案内板のある前方部北西角から後円部にかけて堤上を半周することができますが、南側はマンションなどが建て込んでいるため、歩くことはできません。前方部の北側半分は現在、畑をはさんで見通すことが可能ですが、南半分は分譲住宅になっています。今のうちにこの空間部分を確保しておかないと、いつ開発の波に飲み込まれないとも限りません。

小白髪山古墳

前の山古墳の南西約一五〇メートル、外環をはさんで白髪山《しらがやま》古墳（清寧天皇陵）があります。国道を渡る前に小白髪山古墳を見ていくことにしましょう。小白髪山《こしらがやま》古墳は、前の山古墳前方部南西角からすぐの住宅街の中にあります。墳丘長四六メートル、後円部直径二四メートル、同高さ四・八メートル、前方部幅二三メートル、同高さ四・五メートル、盾形の周堀を持つ前方後円墳です。堀は現在、道路や住宅となっています。白髪山古墳の墳丘中心線を延長した位置にあり、墳丘も同じ方向を向いています。墳丘部分は、宮内庁により清寧天皇陵の陪塚（飛地い号）に指定されています。白髪山古墳とほぼ同年代の六世紀前半に築かれており、中心線を同じくすることから、白髪山古墳の被葬者と密接な関係があったことがうかがえます。

周辺は住宅に囲まれており、前方部は外環に

小白髪山古墳

日本武尊　『日本書紀』では景行天皇四〇年（一一〇）没。

接しています。宅地開発のため、羽曳野市教育委員会によって発掘調査が行われており、周堀が確認されましたが、葺石は確認されず、墳丘の形や正確な規模はつかめていません。しかし、現状よりひとまわり大きくなる可能性が指摘されています。若干の円筒埴輪と家、人物形の形象埴輪のほか、副葬品とみられる耳環、空玉、須恵器などが出土しています。

二〇一三年、宮内庁はフェンス改修工事のため発掘調査を行い、陵墓関係学会に現場を公開しました。発掘の結果、北側くびれ部付近で円筒埴輪列が確認されましたが、埴輪列より北側はすでに削平されており、墳丘の正確な規模がつかめなかったようです。

墳丘は二段築成ですが、上段部について、宮内庁の調査官は「近世以降に約一メートルもの盛土がみられ、上段の平坦面はほとんど削平されている」と判断しているようです。学会側からは「盛土を取り除けば本来の形状が明らかになるのではないか」との意見もありました。そのほか、後円部の裾からも形象埴輪が出土しています。円筒埴輪の年代について、調査官は五世紀後半から六世紀前半の範囲で考えられており、白髪山古墳より先につくられた可能性も残されているようです。墳丘の形は、現状では後円部の直径と前方部の幅がほぼ同じであり、前方部の幅が後円部直径の二倍もある白髪山古墳とはまったく違った形をしています。

白髪山古墳

白髪山《しらがやま》古墳は小白髪山古墳の前方部正面に見えていますが、外環で分断されているため、横断することはできません。一五〇メートル北に軽里南交差点があり、そこには歩道橋がかかっています。歩道橋の上からは、住宅の屋根越しに前の山古墳や白髪山古墳、峯ケ塚《みねがづか》古墳が見通せます。面倒でも上がってみましょう。

白髪山古墳は、宮内庁により清寧天皇河内坂《こうちのさか》門原陵《どのはらのみささぎ》に指定されています。墳丘長一一五メートル、後円部直径六三メートル、同高さ一〇・五メートル、前方部幅一二八メートル、同高さ一一メートルの前方後円墳です。前方部は小白髪山古墳と同じく西を向いています。前方部の幅が後円部の直径の約二倍あり、後期の典型的な前方後円墳です。後円部は円形のまま変わりませんが、前方部は時代とともにその形が変わってきます。前方部にも埋葬施設がある古墳がありますが、あくまでも後円部が中心で、そこに葬られている人のためにつくられたことは間違いありません。前方部は祭祀の場所で、時代とともにそのやり方が変わってきたとも考えられます。

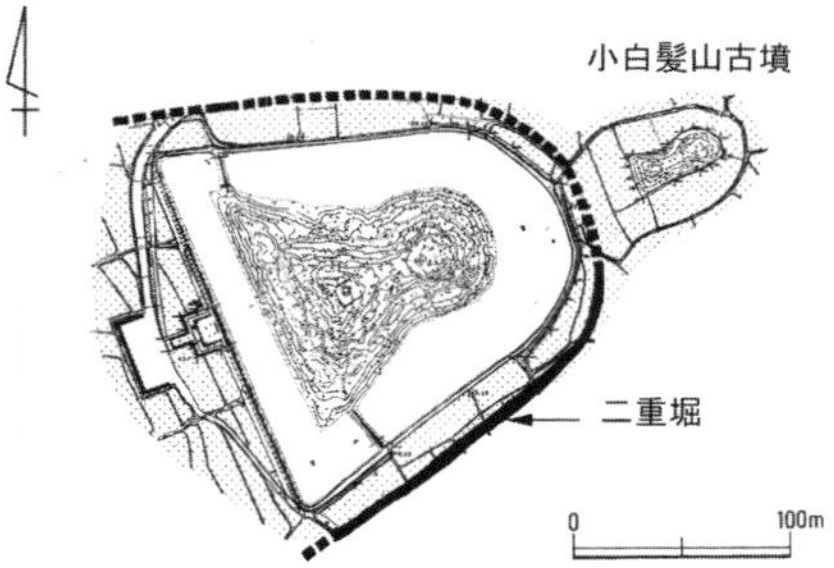

白髪山古墳二重堀復元図

墳丘は二段築成で、埋葬施設や副葬品は明らかではありませんが、横穴式石室であった可能性があります。周囲には堀がめぐっており、北側くびれ部に造出しを持ち、前方部の両側には渡土堤があります。

一九七九年、宮内庁が護岸工事に伴う発掘現場を陵墓関係学会に公開しました。調査の結果、古墳時代の堤や堀底は確認できず、江戸時代末期に堀が拡張されたらしいこと、築造当時には外堀が築かれていなかったこと、江戸時代末期に大規模改修が行われ、前方部が大きく開く現在の形になったこと、などが公表されました。しかし、その後の羽曳野市などによる周辺部の調査で前方部を除いて二重堀があったこと、前方部の形は当初からのものであったことが明らかになりました。築造時期については、少ないながら見つかっている埴輪や須恵器などから、六世紀前

白髪山古墳（前方部南西角から）

半と考えられています。

天保一四年（一八四三）の絵図を見ると、南側の渡土堤から墳丘裾を通って北側に抜ける道が描かれています。当時は北側に堀はなく田畑になっていました。また、くびれ部あたりにも、水面調整のため渡土堤があったようです。現在は住宅などに取り囲まれているため、堤に沿って一周することはできませんが、大型店舗の駐車場などから墳丘を観察することができます。

峯ケ塚古墳

白髪山古墳の北約四〇〇メートルに峯ケ塚《みねがづか》古墳があります。国史跡に指定されており、峰塚公園の中にありますが、現在は整備中のため、墳丘内に立ち入ることができません。

峯ケ塚古墳は、墳丘長九六メートル、後円部直径五六メートル、同高さ八メートル、前方部幅七四・四メートル、同高さ一〇・五メートルの前方後円墳で、前方部が西側を向いています。墳丘は二段築成で、北側に造出しがあります。墳丘には埴輪列と葺石が施されていますが、葺石は墳丘斜面全面を覆うのではなく、上段斜面の裾部に鉢巻き状に施されています。これは崩れやすい部分だけに使用されたものと見られ、野中ボケ山古墳でも同じような施工をしています。堀は南側を除いて二重にめぐっていたことが最近の調査で確認されています。

後円部に埋葬施設があることが一九九二年の調査で明らかになりました。埋葬施設は一三世紀後半に盗掘に遭っていましたが、石槨（室）の一部と三五〇〇点を超える副葬品が見つかりました。石槨は**輝石安山岩**《きせきあんざんがん》を積み上げており、石材の下に基礎工事のため、やや大きめの礫が石槨の約一

峯ケ塚古墳（西から）

メートル外側にまで敷かれています。床面には**礫石**《れきせき》が厚く敷かれており、赤色顔料（水銀朱）が残されている部分もありました。石槨には墓《ぼ》壙《こう》がないことから、あらかじめ石槨を構築し、その上に盛土したものと考えられます。

石槨内から大刀や鉄鏃束、板状鉄製品、挂甲**小札**《こざね》などとともに、赤色顔料の付いた石棺の破片（阿蘇凝結凝灰岩）や人の歯も見つかっています。この石槨は竪穴式石槨と考えられますが、横穴式石室の可能性も否定しきれません。竪穴式石槨から横穴式石室に移行する過渡期のもので、新しいタイプの竪穴式石槨であるという意見もあります。また、石槨は古墳中心線の北側にあることから、もうひとつ横穴式石室が存在した可能性も推測されています。将来の調査で中心的な埋葬施設が見つかれば、ここに埋葬された人物こそが峯ケ塚古墳の主役であったとも考えられます。

副葬品は中期古墳に多い武器、武具、馬具などと、金、銀、ガラスの豪華な装飾品など後期古墳に特徴的なものが混在しています。これらの遺物は当時の技術や大陸文化との交流を知る上で貴重なものです。古墳の築造された時期は五世紀末から六世紀初頭と考えられています。

地元では古くから**木梨**《きなし》**軽皇子**《かるのみこ》や日本武尊の墓との伝承があります。伝説上の人物である日本武尊は論外ですが、木梨軽皇子も生没年不明です。『古事記』『日本書紀』によると、允恭天皇の崩御後（五世紀中頃か？）に死亡したとされ、古墳のつくられた年代とは合いません。峯ケ塚古墳の規模や内容から、被葬者は大王クラスの人物であったことは確実です。出土した歯から壮年か熟年の前半と推定されています。

羽曳野市では今後、峯ケ塚古墳の復元整備を行い、墳丘にも登れるようにする予定とのこと

峯ケ塚古墳出土装身具（花形飾り）

輝石安山岩　安山岩は火山岩の一種で、二酸化珪素含有量が玄武岩より多く流紋岩より少ないために、灰色っぽく見えるもの。南米アンデス山中の石の意味で安山岩と訳された。輝石はケイ酸塩鉱物の一種で、輝石を含む安山岩のこと。

小札　甲の部品。

です。公園内の「時とみどりの交流館」で副葬品の一部が展示されていますが、欲を言えば、藤ノ木古墳と並び称されるほどの豪華絢爛な副葬品を展示する施設を、公園内に建設していただきたいと思います。

小口山古墳・小口山東古墳・西山古墳

峰塚公園の中にもう一基古墳が保存されています。峯ケ塚古墳前方部の東側に小高い丘陵があり、階段がつけられています。その途中に峯ケ塚古墳周辺の文化遺産の解説板が設置されています。ここからの眺めは抜群で、前の山古墳をはじめ二上山が一望のもとです。ここは羽曳野丘陵の東の端で、丘を登りきったところに小口山《こぐちやま》古墳があります。小口山古墳は、羽曳野市指定史跡です。直径一四メートルの円墳で、墳形を整えるために東側と北側は地面を掘りこんで堀を設けています。埋葬施設は横口式石槨で、長さ二・七メートル、幅および高さが一・六メートルの直方体をしています。この石槨は二上山の白色凝灰岩を刳《く》り抜いてつくられており、南側に長方形の開口部があります。石槨の下には三枚の板石が敷き詰められています。石槨は一九一二年、開墾中に発見され、開口部を閉塞するための扉石は現在、民家の中庭に移されているそうです。

石槨の中はきれいに整形されており、さながら巨大なU字溝を覗いているようです。石槨の周囲は、開口部を除いて大型の塊石を積み上げて擁壁をつくっています。開口部のある南側は壁面が若干狭くなっており、横穴式石室の**羨道**《せんどう》部のような構造になっています。古墳がつくられたのは石槨の構造などから、古墳時代の最末期、七世紀後半と推定されています。

自由に見学できますが、開口部に土嚢が積み上げられ、傷みも激しく、石槨内は落ち葉とゴミが散乱しています。

二〇〇二年、小口山古墳の一〇メートル東で

小口山古墳

木梨軽皇子　允恭天皇の第一皇子。同母弟に穴穂皇子《あなほのみこ》（安康《あんこう》天皇）、大泊瀬稚武皇子《おおはつせのわかたけのみこ》（雄略天皇）など。

羨道　横穴式石室や横穴にある玄室（棺などを納める中心部分）と外を結ぶ通路。

横穴式石室の残骸が発見され、小口山東《こぐちやまひがし》古墳と名づけられました。二〇〇四年の調査では東西三〇メートル、南北推定二一メートルの方墳であることが明らかになりましたが、埋葬施設は横口式石槨の可能性もあるようです。

小口山古墳の開口部から北東約二〇メートルの丘陵頂上部で、二〇〇八年、埴輪円筒棺墓が見つかりました。副葬品はありませんが、埴輪は古墳時代前期のもので、丘陵の地形から全長四〇メートルの前方後円墳ではないかと考えられ、西山《にしやま》古墳と名づけられました。

久米塚古墳・水塚古墳

峰塚公園の北側の道路をはさんで、久米塚《くめづか》、水塚《みずづか》の小字名が残されており、江戸時代の絵図では前者は方形、後者は前方後円の形をしていました。久米塚古墳は一辺四二メートルの方墳と考えられています。水塚古墳の周辺部は発掘調査され、前方部が西向きの前方後円墳であることがわかりました。墳丘長は推定で四七メートル、円筒埴輪、朝顔形埴輪のほか、鶏、盾形の形象埴輪が出土しています。築造時期は六世紀前半と考えられています。

塚穴古墳

小口山古墳から東側の住宅街に抜ける道があり、公園を出て東へ一五〇メートルほど歩くと、南北のバス通り（藤井寺羽曳野線）に出ます。道路の西に神光苑あたらしい道本部があります。その南に隣接してあるのが塚穴《つかあな》古墳です。藤井寺市にも塚穴古墳（土師の里6号墳）がありますが、それとは別の古墳です。用明《ようめい》天皇皇子来《く》目皇子《めのみこ》埴生崗上《はにゅうのおかのえ》墓として宮内庁が管理しています。来目皇子は聖徳太子の弟で、『日本書紀』によると、推古一一年（六〇三）に筑紫（現福岡県）で死去し、周芳《すおう》（現山口県）で殯《もがり》をした後、河内埴生《はにゅう》山岡上で葬られたとされています。埴生とはこのあたりの地域のことを指します。

殯　日本の古代に行われていた葬儀儀礼で、貴人の本葬をする前に、仮に死骸を納めて祀ること。

塚穴古墳は一辺四八メートルの方墳で、周囲に最深五メートルの空堀があります。三方を高く幅の広い堤状につくられ、東西一四〇メートル、南北一二〇メートルの膨大な墓域を有しています。一八九〇年（明治二三）に宮内省（現宮内庁）が整備工事の際に石室略図を作成しています。それによると、玄室長五・四五メートル、同幅三・六三メートル、羨道長七・五七メートル、同幅一・八一メートルと計測し、奈良県明日香村の岩屋山《いわややま》古墳とほぼ同規模で、つくり方もよく似ています。築造時期は七世紀前半と推定され、来目皇子の死亡年代とも一致しますが、塚穴古墳が来目皇子の墓であったという確証はありません。

塚穴古墳

　拝所は南側にありますが、古墳の西側はマンションでさえぎられ、全景を見通せる場所はわずかしかありません。なお、拝所からは直接見ることはできませんが、西側にヒチンジョ池があります。野中寺に石槨が保管されているヒチンジョ池西古墳は、この池の西側堤あたりにありました。

野中ボケ山古墳・野々上古墳

さてもう一度、峰塚公園のメインの入り口に

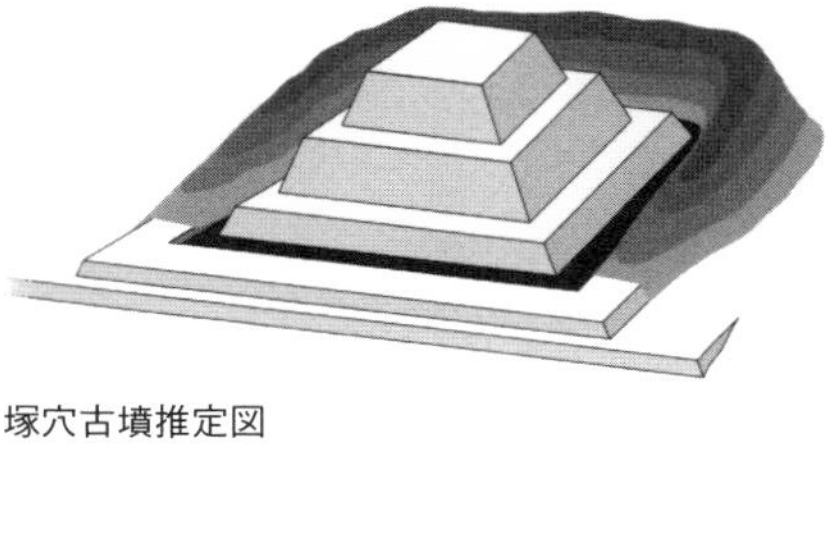
塚穴古墳推定図

戻りましょう。公園の北側、道をはさんでLICはびきの（羽曳野市立生活文化情報センター）があります。野中《のなか》ボケ山《やま》古墳は、センターから北側二〇〇メートルのところです。センターの西側の道に沿って歩くと、すぐに墳丘が見えてきます。古墳の南側は住宅が建て込んでいますが、堀に沿って細い道があり、後円部から前方部の拝所まで歩くことができます。

　野中ボケ山古墳は仁賢天皇埴生坂本陵《はにゅうのさかもとのみささぎ》に指定され、宮内庁により管理されています。墳丘長一二二メートル、後円部直径六五メートル、同高さ一一・五メートル、前方部幅一〇七メートル、同高さ一三メートル、二段築成の前方後円墳です。南側くびれ部に造出しがあり、周囲に盾形の堀がめぐっていますが、南側が張り出しており、左右対称ではありません。前方部北西角の堤の角度が直角に近く、片直角型の前方後円墳説もあります。前方部が後円部に比べて大きく、後期古墳の特徴を示しています。埋葬施設は確認されていませんが、横穴式石室の可能性が高いと考えられています。

　一九九一年、宮内庁が護岸工事に伴う発掘現場を陵墓関係学会に公開しました。公開に参加した人は「①前方部の周堀内では葺石の転落が異常に少なく、後期大型前方後円墳では葺石の省略化の進行がうかがえる。②墳丘から転落した埴輪の特徴は、外堤出土埴輪や野々上埴輪窯のものと同じである。③造出し部、くびれ部出土の須恵器から古墳の時期が限定できた」と報告しています。また、幕末の大規模な修陵によって、墳丘裾部の崩落土を墳丘内へ盛られていることもわかりました。古墳の築造時期は六世紀前半と考えられます。

　野々上《ののうえ》埴輪窯跡は、前方部北西角の斜面で二基見つかりました。現在その位置には解説板が設置されています。この窯では野中ボケ山古墳

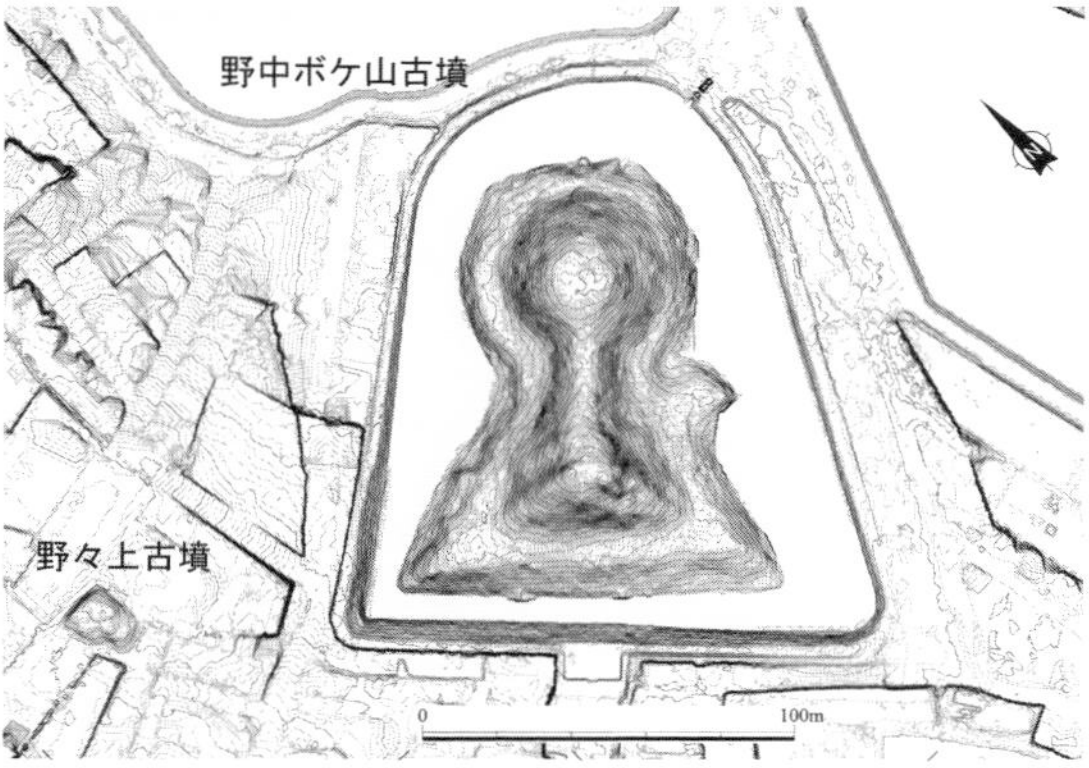

野中ボケ山古墳と野々上古墳

に使用するための円筒埴輪や朝顔形埴輪のほか、人物埴輪や石見型埴輪、陶棺《とうかん》などが焼かれていたことがわかっています。

窯跡の場所から北側に坂を登りきったところを西側に入ると、野々上《ののうえ》古墳があります。一辺二〇メートル、高さ二メートルの方墳ですが、墳丘は後世に改変を受け、かなり変形しています。

野中ボケ山古墳

野々上古墳

宮内庁により仁賢天皇陵の陪塚（飛地い号）に指定されています。かつて古墳北側で工事が行われた時、**三木精一**氏が埴輪を採集しています。その埴輪は四世紀後半のもので、野中ボケ山古墳とは一〇〇年以上の開きがあり、陪塚とは考えられません。

五手冶古墳

野中ボケ山古墳の北東側一帯から埋没した古墳がいくつか見つかっています。野中ボケ山古墳の北約一〇〇メートルのところに五手冶《ごてじ》古墳がありました。直径三三メートル、高さ三メートルの円墳で、幅五メートルの堀がめぐっています。南西部に外側に向かって撥《ばち》形に開く渡土堤があり、渡土堤の上と堀外から埴輪円筒棺墓が見つかりました。後者に使用された埴輪は鰭付《ひれつき》楕円筒《だえんとう》埴輪の一種で、盾形埴輪のような文様が表と裏にあります。五手冶型盾形埴輪とも呼ばれていますが、野々上古墳などでも同様の文様を持つ埴輪が見つかっています。

埋葬施設は削平されてわかりませんが、堀の中から車輪石《しゃりんせき》の破片が出土しています。ほかに円筒埴輪や朝顔形埴輪、衣蓋、家、船、盾、靫形の形象埴輪も見つかっています。出土した埴輪から、四世紀後半の築造と推定されています。五手冶古墳は、津堂城山古墳の直前に築かれ、古市古墳群の中では最古と見られています。鰭付楕円筒埴輪が奈良市の佐紀古墳群のものとよく似ていることな

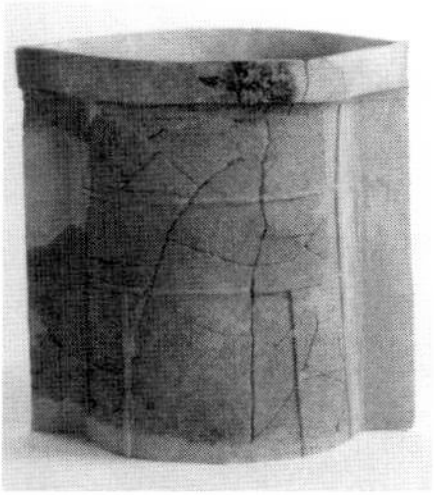

五手冶古墳出土
鰭付楕円筒埴輪

［参考］腕輪形石製品
（柏原市指定文化財。
上から鍬形石、車輪石、
石釧）

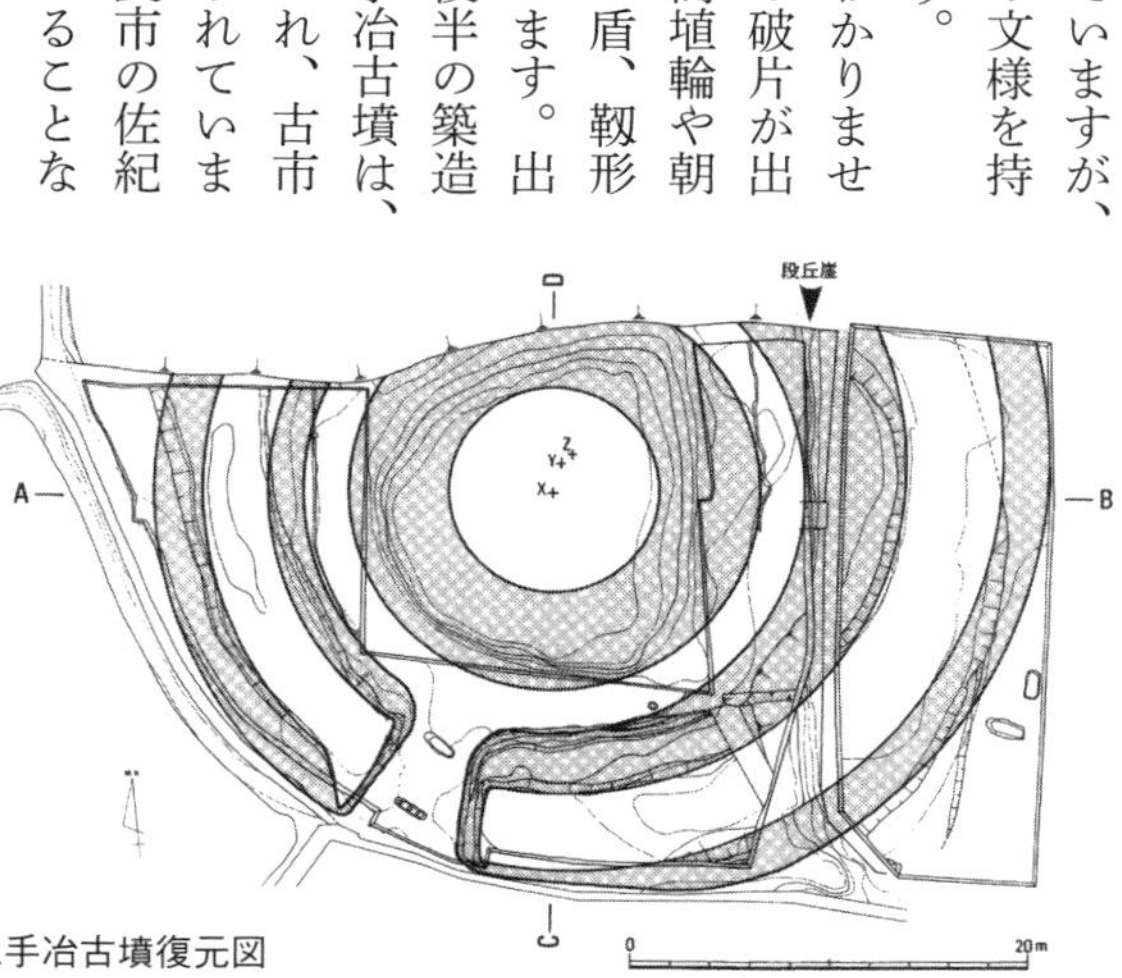

五手冶古墳復元図

どから、古市古墳群の成立の謎を解く古墳として注目を集めています。

大半山古墳・矢倉古墳・下田池古墳・今井塚古墳

大半山《だいはんやま》古墳は、五手治古墳の北一〇〇メートルにあります。羽曳野市のホームページでは一辺二〇メートルの方墳とされていますが、墳形については判然としないようです。現在は住宅が建っており、事前調査が行われましたが、埋葬施設や葺石などは見つからなかったようです。南側の周堀と推定されるところから円筒埴輪や盾などの形象埴輪が出土。四世紀後半築造の直径一〇メートル前後の円墳ではないかと報告されています。まわりに方形の区画があり、周囲の田圃より少し高くなっています。仮にこれが古墳の範囲だとすると、一辺が三〇メートルほどの方墳であった可能性もあります。

大半山古墳の北東約一〇〇メートルのところに、矢倉《やぐら》古墳（野々上1号墳）がありました。マンション建設に伴う発掘調査で、直径二八メートル、造出し付の円墳であることが明らかになりました。墳丘は二段築成と考えられ、馬蹄形の堀の外側に堤がめぐっています。墳頂部はすでに削平され、埋葬施設は見つかりませんでしたが、墳丘上に円筒埴輪列の一部が残されていました。ほかに朝顔形埴輪、家、衣蓋、人物、馬、鳥、靫、盾形の形象埴輪も出土。堀の中から副葬品とみられる石英製の勾玉や須恵器も出土しています。築造時期は六世紀前半と推定されています。

矢倉古墳の南東三〇メートルには、下田池《しものたいけ》古墳（はざみ山3号墳）がありました。直径二五メートル、幅五メートルの堀がめぐる円墳で、円筒埴輪、朝顔形埴輪のほか、衣蓋、盾、人物、家、馬形などの形象埴輪が出土しています。埋葬施設はすでに削平されていましたが、築造されたのは六世紀前半と推定されています。矢倉古墳の堀と墳丘の一部、下田池古墳の堀の一部

三木精一　ゴム会社社長を引退後、羽曳野市を中心に、多くの遺跡の発見と遺物の収集にあたる。また、遺跡パトロールや誉田白鳥遺跡などの発掘調査に参加。大阪府文化財愛護推進委員、羽曳野市史編纂委員などを歴任。羽曳野郷土研究会代表幹事として活躍。

大半山古墳の現状

が古市大溝によって破壊されており、この付近では六世紀前半以降に大溝が掘削されたことが明らかになりました。

下田池古墳からさらに南東約二〇〇メートルに、今井塚《いまいづか》古墳（はざみ山1号墳）がありました。三二メートルの円墳で、堀は馬蹄形か卵形にめぐると推定されています。円筒埴輪のほか、家、盾、鳥、馬、人物形の形象埴輪が出土し、六世紀前半の築造と推定されています。

矢倉古墳、下田池古墳、今井塚古墳はいずれも葺石が施されていません。三古墳とも開発に伴う発掘調査で見つかったもので、現在は住宅などになっています。

稲荷塚古墳

今井塚古墳の北約一〇〇メートルのところにあるのが、この付近で唯一現存する稲荷塚《いなりづか》古墳です。住宅の間からわずかに墳丘が見えます。以前は田畑の真ん中にあり、どこからでも眺められたのですが、現在は住宅に囲まれ、北側の一角からしか間近に見ることはできなくなってしまいました。

墳丘長五〇メートル、後円部直径三九メートル、前方部幅一七メートル、帆立貝形古墳で、馬蹄形の堀がめぐります。前方部は西側を向い

稲荷塚古墳

ていますが、現存するのは後円部のみです。埋葬施設や副葬品は明らかではありませんが、堀内から円筒埴輪や形象埴輪が出土しており、六世紀前半の築造と推定されています。

青山古墳と埋没古墳

稲荷塚古墳から外環を渡って青山《あおやま》古墳を見ていくことにしましょう。国史跡の青山古墳（青山1号墳）は青山病院の東側の住宅街の中にあります。直径六二メートル、高さ一〇メートル、造出し付円墳です。造出しを含めた墳丘長は七二メートルになります。墳丘は二段築成で葺石を施し、堀がめぐっています。堀内から円筒埴輪のほか、家、衣蓋、盾、靫、馬、人物形の形象埴輪が出土しており、五世紀中頃の築造と推定されています。古墳の南側は青山二丁目遊園で、解説板が設置されています。

青山古墳の南側一帯には小規模古墳が群集しており、計一一基の古墳がありました。青山古墳を除いてすでに住宅などが建っており、見学することはできません。このうち七基が藤井寺市域内にあり、青山古墳群と呼ばれています。残りの四基は羽曳野市域で、こちらは軽里《かるさと》古墳群と名づけられました。青山古墳群・軽里古墳群は、住宅地造成や道路整備工事などで発掘調査が行われています。その結果、帆立貝形古墳が三基と円墳が三基、方墳が四基見つかりました。

青山2号墳は墳丘長三三メートル、後円部直径二七メートルの帆立貝形古墳です。円筒埴輪列が確認されていますが、葺石は見つかっていません。動物や人物形の形象埴輪、須恵器有蓋高杯《ゆうがい》が出土しています。築造時期は五世紀後半と推定されています。

青山3号墳は東西八メートル、南北七メートルの方墳で、堀内から須恵器の坏、蓋《ふた》、𤭯《はそう》のほか、鉄

青山古墳

矛が見つかっています。青山4号墳は一辺二〇メートル、造出し付の方墳で、葺石を施しています。円筒埴輪、朝顔形埴輪のほか、家、衣蓋、盾、靫、人物、鶏、馬、猪形の形象埴輪が出土。青山5号墳は一辺七メートルの方墳で、円筒埴輪、朝顔形埴輪のほか人物、馬形の形象埴輪が出土。堀の南東隅から大型の埴輪円筒棺墓が見つかっています。円筒棺墓は5号墳が築造された後につくられたものと考えられています。3号墳から5号墳はいずれも五世紀後半の築造と推定されています。

　青山6号墳は一辺一四メートルの方墳で、葺石を施しています。鶏形埴輪のほか須恵器の壺、器台などが出土。青山7号墳は直径三二メートルの円墳で、葺石を施し、円筒埴輪と形象埴輪が出土しています。6号墳と7号墳は五世紀中頃の築造と推定されています。

　若子塚《わかごづか》古墳（軽里《かるさと》1号墳）は、直径二三メートルの円墳で葺石を施しています。円筒埴輪、朝顔形埴輪のほか、人物、家、盾形の形象埴輪、須恵器の甕や管玉が出土。造出し付の円墳とされていますが、帆立貝形古墳の可能性もあります。

　軽里2号墳は直径二五メートルの円墳で葺石を施しています。堀内から大量の円筒埴輪のほ

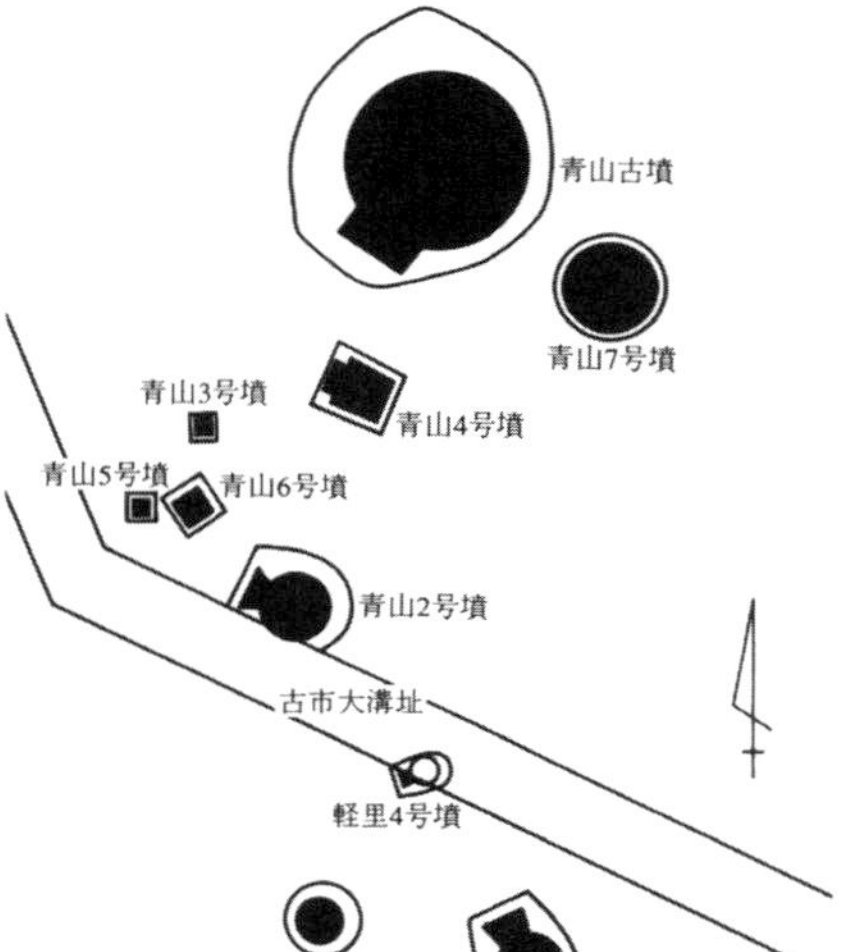

青山・軽里古墳群

軽里4号墳調査風景

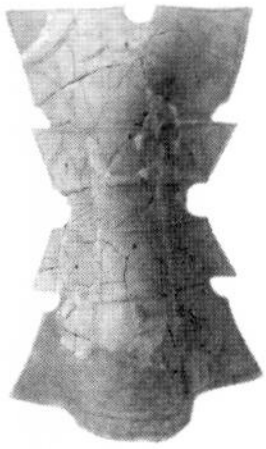

軽里4号墳出土石見型埴輪

か朝顔形埴輪、人物形埴輪、須恵器の坏身、高坏、甕、器台が出土。軽里3号墳は墳丘長三三メートル、帆立貝形古墳で葺石を施しています。円筒埴輪のほか、家、衣蓋、盾、鶏、猪形の形象埴輪、須恵器、土師器が出土。

軽里4号墳は、墳丘長一八メートル、前方部幅四・六メートルの帆立貝形古墳です。後円部は古市大溝で削平されていましたが、復元すると直径一三・六メートルになります。墳丘上に円筒埴輪や石見型埴輪、家、馬、人物形の形象埴輪が立てられた状態で見つかりました。堀内からは馬具や鉄鏃、刀子が出土しています。軽里古墳群は五世紀中頃から後半にかけて築造されたと考えられています。見つかった古墳以外にも埋没している古墳のあることが、周辺の小字名から推測されます。

古市大溝がいつ掘られたのかは諸説あり、いまだに決着を見ていませんが、青山2号墳や軽里4号墳を削平してつくられていることから、この部分では六世紀以降になることは間違いありません。スーパーイズミヤから北西方向に延びる細長い空き地は、古市大溝の跡です。その一部はイズミヤの駐車場になっています。

若子塚古墳と軽里4号墳の解説板は、それぞ

古市大溝跡

翠鳥園遺跡公園

れ三井住友銀行の東側と大阪府宅地建物取引業協会の前にあります。青山古墳群から出土した埴輪円筒棺や猪と人物形埴輪、須恵器の一部は、近つ飛鳥博物館に常設展示されています。

旧石器時代の遺跡として著名な翠鳥園《すいちょうえん》遺跡内では、小方墳が三基（1号墳＝一辺一二メートル、2号墳＝一辺六・五メートル、9号墳＝一辺一五メートル）と円墳一基（12号墳＝直径一五メートル）、墳形不明一基（10号墳）が見つかっています。これらの古墳群は**翠鳥園古墳群**と呼ばれています。青山・軽里の古墳群は中位段丘面にありますが、翠鳥園古墳群は一段下の低位段丘であり、別の集団の墓と考えられます。埋葬施設には五世紀から六世紀代の埴輪円筒棺が使われていますが、古い埴輪を転用した可能性もあり、築造時期の判定は困難です。翠鳥園遺跡は公園になっており、旧石器時代の人々の暮らしなどを解説したガイダンス施設のほか、遺跡の立体模型やベンチ、トイレなどもあり、古墳めぐりの休憩場所におすすめです。

6　津堂城山古墳から黒姫山古墳へ

さて、ここからは古墳の集中する地域から離れて、それぞれ独立して存在する古墳を見ていきますが、歩いてまわるには少し不便なので、電車・バスを乗り継いでいきましょう。

津堂城山古墳

津堂城山古墳《つどうしろやま》へは、藤井寺駅（北口）から路線バスが出ています。近鉄八尾駅前行きのバスに乗り、小山で下車すると、津堂城山古墳の前方部に出ます。ほかに藤井寺市の公共施設循環バスも走っていますが、こちらは本数が少なく、少し遠まわりをするので、古墳めぐりにはあまりおすすめできません。車で来られる方は、大阪府営藤井寺藤美住宅の南側にある〝ふじみ緑地〟に広い駐車場があります。ここは大型バス

翠鳥園古墳群　現在確認されているのは五基であるが、古墳名称の番号が飛んでいるのは、古墳以外の遺構にも番号が付されているため。

も駐車可能です。

津堂城山古墳は、古市古墳群で最も早く築造された大型前方後円墳です。墳丘長二一〇メートル、後円部直径一二八メートル、同高さ一六・九メートル、前方部幅一一七メートル、同高さ一二・七メートルで、二重の堀がめぐっており、その敷地は約一四万七〇〇〇平方メートルもあります。室町時代に城が築かれていたため、墳丘はかなり傷んでいます。後円部の一部は允恭天皇陵の可能性があるとして、宮内庁により藤井寺陵墓参考地に指定されていますが、陵墓参考地も含めて国史跡です。

埋葬施設の発見

津堂城山古墳の埋葬施設が発見されたのは一九一二年のことです。地元の人々によって後円部頂が掘り起こされ、坪井正五郎（東京帝国大学人類学教室、以下はいずれも当時の所属）、大道弘雄（大阪朝日新聞社）、梅原末治（同志社歴史地理学会）の各氏らによって緊急調査されました。内部の構造や副葬品については「人類学雑誌」「考古学雑誌」「大阪朝日新聞」などに報告されています。これらの文献は現在では閲覧することは難しいので、二〇一三年に藤井寺市教育委員会から出版された津堂城山古墳の調査研究報告を参考に概要を紹介しましょう。

埋葬施設は割石積《わりいしづみ》の竪穴式石槨の中に長持形石棺が納められていました。長持形石棺は六枚の板石（凝灰岩）を組み合わせており、蓋石に亀甲紋が施されています。この石棺の模式図は考古学の概説書には必ずと言っていいほど登場します。石棺内部には約一斗（約一八リットル）もの朱があったとのことです。上記三氏が調査したときには、すでに副葬品は村人によって取り上げられており、詳しい出土

津堂城山古墳とその周辺

状況は明らかではありませんが、出土遺物には次のようなものがありました。半三角縁《はんさんかくえん》（斜縁）二神四獣鏡《にしんしじゅうきょう》、変形龍虎鏡《へんけいりゅうこきょう》、変形神獣鏡《へんけいしんじゅうきょう》、巴形銅器《ともえがたどうき》、方形銅板、円形銅製品、玉類（勾玉、管玉、臼玉、丸玉）、車輪石、鍬形石《くわがたいし》（一〇二頁左下図版参照）、石製模造品（刀子、剣、鏃形）、刀、剣、刀剣装具、鉄鏃、銅製**弓弭**《ゆみはず》、同**矢筈**《やはず》、三角《さんかく》板革綴短甲地板《いたかわとじたんこうじいた》、埴輪、木棺片、朱などです。出土遺物の大半は現在、宮内庁に所蔵されていますが、一部は東京大学総合研究博物館と関西大学博物館にもあります。二神四獣鏡は、それぞれ宮内庁と関西大学が破片を所蔵していましたが、三次元レーザー計測の結果、同一の鏡であることが明らかになりました。

竪穴式石槨は、墳丘主軸と平行する、ほぼ南北を向いて築かれており、その真上には現在、クスノキの大木があることが最近の調査で明らかになりました。天井石は、後円部にある津堂八幡神社旧跡の石碑や、葛井寺の忠魂碑、藤井寺市小山の善光寺、同市津堂の専念寺および民家の庭石などに転用されていました。なお、埋葬施設は前方部にもあった可能性があります。

周庭帯と外部施設

一九五四年から、飛行機を利用して大型古墳を観察していた末永雅雄氏が、津堂城山古墳の内堀の外側に幅八〇メートルにも及ぶ区画があることを見つけました。古墳時代中期の大型前方後円墳には、周堀の外に付属地が取り巻いていることが多く見られ、このような施設を「周庭帯」と命名しました。周庭帯は田畑の畦畔などに残されていますが、地上から観察することは困難です。最近では発掘調査が進み、周庭帯と呼ばれていた区画の多くは二重堀

掘り出された長持形石棺

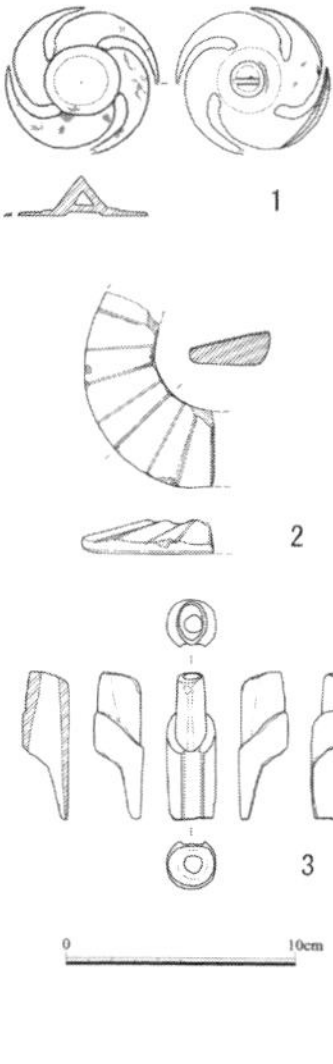

津堂城山古墳出土遺物
（1.巴形銅器　2.車輪石　3.弓弭）

弓弭・矢筈　弓弭は弓の両端の、弦の輪をかける部分。ゆはず。矢筈は矢の末端の弓の弦《つる》を受ける部分。

の痕跡であることが明らかになってきています。津堂城山古墳も、周庭帯とされていた部分は内堤、外堀、外堤であることがわかりました。現在、その部分は住宅が建て込んでいますが、道路などに痕跡の一部が残されています。

一九八三年、藤井寺市は史跡整備のため、東側内堀の調査を行ったところ、くびれ部に造出しがあることがわかったほか、前方部の内堀内から一辺一七メートル、高さ一・五メートルの葺石を施した島状の遺構が見つかりました。造出しからは家、衣蓋、盾形の形象埴輪が、また島状遺構からは三体の水鳥形埴輪が出土。水鳥形埴輪は、のちに国の重要文化財に指定され、衣蓋形埴輪とともにシュラホールに展示されています。そのほか内、外堀から翳形《さしばがた》埴輪も出土しています。

一九九一年度の**地中物理探査**で、造出しと島状遺構は西側にも存在することがわかりました。よく似た例として、群馬県高崎市の保渡田《ほとだ》古墳群の二子山《ふたごやま》古墳と八幡塚《はちまんづか》古墳があります。これらの古墳には、後円部の周辺に円形の中島が四基配されています。時代は五世紀末〜六世紀初頭にかけての古墳ですから、単純に比較できません。また、巣山《すやま》古墳からは、前方部西側に取り付く形で出島状《でじまじょう》遺構が見つかり、衣蓋、家形の埴輪とともに水鳥形埴輪が三体配されています（一五五頁中・下図版参照）。神戸市の五色塚《ごしきづか》

津堂城山古墳（1958年）

翳　鳥の羽などで扇形につくり、長い柄をつけたもの。貴人の行列などでさしかけ、威儀を正した。

地中物理探査　地中に電流やレーザーをあて、地下遺構の状況を探ること。

古墳には、堀内に一辺二〇メートル、高さ五メートルの方形の高まりがあり、葺石が施され、鰭付円筒埴輪、鰭付朝顔形埴輪のほか衣蓋や盾形の形象埴輪が立てられていました。後円部の東側にも高さ一・五メートルの高まりがあり、ここからは埴輪円筒棺墓二基が発見されています。巣山古墳と五色塚古墳は津堂城山古墳と同時代の古墳ですので、当時の祭祀のあり方に共通点を見いだすことができます。

古市古墳群で最初につくられた巨大古墳

津堂城山古墳は、埋葬施設や埴輪など出土遺物から四世紀後半に築造されたと推定されます。古墳群の中心は段丘上にありますが、津堂城山古墳が築かれているのは氾濫原とか沖積地と呼ばれる低地部です。百舌鳥古墳群で最初に築かれた乳岡《ちのおか》古墳の立地も、大山古墳など主要古墳のある段丘上ではなく一段低いところです。乳岡古墳の築造時期も四世紀後半で、両者はよく似ています。乳岡古墳は大王権力が百舌鳥古墳群を築く前につくられた在地の首長墓と考えられていますが、津堂城山古墳の場合は少し様子が異なるようです。

島状遺構

津堂城山古墳と同時期につくられた古墳に、佐紀古墳群の五社神古墳（神功《じんぐう》皇后陵）があります。墳丘長では津堂城山古墳をしのぐ

水鳥形埴輪

衣蓋形埴輪

大きさなので、当時の大王墓は後者のほうというのが一般的な見方です。かといって、津堂城山古墳は乳岡古墳と同様在地の首長墓とも言い切れません。奈良北部から河内に大王権力が遷った時期については、なかなか悩ましい問題ですが、津堂城山古墳こそ大王墓であるとする説もあります。また、同じ時期に二人の大王がいたということを唱える研究者もいます。津堂城山古墳の被葬者については、仲哀天皇、応神天皇、日本武尊（または同時代の皇族）などの説があります。

まほらしろやまと花畑

後円部の先にガイダンス施設「まほらしろやま」があります。津堂城山古墳から出土した埴輪や土器を展示し、イラストや写真、映像でわかりやすく解説しています。入館は無料ですが、休館日もあるので事前に藤井寺市教育委員会に確かめてください。ただし、トイレはいつでも利用できます。

津堂八幡神社の石碑とその周辺にあった石材および民家の庭石に転用されていた石槨の蓋石は、施設の前に集められ、竜山石製の実物大石棺レプリカとともに展示されています。なお屋根の上には鴟尾《しび》の代わりに水鳥形埴輪のレプリカが乗っていますのでお見逃しなく。

津堂城山古墳。花菖蒲が盛りの季節に

まほらしろやま

春には墳丘と堤上に桜が咲き誇り、花見の名所になっています。周堀は菜の花、睡蓮、花菖蒲、コスモスなど四季折々の花が楽しめます。島状遺構は盛土によって地上表示され、まわりにユキヤナギが植えられています。また、墳丘上には梅の木がたくさんありますが、よく見ると植樹した人や団体の名札がついています。誕生、入学、結婚、創立、発足などの記念に植えられたものであることがわかります。

津堂城山古墳の西側一帯は小山《こやま》遺跡です。遺跡の範囲内に、五世紀後半から六世紀前半にかけて築造された、四基の埋没した小古墳が発掘調査で見つかっています。西代《にしろ》1号墳（直径一五・七メートルの造出し付円墳）、2号墳（一辺四・五メートルの方墳）、殿町《とのまち》古墳（一辺一〇メートルの方墳）、横江山《よこえやま》古墳（小山《こやま》1号墳、直径三〇メートルの円墳）です。津堂城山古墳の北東、現在の大和川を渡ったところに、大正橋《たいしょうばし》1号墳がありました。直径一〇メートルの円墳で、衣蓋や人物などの形象埴輪のほか、須恵器坏、蓋が出土。五世紀末から六世紀初頭の築造と推定されています。

島泉丸山古墳（高鷲丸山古墳）・島泉平塚古墳

近鉄南大阪線高鷲《たかわし》駅の北約五〇〇メートルに羽曳野市立綾南の森総合センターがありますが、駅からは直行する道がなく、左右どちらかに迂回していかなければなりません。センターの中には資料室があり、不定期ですが古市古墳群に関する資料を展示することもあります。センターの北側に隣接して島泉丸山《しまいずみまるやま》古墳があり、雄略天皇丹比高鷲原陵《たじひのたかわしのはらのみささぎ》として宮内庁が管理しています。

島泉丸山古墳は直径七五メートル、高さ八メートルの円墳で、周囲に幅二〇メートルの堀がめぐっています。その東南東約一〇〇メートルに一辺五〇メートル、高さ八メートルの方墳の島泉平塚《しまいずみひらつか》古墳がありますが、二つの古墳を合わせて前方後円墳のような形につくられており、拝所は島泉平塚古墳のほうにあります。江戸時代には別々で、島泉丸山古墳だけが雄略陵とされていたようですが、文久年間に当時田畑であった島泉平塚古墳を盛土して領域に追加。一八八五年（明治一八）に現在の形につくりかえられました。しかし島泉丸山古墳には堀がめぐっており、前方部に見立てた部分とは切り離されています。平面図を見ていると、ゲゲゲの鬼太郎の目玉おやじのようです。

島泉丸山古墳は古市古墳群の中では最大の円墳ですが、内部構造などはよくわかっていません。堀の北側は後世かなり拡張されており、南側は墳丘に沿っていますが、これも元治元年（一八六四）に整えられたものです。築造時期も五世紀後半から六世紀代と考えられていますが、決定的な証拠はありません。

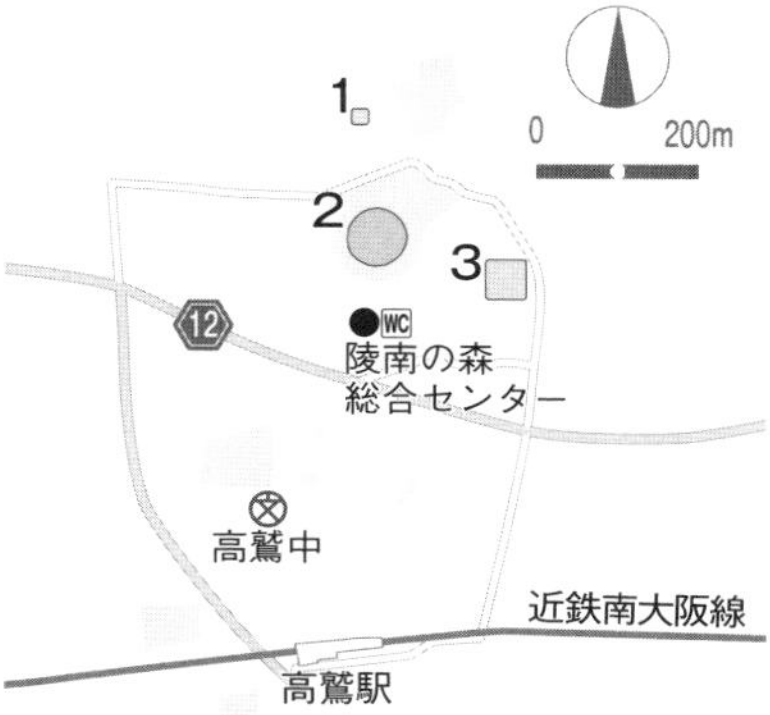

島泉丸山古墳とその周辺
1.隼人塚古墳　2.島泉丸山古墳　3.島泉平塚古墳

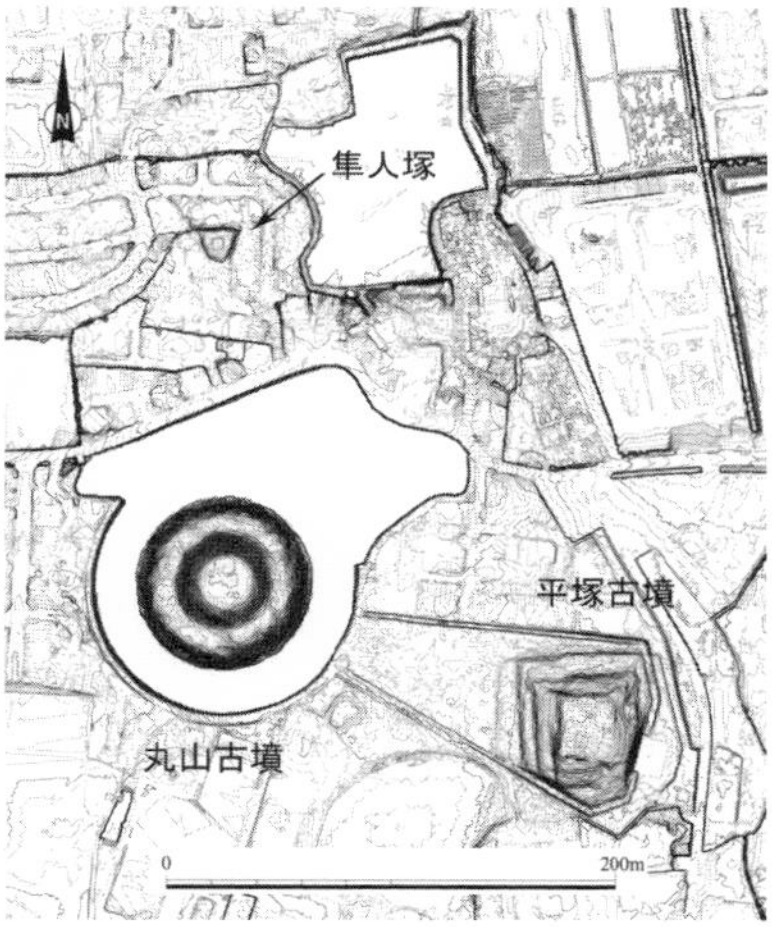

島泉丸山古墳・島泉平塚古墳平面図

島泉丸山古墳

隼人塚古墳

島泉丸山古墳を囲む池の北側、住宅街の中に隼人塚《はやとづか》があります。一辺二〇メートルの方墳で雄略天皇陵の陪塚（飛地い号）として宮内庁が指定していますが、一〇〇メートル近く離れており、陪塚とは考えられません。

隼人塚は住宅に囲まれており、全景を見ることはできません。児童公園からその一部が見えていますが、近くまで行くにはさらに住宅をまわり込んで行かなければなりません。遠巻きに住宅街の中を歩いて行くと突き当たりになり、諦めかけた頃、住宅のわずかなすき間から入り口が見えました。まるで共同住宅の中庭のようです。宮内庁の管理なので入り口の扉までしか行けませんが、個人住宅の敷地内に入っていくようで、足を踏み出すには若干勇気が要ります。

原状では直径三〇メートルの範囲に二メートルほどの高まりですが、二〇〇三年、南側の住宅建設に伴う発掘調査では、周堀や古墳時代の遺物は確認されず、古墳でない可能性が高まりました。

隼人塚

河内大塚山古墳

河内大塚山《かわちおおつかやま》古墳は、近鉄南大阪線恵我ノ荘《えがのしょう》駅の西約三〇〇メートルにあります。墳丘長三三五メートル、後円部直径一八五メートル、同高さ二〇メートル、前方部幅二三〇メートル、同高さ四・五メートル、全国で五番目に大きい前

浜田耕作　号は青陵、元京都大学名誉教授（京都帝国大学総長）。「日本近代考古学の父」と呼ばれる。

方後円墳です。前方部の真ん中が少し尖っており、まっすぐではありません。このような墳丘の形を剣菱形《けんびしがた》と呼んでいます。盾形の堀がめぐっていますが、前方部の堀も墳丘と同じく少し尖った形をしています。

段築は見られず、後円部頂の平坦面は非常に狭く、反対に前方部はフラットです。南北朝時代には城郭として利用されていました。現在、雄略天皇陵の可能性があるとして、宮内庁により大塚陵墓参考地に指定されています。指定されたのは一九二六年（大正一五）で、それまで墳丘上に十数件あった民家は強制的に移転させられました。堀内には三箇所の渡土堤があり、そのすべてが築造当初からあったかどうかは不明です。造出しや葺石は見あたらず、これまでの調査では埴輪も見つかっていません。後円部の南東隅には〝ごぼ石〟とか〝牛石〟と呼ばれる巨石が露出しているところから、横穴式石室の天井石ではないかとも言われています。これらのことから、築造された時期は六世紀中頃以降、古市古墳群では最後につくられた前方後円墳と推定されています。

ただし、**浜田耕作**氏は明治時代にこの地を訪れ、埴輪の破片が散乱していたことを報告しています。筆者も後円部の堤上と思われる畑で埴輪の破片を見かけました。また、一九九〇年に宮内庁が調査したところ、後円部の巨石は埋葬施設の可能性が低いとの見解を示しています。後円部の渡土堤付近に扁平な長方形の石材がありますが、埋葬施設の石材で

河内大塚山古墳とその周辺

河内大塚山古墳（前方部北西角から）

あった可能性もあります。
　河内大塚山古墳については謎が多く、造成工事途中で中断された可能性が浮上しています。堺市日置荘《ひきしょう》の埴輪窯で焼かれた埴輪はどこにも供給されていないことから、河内大塚山古墳に使用するためのものであったとの説もあります。後円部に比べ前方部が低平なのは、未完成説を裏づける証かもしれません。最近では未完成の安閑天皇陵とする説も出されています。
　古墳は満々と水をたたえており、堂々とした その姿は前方部の両角から一望できます。堀に沿って北側と西側は半周することができますが、東側と南側は住宅などが建て込んでおり、直接墳丘を見通すことは困難です。
　二〇一〇年二月一八日、陵墓関係学会による陵墓立ち入り観察が行われました。河内大塚山古墳は、墳丘の形や埋葬施設、後世の改変の程度、未完成説など多くの問題点を持つ古墳です。今回の立ち入りで確認する点として、①前方部東西の渡土堤の修復状況、②公開されている墳

日置荘の埴輪窯

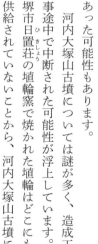

丘測量図の信憑性、③葺石・埴輪の有無、④後円部ごぼ石の状況、⑤丹下城《たんげじょう》跡の遺構、⑥東・西大塚村跡の痕跡、などが挙がっていました。墳丘内は現在、樹木などが繁茂していますが、学校、神社、池、畑などに昭和初年まであった集落の痕跡が残されています。

立ち入り終了後の検討会では、次のような意見が出されました。①従来の墳丘測量図は事実とかなり相違し、特に後円部は三段築成の可能性が想定される。丹下城跡との関係等を念頭に再測量が必要である。②葺石埴輪等がないことが確認された。③前方後円墳としては未完成の可能性が高い。④なぜ陵墓参考地にされたか調査する必要がある。⑤ごぼ石と墳丘の関係を十分調査する必要がある。⑥実測図と現状は細かい部分に大きな違いがある。

立ち入り観察の結果について、参加した宮川徏《すすむ》氏は次のように述べています。

「前方部全体は大形前方後円墳の墳丘内にいるとは思えないほど平坦な森のような景観をしている。後円部は部分的に三段築成の可能性もあるという印象である。前方部と後円部の接点には池状の窪地があり、本来のものとすると後円部と前方部を画する『堀』なのか、後世に形成された池なのかの判別はできなかった。後円部墳頂には旧大塚村時代に墳頂平坦面を東西に二分するように二社の天満宮があり、その参道が墳丘の南側と東側の切り通しのような痕跡になって残っている。この南側の参道跡のやや東寄り、第一段テラス面からは一段と高く段築状になったところに『ごぼ石』の一部が望遠される。古墳は、南北朝の争乱時代に城郭に使われていた可能性があるが、現状では墳丘内に土塁状の高まりや堀は認められない。旧大塚村の頃は三〇軒足らずの村であったので、この段階で墳丘を大きく改変するような手が加えられたとは考えにくい。前方部前端線がほぼ中央で『剣菱形』に突出した剣菱形前方部は築造当初からのものではないかという確証を得た」

陵墓地形図に関しては、二〇一五年、古市古墳群世界文化遺産登録推進連絡会議から出版されたレーザー測量による『古市古墳群測量図集成』は、古市古墳群の四一基を測量対象とし、そのうち世界文化遺産の構成資産候補（当初）の古墳を中心に、三九基が収録されています。この中には河内大塚山古墳が掲載されていないことが残念です。

黒姫山古墳

黒姫山《くろひめやま》古墳は、百舌鳥古墳群と古市古墳群の中間地点にあり、どちらの古墳群にも属さないと考えられますが、百舌鳥・古市古墳群を考える上では欠かすことができない古墳です。堺市美原《みはら》区黒山《くろやま》にあり、近鉄南大阪線河内松原駅または南海高野線初芝駅、北野田駅から**路線バス**が出ています。

墳丘長一一四メートル、後円部直径六四メートル、同高さ一一メートル、前方部幅六五メートル、同高さ一一・六メートルで、北側くびれ部に造出しがあり、二段築成の前方後円墳です。周囲に幅一五～二〇メートルの盾形の堀と、その外側に周庭帯がめぐっています。一九四七年から四九年にかけて調査され、前方部の竪穴式石槨から二四領の甲冑ほか、刀、剣、矛、鏃などが出土。ひとつの古墳から出土した甲冑の数は全国一です。前方部の石槨からは人体埋葬の形跡がなく、副葬用の施設であったようです。後円部の埋葬施設は盗掘によりすでに破壊されていましたが、その上を取り囲んでいた家、盾、靫、短甲、衣蓋、動物形などの形象埴輪が確認され、埋葬施設の位置がわかりました。その中央部には凝灰岩製の刳抜式石棺があったことも聞き取り調査で判明しました。

墳丘斜面には葺石を施し、墳頂部の縁とテラ

黒姫山古墳とその周辺

路線バス　河内松原駅からさつき野東行き、または初芝駅から美原区役所前行き、下黒山西下車。または北野田駅から多治井循環バスで黒姫山古墳前下車。

スに円筒埴輪と朝顔形埴輪がめぐっています。前方部のほぼ中央で、葺石、埴輪列と段築の様子を発掘された状態に復元していますが、雑草がはびこり見づらくなってきています。

古墳の周辺には現存していませんが、鎮守山《ちんじゅやま》古墳、どん山《やま》古墳、けんげん山古墳、さる山古墳、さば山古墳、名称不明の古墳の六基の小規模な古墳が点在していました。さば山古墳は阪和自動車道建設に先立つ発掘調査により、墳丘長三四メートル、後円部直径二七メートル、前方部幅一一メートル、周堀を持つ帆立貝形古墳であったことが確認されました。黒姫山古墳は

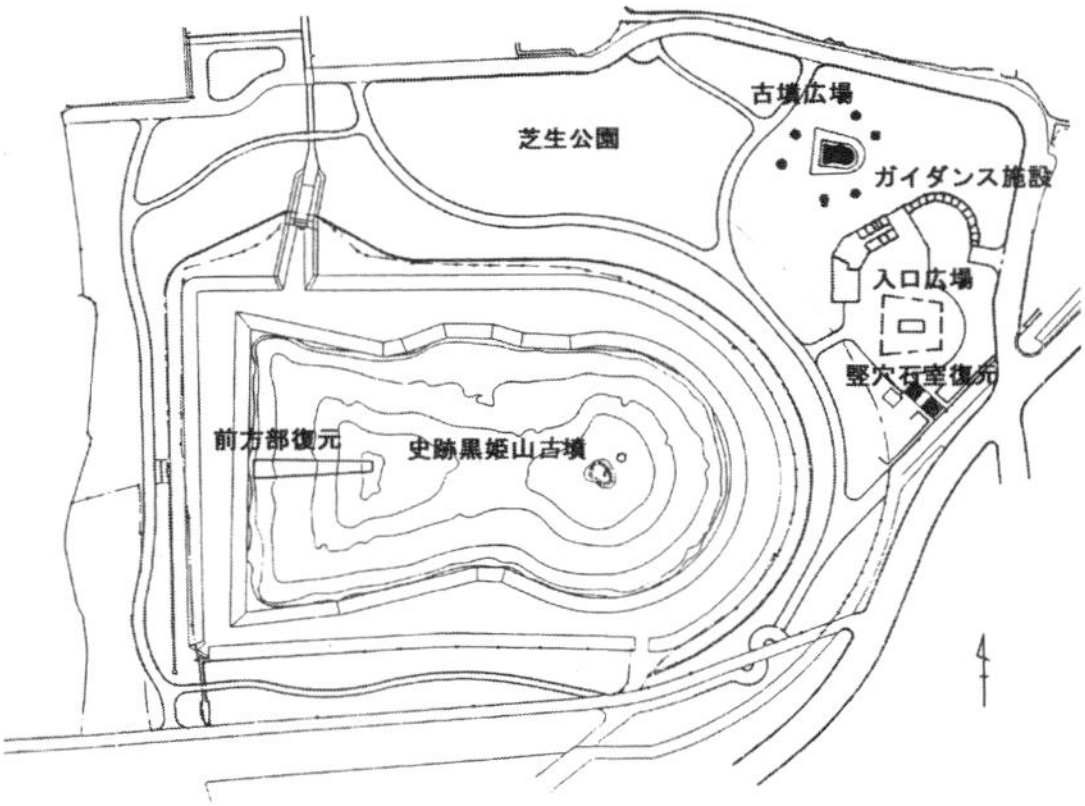

黒姫山古墳歴史の広場

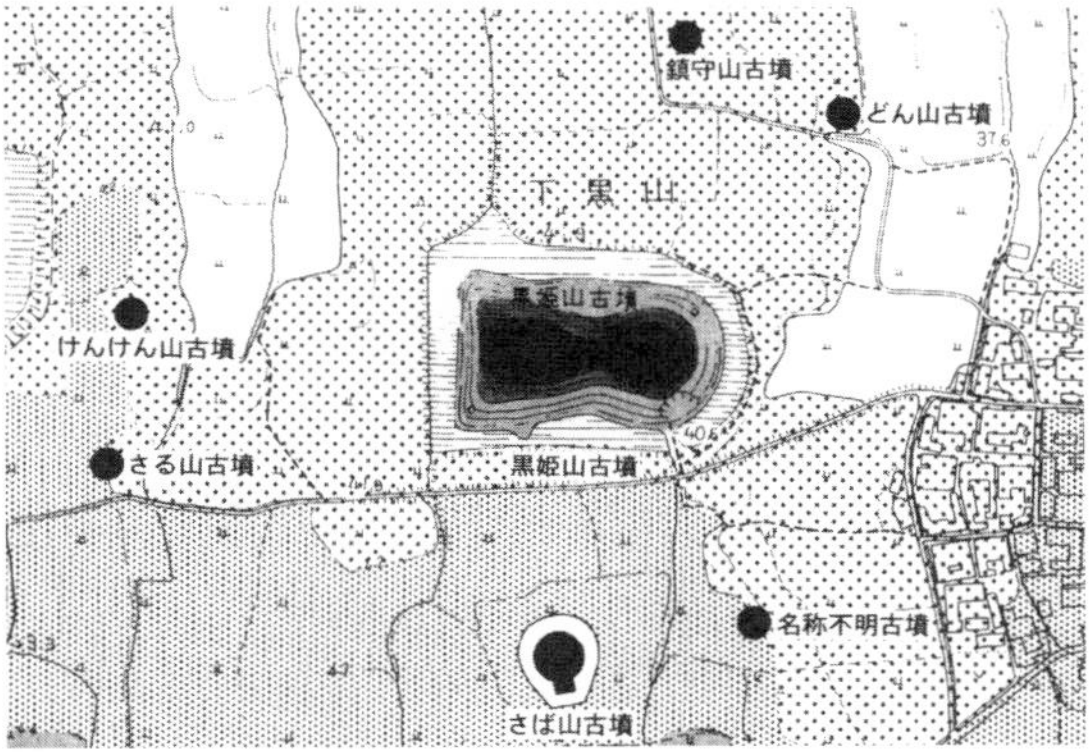

黒姫山古墳を取り巻く古墳

埴輪と葺石の復元

五世紀中頃の築造と推定されていますが、さば山古墳はそれよりも少し後で築かれたことがわかっています。そのほかに埴輪円筒棺墓も見つかっています。元大阪府教育委員会の野上丈助氏は、田圃の畦畔から黒姫山古墳の北西にもう一基、同規模の前方後円墳があったのではないかと推定しています。黒姫山古墳の被葬者は百舌鳥と古市の間にあって両者の仲介役を果たしたと考えられていますが、同じような古墳が他にもあるとすれば、その力は想像以上に大きかったと思われます。具体的には美原地域の豪族、丹比《たじひ》氏もその候補として挙げられています。

黒姫山古墳は、周庭帯と、どん山古墳跡も含めて国史跡に指定されており、「史跡黒姫山古墳歴史の広場」として整備され、ガイダンス施設もあります。施設の前には竪穴式石槨が復元され、ガラス越しに甲冑の出土状態を見ることができるようになっていますが、ガラスが曇っておりよく見えません。また、施設の奥にはミニチュアで黒姫山古墳と周辺の古墳を再現した「古墳ひろば」があるのですが、草に覆われ気をつけて見なければ見落としそうです。周庭帯の一部にはツツジを植えてあるとのことです。甲冑類と埴輪は、北東三〇〇メートルの堺市立みはら歴史博物館（愛称M・Cみはら）に展示されています。なお、阪和自動車道の下を通る泉大津美原線は、黒姫山古墳のところで不規則にカーブしていますが、これは古墳の周堀を避けて建設されたためです。

復元された竪穴式石槨

黒姫山古墳出土甲冑

第2章　南河内の前期古墳

南河内地方には古市古墳群に先行して築かれた古墳群がいくつかあります。その代表的なものは、玉手山《たまてやま》古墳群と松岳山《まつおかやま》古墳群です。両者は、石川と大和川の合流点の南東側の丘陵地にありますが、まずは石川流域の主な前期古墳から紹介していきましょう。

1　石川流域の前期古墳

河内源氏発祥の地といわれ、源頼義《よりよし》・頼信《よりのぶ》・義家《よしいえ》の墓がある通法寺《つうほうじ》や、壺井八幡宮《つぼいはちまんぐう》がある丘陵の縁辺に沿って、北から羽曳野市の壺井丸山《つぼいまるやま》古墳（墳丘長七〇メートル、以下数字は墳丘長）同市の壺井御旅山《つぼいおたびやま》古墳（四五メートル）、同市の通法寺裏山《つうほうじうらやま》古墳（六〇メートル以上）、南河内郡太子町の九流谷《くりゅうだに》古墳（六五メートル）があります。古墳のある丘陵は、東から石川に合流する飛鳥川と太井川にはさまれており、前方後方墳の九流谷古墳を除いてすべて前方後円墳です。

壺井御旅山古墳は柄鏡形の前方後円墳ですが、前方部が撥形に開いています。墳丘の裾部に壺

壺井御旅山古墳出土
壺形埴輪

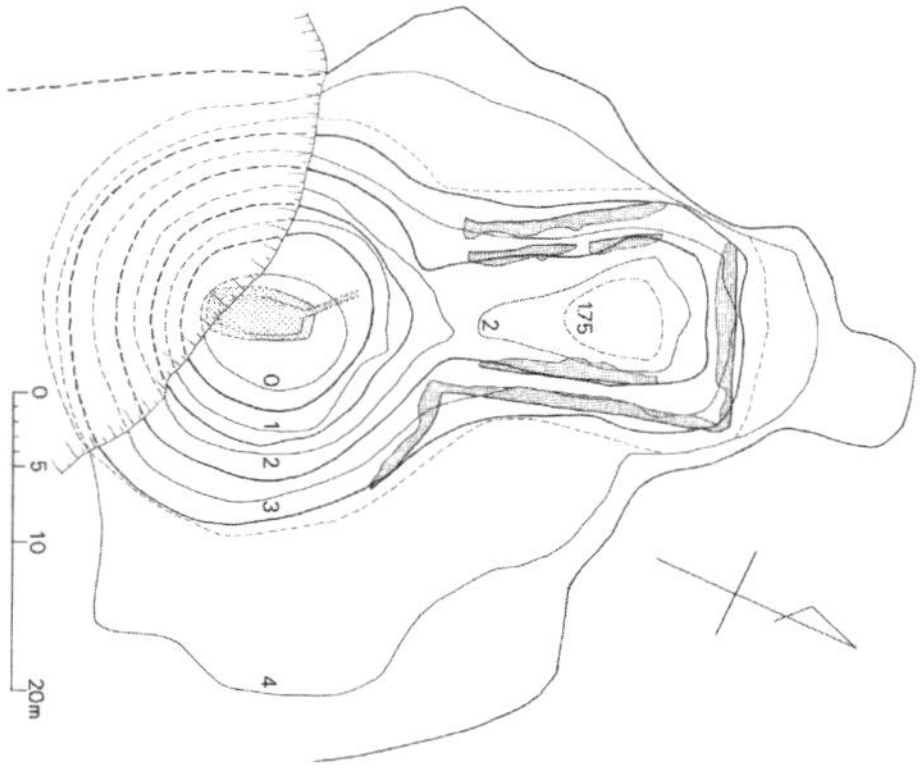

壺井御旅山古墳平面図

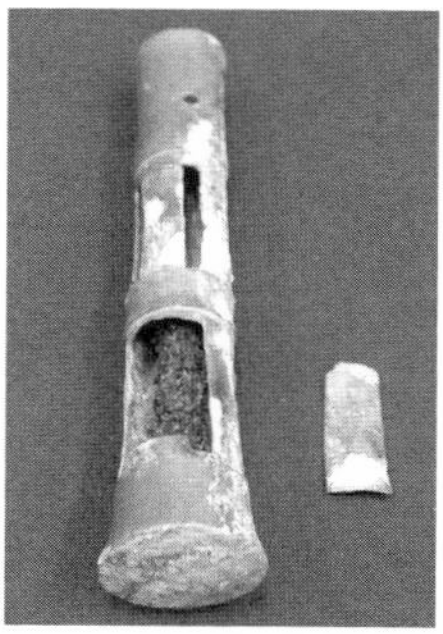

庭鳥塚古墳出土筒形銅器

庭鳥塚古墳の副葬品出土状況
（筒形銅器、三角縁神獣鏡ほか）

形埴輪列が立てられており、鉄剣や鏃、斧のほか三角縁神獣鏡《さんかくえんしんじゅうきょう》など二二面の銅鏡が副葬されていました。壺井丸山古墳は、壺井御旅山古墳と同様の柄鏡形の前方後円墳です。

羽曳野丘陵の東側、石川の西岸に羽曳野市の庭鳥塚《にわとりづか》古墳があります。墳丘長六〇メートルの前方後方墳で、後方部の粘土槨にコウヤマキ製の組合式木棺が安置されていました。副葬品は三角縁神獣鏡、翡翠《ひすい》製勾玉、鉄製武器および工具、筒形銅器、漆製品などがあります。

羽曳野丘陵の東縁に位置する富田林市の真名《まな》井《い》古墳は、墳丘長六〇メートルの前方後円墳で、埋葬施設は粘土槨です。画文帯神獣鏡《がもんたいしんじゅうきょう》、三角縁神獣鏡のほか、管玉、土師器甕、碧玉製紡錘《ぼうすい》車形《しゃがた》石製品、鉄製品などが出土。墳丘裾を朝顔形埴輪と円筒埴輪列がめぐっています。さらに四キロメートル南西に同市の廿山《つづやま》古墳（前方後円墳五〇メートル）があります。

石川の最上流部に河内長野市の**大師山《だいしやま》古墳**があります。墳丘長五二メートルの前方後円墳で、埋葬施設は粘土槨にコウヤマキ製の木棺が安置されていました。副葬品は内行花文鏡《ないこうかもんきょう》（一二八頁図版参照）、碧玉製腕飾類三十数個や紡錘車形石製品、管玉、刀子、鉄剣などがあります。

石川谷では、一〇〇メートルを超す規模の古墳はなく、いずれも埋葬施設は粘土槨か木棺直葬で、竪穴式石槨をつくっていないことです。しかし、銅鏡や石製腕飾類の大量埋納、筒形銅器という特殊な副葬品など、古墳の規模や埋葬施設とは裏腹に、副葬品には目を見張るものがあります。築造された時期は、石川西岸の真名井古墳が最も早く、四世紀初頭頃、石川東岸の壺井丸山古墳もほぼ同時期と推定されます。続いて四世紀前半には壺井御旅山古墳が、中頃から後半には通法寺裏山古墳、九流谷古墳、大師山古墳（以上東岸）、庭鳥塚古墳（西岸）が築かれます。これらの古墳は古市古墳群が築かれる前の南河内地域の有力豪族の首長墓と考えられます。なお、壺井御旅山古墳、真名井古墳、大師山古墳はすでに消滅しています。

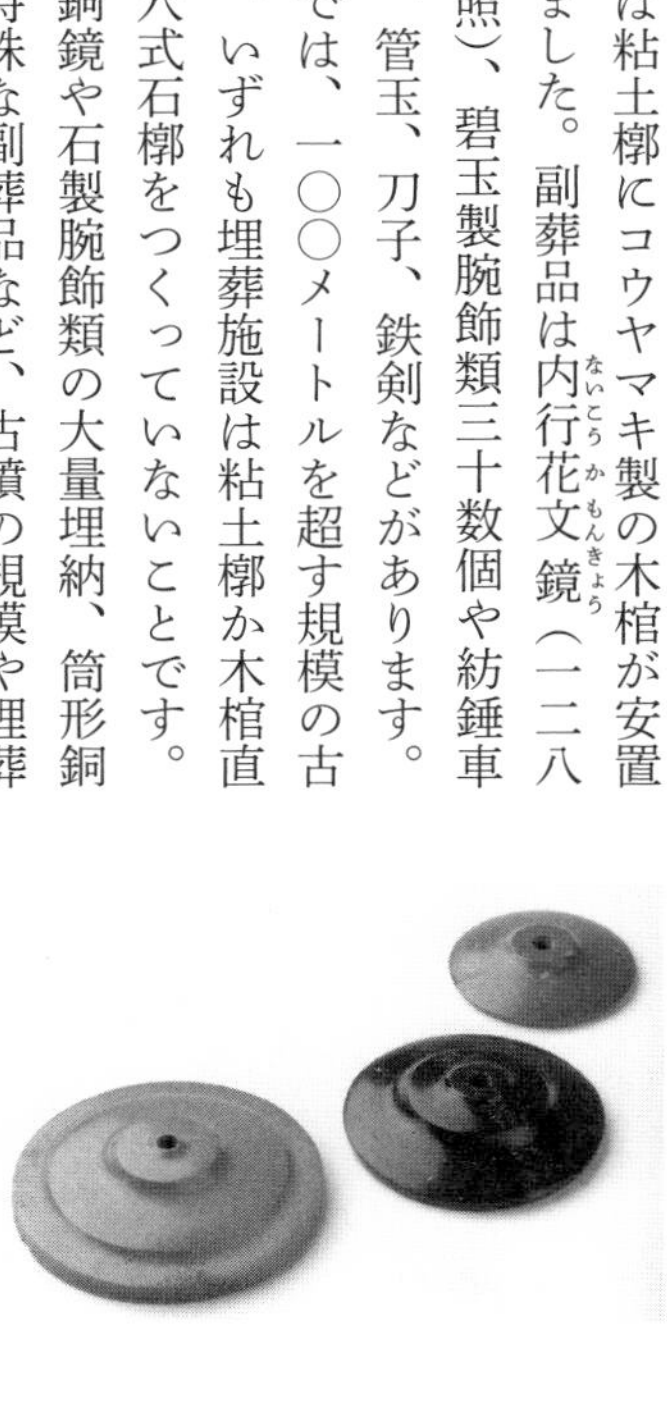
真名井古墳出土紡錘車形石製品

大師山古墳　遺物の一部は河内長野市立ふるさと歴史学習館で展示されている。

2　玉手山古墳群

玉手山《たまてやま》古墳群は、柏原《かしわら》市から羽曳野市にかけて南北に延びる玉手山丘陵の尾根筋を中心に造営された古墳群です。一三基以上の前方後円墳と数基の円墳からなり、墳丘長一〇〇メートルを超える古墳が三基あります。前方後円墳は最北端の１号墳から順に番号がつけられています。10号墳以北までを玉手山古墳群と呼び、そのほかは駒ケ谷古墳群として区別する考え方もあります。

小松山《こまつやま》古墳（玉手山１号墳）は、墳丘長一一〇メートルの前方後円墳で、前方部を北に向けています。前方部二段、後円部三段で、後円部墳頂に方形壇があります。安山岩の板石が散乱し、竪穴式石槨であったことが推定されます。後円部前方部には粘土槨が確認されています。後円部南東では、楕円筒埴輪を二つつないだ埴輪棺も見つかっています。この埴輪棺には幾何学模様

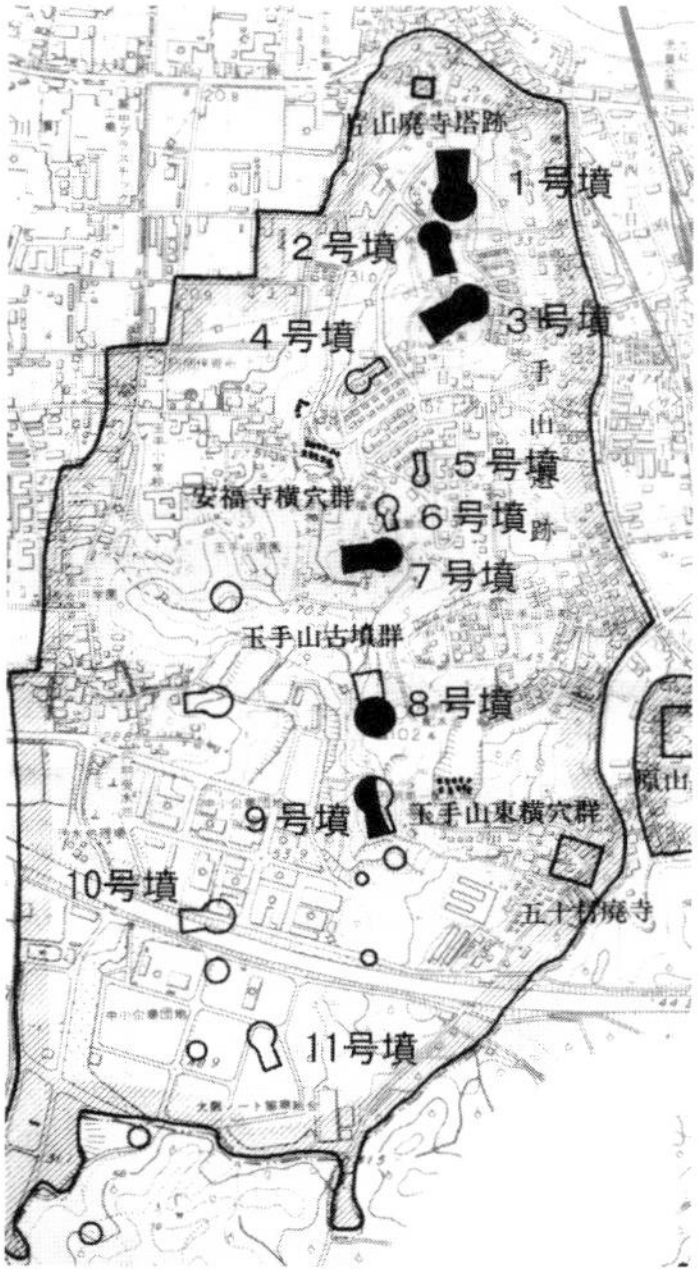

玉手山古墳群分布図（柏原市域）

玉手山古墳群分布図（羽曳野市域）

の線刻が施されています。墳形は、オオヤマト古墳群の奈良県天理市にある渋谷向山古墳（景行天皇陵）と相似形で、築造時期は四世紀中頃と推定されています。墳丘の築造法や埴輪棺に使用された楕円筒埴輪などから、松岳山古墳との共通点が指摘されています。

2号墳は、1号墳の南に接して築かれており、1号墳とは反対の前方部が南向きの前方後円墳です。現在は墓地になっており、コンクリートの擁壁に覆われ、正確な墳形や規模は確認できません。安山岩の板石が見られることから、竪穴式石槨が想定されています。

勝負山《かちまけやま》古墳（3号墳）は、勝松山《かちまつやま》古墳とも呼ばれ、墳丘長一〇〇メートルの前方後円墳で前方部を西側に向けていますが、前方部の南半分は削平を受けています。後円部に竪穴式石槨があることが確認されていますが、かなり大規模な盗掘を受けています。葺石はほとんど残されていません。鉄製の小札や工具類、銅製品、石製品のほか、口縁部に線刻がある朝顔形埴輪や壺形埴輪が出土。その埴輪の年代から、玉手山古墳群では9号墳に次いで古く、三世紀末から四世紀初頭の築造と考えられています。安福寺《あんぷくじ》境内にある割竹形石棺の蓋（讃岐鷲ノ山石）はこの古墳から出土したとの伝承があります。

小松山古墳（玉手山1号墳）

玉手山2号墳

安福寺境内にある割竹形石棺蓋（現在は覆屋がかけられている）

４号墳は、墳丘長五〇～六〇メートルの前方後円墳とされていますが、円墳の可能性もあります。一九六〇年、宅地造成に伴って埋葬施設が発見され、関西大学によって緊急調査が行われましたが、調査後に破壊されました。後円部にあった埋葬施設は粘土槨で、棺内から硬玉製勾玉、碧玉製管玉、紡錘車形石製品が出土。棺外からは刀、剣、鏃、斧などの鉄製品と銅鏃、漆塗りの盾が出土しましたが、埴輪は見つかっていません。築造時期は四世紀中頃から後半と推定されています。

なお、前方部の東部で埴輪円筒棺と箱形石棺が見つかり、玉手山４号墳東古墳と名づけられました。しかし、これは別の古墳ではなく、４号墳前方部の埋葬施設であった可能性も指摘されています。

５号墳は、墳丘長七五メートルの前方後円墳で、前方部が北を向いています。一九五九年、宅地造成により墳丘西側半分が削平を受け、崖面に露出している竪穴式石槨が発見されました。関西大学の調査で、後円部に竪穴式石槨と粘土槨、前方部にも粘土槨が二箇所見つかりました。後円部の竪穴式石槨からは碧玉製管玉、鍬形石、巴形銅器、鉄鏃、銅鏃、鉄製工具類が、粘土槨からも鉄製工具が出土。前方部の粘土槨からは鍬形石、石釧、巴形銅器、紡錘車形石製品、鉄製の刀、剣、工具類、銅鏃などが出土。四世紀中頃から後半の築造と見られています。

６号墳は、墳丘長六〇～七〇メートル、前方部を南に向けた前方後円墳です。一九六〇年に関西大学によって調査されています。後円部中央と東側で竪穴式石槨が見つかり、中央の石槨からは画文帯神獣鏡二面、石釧、硬玉製管玉、碧玉製管玉、ガラス玉、鉄製武器、武具、工具類が、東側石槨からは内行花文鏡、硬玉製勾玉、碧玉製管玉、鉄製武器、工具類などが出土。３号墳と同時期かやや新しい三世紀末から四世紀初頭の築造と推定されています。

７号墳は、墳丘長一五〇メートル、前方部を西に向けた三段築成の前方後円墳で、玉手山古

玉手山６号墳出土内行花文鏡

墳群では最大規模の古墳です。後円部頂で墓壙と粘土槨が検出されていますが、攪乱がひどく埋葬施設の構造は確認されていません。安山岩の板石が散乱していることから、竪穴式石槨が想定されています。滑石製小型壺および合子《ごうす》、ガラス玉、家形および円筒埴輪片などが採集されています。墳丘の形はオオヤマト古墳群の行燈山古墳（崇神《すじん》天皇陵）と相似形で、築造時期は四世紀初頭から中頃と推定されています。

8号墳は、墳丘長八〇メートル、前方部を北に向けた前方後円墳です。地滑りによって大半が破壊され、調査もされていないため、実態はよくわかっていません。

9号墳は、墳丘長六四・六メートル、後円部三段、前方部二段築成で、前方部が南を向いた柄鏡形の前方後円墳です。一九八二年から八三年に柏原市教育委員会が発掘調査を行っています。西側くびれ部で川原石敷のテラス状遺構が発見され、後の造出しにつながる祭祀空間ではないかと推定されています。竪穴式石槨は床面まで攪乱を受けており、わずかに鉄剣片が残っていたのみですが、くびれ部最上段で埴輪列が確認されました。

一九五二年、関西大学によって竪穴式石槨が発掘されており、琴柱形《ことじがた》石製品、ガラス玉、鉄剣、鉄斧、土師器なども出土しているようですが、未報告であり副葬品も所在不明とのことです。出土した埴輪は**特殊器台**《とくしゅきだい》の影響が残ってお

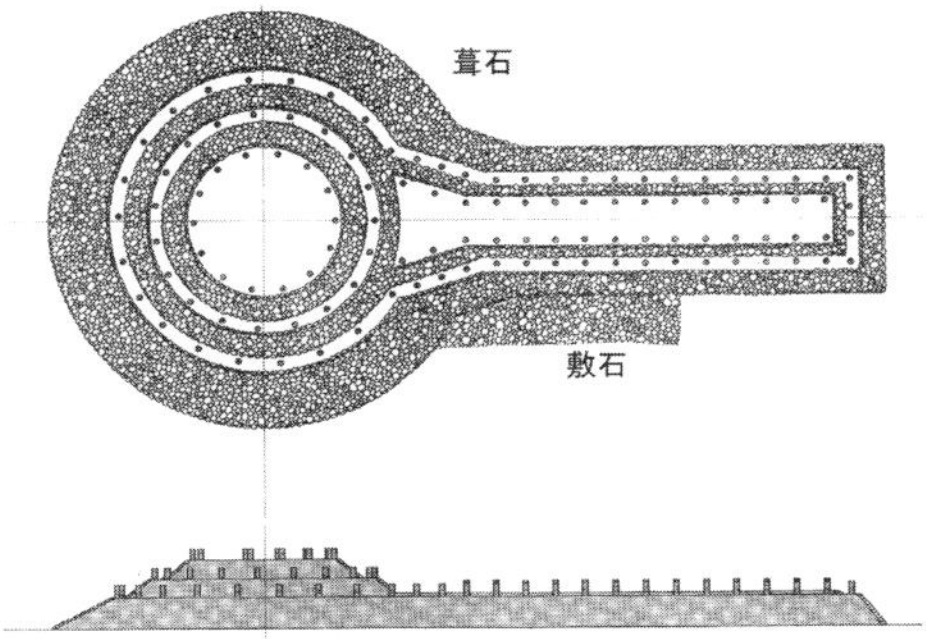

玉手山９号墳復元図

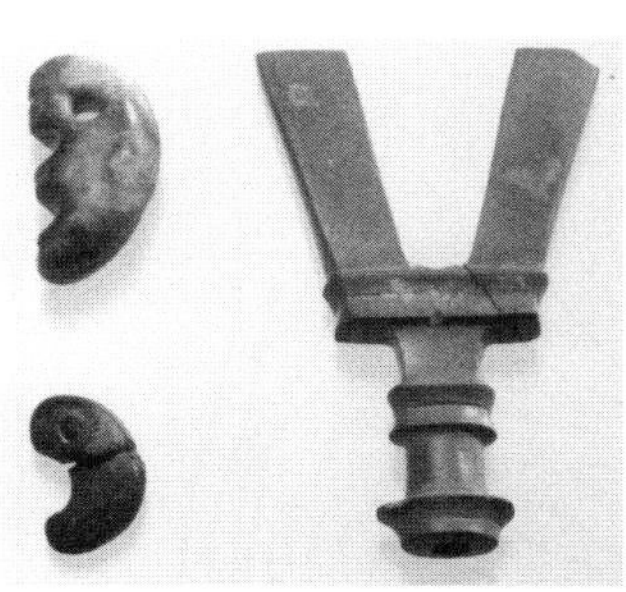
玉手山９号墳出土勾玉と琴柱形石製品

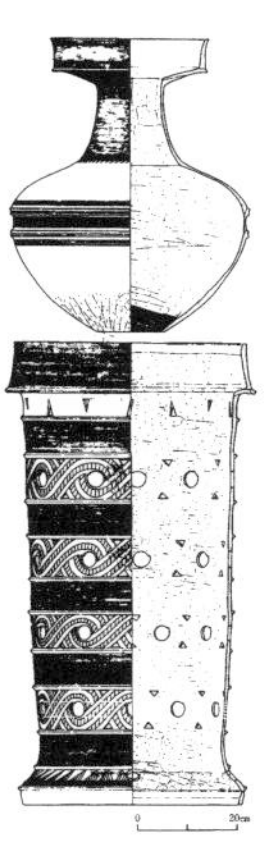
［参考］特殊器台と特殊壺

特殊器台　埴輪の祖型は、亡くなった首長を祀る特殊器台や特殊壺と呼ばれる焼き物から発達したと考えられている。

り、玉手山古墳群の中では最古、三世紀後半の築造と考えられています。

北《きた》玉《たま》山《やま》古墳（10号墳）は、一九五二年に関西大学が、一九六六年には大阪府教育委員会が発掘調査を行っています。墳丘長は五一メートル、後円部直径三三メートル、前方部幅一九・五メートル、後円部三段、前方部二段、前方部を西に向けた前方後円墳です。これまでに紹介してきた古墳は丘陵の稜線上に位置していますが、10号墳は稜線から西に派生する枝尾根上に築かれています。後円部で竪穴式石槨、前方部で粘土槨が確認され、前者から各種玉類、鉄製武器、工具類が、後者からは捩《ねじ》文《もん》鏡《きょう》、鉄剣、砥石、鉄製品などが出土。そのほか葺石や埴輪列も見つかっており、築造時期は四世紀中頃と推定されています。10号墳は西名阪自動車道の建設により破壊されました。

11号墳は、羽曳野市史などでは円墳とされていますが、大阪府文化財地図では前方後円墳となっています。次からは羽曳野市域になります。

駒《こま》ケ《が》谷《だに》北《きた》古墳（12号墳）は、墳丘長五五メートル、前方部を南に向けた前方後円墳です。一九六四年、大阪大学により調査されていますが、当時、外形は著しく変形していたようです。埋葬施設は粘土槨で方格規矩鏡、刀、鉄鏃が出土しています。

狐《きつね》塚《づか》古墳は、墳丘長九二メートル、前方部を南に向けた前方後円墳です。埋葬施設は竪穴式石槨で、硬玉製勾玉、碧玉製管玉、ガラス小玉などが出土しています。羽曳野市史などでは狐塚古墳を玉手山13号墳としていますが、大阪府文化財地図には13号墳は別に存在します。現在、駒ケ谷中小企業団地の一画に古墳公園として残されているのが13号墳です。ただし、この13号墳は当初から墳形に疑問点が多く、古墳ではなく、祭祀遺構ではないかとも考えられています。いずれにしても、狐塚古墳と13号墳は同一の古墳ではありません。

駒《こま》ケ《が》谷《だに》宮山《みややま》古墳は、墳丘長六五メートル、前方部が北向きの前方後円墳です。玉手山丘陵の

北玉山古墳出土捩文鏡

前方後円墳の中では最南端に位置します。後円部に竪穴式石槨があり、前方部には粘土槨が二箇所ありました。竪穴式石槨は盗掘を受けていましたが、硬玉製勾玉、碧玉製管玉、ガラス製小玉、石釧、鉄剣などが出土。前方部の粘土槨はいずれもコウヤマキ製の組合式木棺と割竹形木棺で、内行花文鏡、三角縁神獣鏡、鉄製武器などが出土しています。羽曳野市史などでは玉手山14号墳とされていますが、大阪府や羽曳野市の文化財地図に記載されている14号墳は**別の古墳**となっています。

　玉手山古墳群では、中小企業団地の造成や宅地開発および西名阪自動車道の建設によって大半の古墳が破壊されてきました。この間の詳細な事情を紹介する余裕はありませんが、主な前方後円墳の中で、現存するのは1〜3、7〜9、13号墳（13号墳は墳形や規模不明）の七基です。8・9号墳は半壊状態で、現在、自由に見学できる状態ではありません。7号墳は玉手山公園ふれあいパーク歴史の丘にあります。6号墳の東石槨もそこに移築されています。

　玉手山公園は、かつての近鉄玉手山遊園地です。一九〇八年（明治四一）の開園以来、西日本で最も古い遊園地として多くの人々に愛され、昭和三〇年代の最盛期には、年間数万人の来園者があり、大阪府内でも有数の遊園地として賑わっていました。メイン広場全体がミニ動物園になっており、本格的なお猿の電車や飛行機塔、洋館造りの昆虫館もありました。

　山の斜面を取り巻く形で山上まで桜並木があり、春先には山全体がピンクに染まり、秋には菊人形展など、年間を通じて多彩なイベントが行われていました。野外劇場では、日曜・祝日には着ぐるみショーなどもありました。一九八八年に閉園となり、一九九九年、敷地を近鉄が柏原市に提供し、柏原市立玉手山公園「ふれあいパーク」として再開されました。

　なお、安福寺参道の両側には**横穴**《よこあな》群が開口しています。これら横穴群は、凝灰岩が露出しているところに掘られており、石棺や陶棺、陶器

別の古墳　ここでは、大阪府文化財地図や羽曳野市文化財分布図に従い、狐塚古墳、駒ケ谷宮山古墳は13・14号墳とは別の古墳として扱う。

横穴　古墳時代後期および末期につくられた墓の一種。最近は「おうけつ」ともいわれるが、学史的な伝統を持つ「よこあな」と呼称すべきである。柏原市には、このほか高井田横穴群があり、国史跡に指定されている。

などが見つかっています。中には騎馬人物像などの壁画が描かれたものもあり、大阪府史跡に指定されています。ぜひ見学していきましょう。

安福寺横穴群

3　松岳山古墳群

柏原市の松岳山《まつおかやま》古墳群は、近鉄大阪線河内《かわち》国《こく》分《ぶ》駅の東約一キロメートル、大和川南岸に沿って東西に延びる丘陵上にあり、四世紀中頃に築かれた前方後円墳の松岳山古墳を中心に、九基の小規模な円墳と方墳で構成されています。

松岳山古墳は美山《みやま》古墳とも呼ばれ、松岳山古墳群の盟主です。墳丘長一三〇メートル、後円部直径七二メートル、同高さ一六メートル、前方部幅三二メートル、同高さ六・五メートルで、前方部が南西を向いています。墳丘の周囲に扁平な板石を斜めに積み上げた部分が見られます。これを含めると古墳の全長は一五五メートルとなります。円筒埴輪列が確認されており、朝顔形埴輪や鰭付楕円筒埴輪もあります。この埴輪は、柏原市歴史資料館展示室の入り口の正面に

松岳山古墳出土鰭付楕円筒埴輪

展示されています。

　国史跡に指定されており、丘陵の南側斜面にある国分神社境内に墳丘への登り口があります。登りきったところが後円部頂上で、中央には組合式石棺が露出しています。この石棺は、王者の棺とされる長持形石棺の祖型になったものと考えられています。石棺の蓋石と底石は花崗岩ですが、側石は讃岐の鷲ノ山石を用いています。石棺の両端近くに、孔のあいた大きな石が立てられていますが、用途は不明です。これとよく似た板石が佐紀古墳群の佐紀陵山古墳（日葉酢《ひばす》媛命《ひめのみこと》陵）にもあると指摘されていますが、同じ用途のものかはっきりしたことはわかりません。墳丘上で板石が散乱しているのが見られま

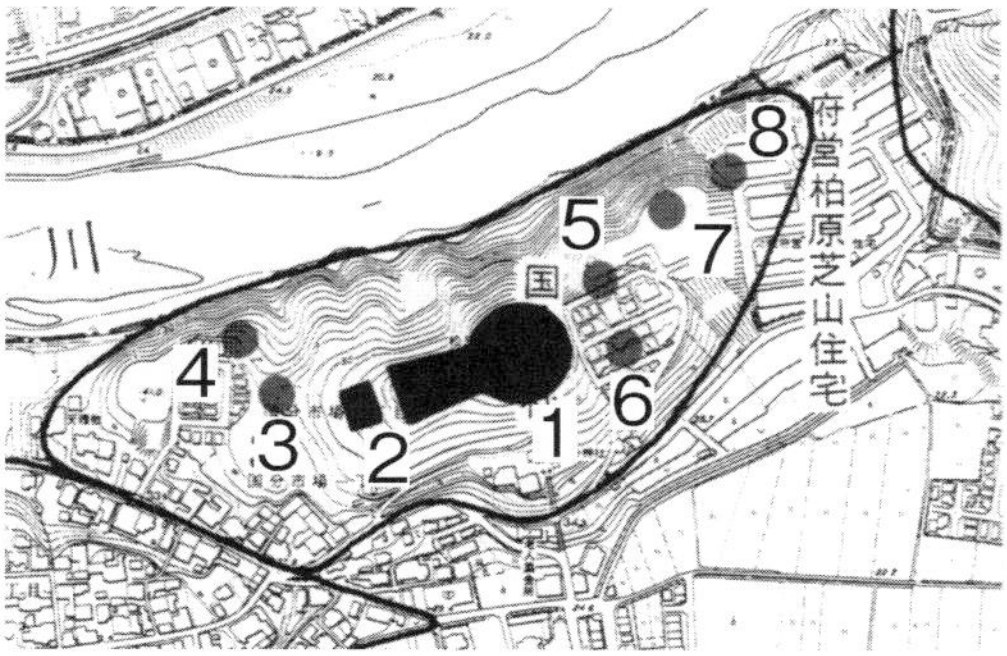

松岳山古墳群分布図
1.松岳山古墳　2.茶臼塚古墳　3.向井茶臼塚古墳
4.市場茶臼塚古墳　5.ヌク谷北塚古墳　6.ヌク谷南塚古墳
7.ヌク谷東ノ大塚古墳　8.ヌク谷芝山古墳

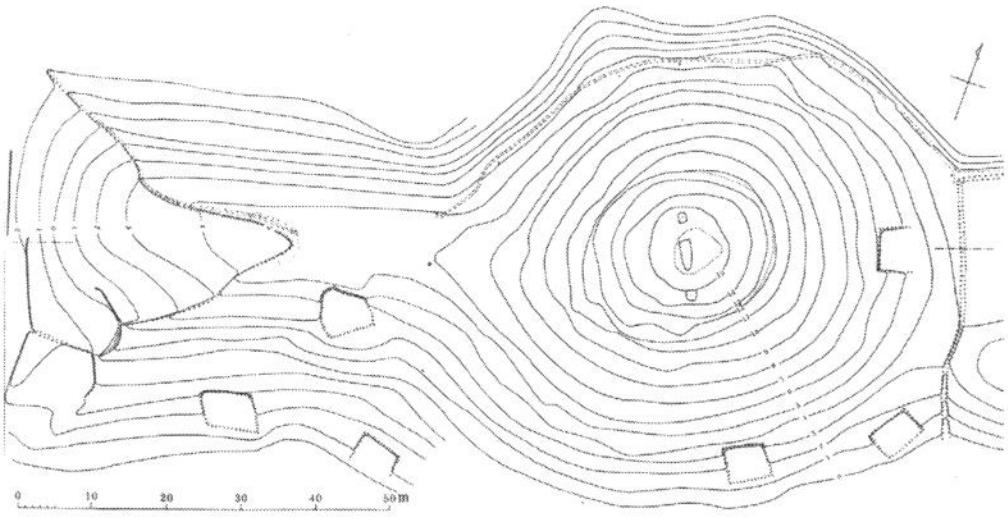

松岳山古墳平面図

松岳山古墳石棺と立石

すが、板石は石棺のまわりをびっしりと覆っており、さながら**積石塚**《つみいしづか》のようです。

　一八七七年（明治一〇）、松岳山古墳とその周辺が税所篤によって発掘され、銅鏡や玉類が出土したと伝えられていますが、当時すでに盗掘を受けており、詳細な調査記録は残っていないようです。一九五四年から五五年に京都大学によって発掘調査が行われ、各種玉類、石製腕飾類、銅鏡片や鉄製武器や工具、土師器などが出土しています。

　同じ丘陵上に松岳山古墳と相前後して小古墳が築かれています。**茶臼塚古墳**《ちゃうすづか》、向井山茶臼塚《むかいやまちゃうすづか》古墳、市場茶臼塚《いちばちゃうすづか》古墳、ヌク谷《だに》古墳群などですが、現在は住宅地などになっており、松岳山古墳と茶臼塚古墳のほかはすべて消滅しています。

　茶臼塚古墳は、松岳山古墳の前方部に接するようにある方墳で、高句麗《こうくり》の積石塚によく似ています。竪穴式石槨から四獣鏡、三角縁三神三獣鏡、碧玉製の腕飾類、鉄製武器や工具などが出土。向井山茶臼塚古墳は、茶臼塚古墳の西側にあった円墳で、江戸時代に三角縁四神四獣鏡、三角縁四神二獣鏡、**盤竜**鏡《ばんりゅうきょう》が出土したと伝えられています。銅鏡は国分神社の所有となっており、国の重要文化財に指定されています。松岳山古墳の東側に五基の小古墳からなるヌク谷古墳群がありました。ヌク谷北塚《だにきたづか》古墳は、割竹形木棺の内外から、二神二獣鏡、三角縁三神三獣鏡、玉類、碧玉製石釧、鉄製刀、斧が出土。ヌク谷南塚《だにみなみづか》古墳は竪穴式石槨から玉類、鉄製刀子、銅製短刀が出土。ヌク谷東ノ《だにひがしの》大塚《おおつか》古墳は竪穴式石槨から銅鏡、碧玉製鍬形石、車輪石、歯車形石製品（重文）が出土。ヌク谷にはほかに芝山と呼ばれる二基の古墳があったようです。なお、この丘陵付近から**船氏王後**《ふなしおうご》**の**銅板**墓誌**《ぼし》（国宝）が出土したと伝えられています。天智天皇七年（六六八）につくられたものでわが国最古の墓誌です。

積石塚　石塊を積み上げてつくられた古墳。

茶臼塚古墳　古市古墳群内にも茶臼塚古墳があるが、これとは別の古墳。

盤竜　わだかまっている竜。

船氏王後の墓誌　船王後《ふねのおうごの》首《おびと》は七世紀後半の官人。墓誌とは被葬者の名や死亡年月、経歴等を記したもの。

4　玉手山古墳群・松岳山古墳群とヤマト王権

玉手山古墳群は同時代に複数の古墳が築かれていることから、三〜五のグループに分かれ、それぞれ別の集団の首長墓と考える説と、あくまでもひとつのグループで、同時代に築かれた古墳は階層差の現れと考える説があります。古墳群が築かれるのは四世紀初頭からとされてきましたが、最近の研究ではそれよりも半世紀早い、三世紀後半頃に築造が開始されるとの考え方も浮上してきています。古墳の形も同時代につくられたオオヤマト古墳群の各大王墓（1号墳は渋谷向山古墳、3号墳は西殿塚古墳〈手白香皇女陵《たしらかのひめみこ》〉、7号墳は行燈山古墳、9号墳は桜井茶臼山古墳）とよく似た形をしていることから、ヤマト王権と密接な関係を持つ河内の勢力の墓と考えられるようになってきました。ただし、鏡をはじめ副葬品の少なさから、玉手山の被葬者の評価はそれほどでもなかったとの見方があります。

松岳山古墳は、四世紀前半から中頃に築かれたと考えられ、同時代に王権を握っていたのは、奈良県北部の佐紀古墳群を築いた勢力です。同時代に築かれた茨木《いばらき》市の紫金山《しきんざん》古墳には、松岳山古墳と同じ鰭付きの楕円筒埴輪が出土しています。佐紀にあった王権が奈良平野に入る重要なルートであった木津川・淀川水系と大和川水系の二系統を押さえるために、派遣もしくは提携した地元の豪族の墓と考えることもできるのではないでしょうか。松岳山古墳、佐紀陵山古墳の特殊な立石もその手がかりのひとつかもしれません。

玉手山古墳群と松岳山古墳の被葬者は、古市古墳群とは直接的なつながりは見いだせません。では、古市古墳群は誰がつくったのか、次にその点について筆者の考えを述べてみたいと思います。

第3章 河内平野の開発と渡来人

1 古市古墳群周辺の遺跡

藤井寺市から羽曳野市にかけては、遺跡の密集地域です。ここでは古市古墳群を取り巻く遺跡群を、古墳群がつくられた時代を中心に紹介していきましょう。

土師の里遺跡

土師《はじ》の里《さと》遺跡は、道明寺を中心に約九〇〇メートル四方に広がる集落と墓域、埴輪窯からなる遺跡です。集落は遺跡南東部に集中し、古市古墳群の最盛期である五世紀から六世紀代を中心に営まれました。一辺五メートル前後の方形竪穴建物が多数見つかっています。中には埴輪を使用したつくりつけの竈《かまど》を備えたものもあります。建物の内外からは埴輪が多数出土し、埴輪生産と深い結びつきを持っていたことがうかがえます。

土師の里遺跡の竪穴建物

土師の里埴輪窯跡群周辺図

墓域は藤井寺道明寺住宅を中心とした地域に盾塚古墳、鞍塚古墳ほか小型方墳や埴輪円筒棺墓、木棺墓、土壙墓など百基近く見つかっています。なかでも埴輪円筒棺墓は約五〇基もあります。埴輪円筒棺墓は南に隣接する茶山遺跡からも多数見つかっています。土師の里遺跡は藤井寺市域、茶山遺跡は羽曳野市域ですが、同じ遺跡と考えられます。

仲津山古墳の南側から道明寺天満宮にかけての斜面には、埴輪を焼いた窯跡があります（土師の里埴輪窯跡群）。これまで一六基の登窯が確認されていますが、まだまだ未発見の窯が多数存在し、三〇基前後あったと推定されています。ここで焼かれた埴輪は、誉田山古墳や市野山古墳などに供給されていました。約三〇〇メートル南でも、分譲住宅建設に伴う発掘調査で窯跡が見つかっています。旧国道一七〇号線の西側の斜面に沿って二基の窯跡があり、土師の里南埴輪窯跡群と名づけられました。

茶山遺跡

茶山《ちゃやま》遺跡は、誉田山古墳の東、東西四〇〇メートル、南北三〇〇メートルに広がる遺跡です。遺跡のほぼ中央を東高野街道が南北に通っています。誉田中学校増築時の調査では、大量の形象埴輪のほか、鉄刀や鉄鏃が出土しており、この地域には破壊された古墳がまだ多数あることが想定されていました。その後の調査で過去に削平された小型方墳や埴輪円筒棺墓が多数見つかり、中には埴輪槨もあります。茶山遺跡は、土師の里遺跡と同様、古市古墳群をつくった工人たちの墓地域であったと考えられます。

埴輪円筒棺墓に使用された埴輪は、周辺の古墳から埴輪を抜き取って転用されたものも多く、四世紀の埴輪と六世紀の埴輪がひとつの棺に使用されている例があります。しかも、副葬品が出土することはほとんどなく、墓の年代を特定することは困難ですが、古市古墳群の造墓活動が終了した後も、一帯が墓地として使用され続けたことがうかがえます。そのほか、粘土の採掘抗も見つかっています。

茶山遺跡の埴輪円筒棺墓

林遺跡・古室遺跡

林《はやし》遺跡は、近鉄南大阪線の北、市野山古墳の西側一帯に広がる遺跡です。すでに住宅が建て込んでいますが、多くの小規模古墳が見つかっています（林古墳群）。集落は大水川《おおずい》の東岸付近で、五世紀後半の竪穴建物十数棟が見つかっていますが、短期間で廃絶したようです。

林遺跡の南方、古室《こむろ》遺跡でも、大水川改修工事に伴う発掘調査で、多数の土壙墓のほか、古墳時代後期の住居跡も見つかっています。

林遺跡の竪穴建物

誉田白鳥埴輪製作遺跡

埴輪の窯跡は、羽曳野市役所の正面を通る**一七〇号線**の交差点を横切るように分布しています。市役所の向かい側には窯跡の模型などが復元されています。このあたりは旧地形がよく残されており、北に向かって傾斜している崖面に沿って窯が築かれたことがわかります。ここでは九基の窯跡が見つかっていますが、向墓山古墳の近くにもう二基あり、現在までに合計一一基の窯跡が発見されています。窯は五世紀後半から六世紀前半にかけて創業していました。また、埴輪をつくった工人の住まいや工房と思われる掘立柱建物《ほったてばしらたてもの》も見つかっています。この窯で焼かれた埴輪が、どの古墳に供給されたのかは、はっきりとわかっていません。

窯跡は一九六九年、国道工事で発見され、一部が破壊されようとしていましたが、当時、大阪府文化財愛護推進委員をしていた三木精一氏をはじめ地元住民の保存運動により国史跡に指

一七〇号線　旧一七〇号線白鳥北交差点と外環応神陵前交差点を結ぶ支線のような道路。この間には一七〇号線が三本ある。

定されました。かつて誉田八幡宮の境内に復元された埴輪窯の実物大模型が安置されていましたが、現在は撤去されています。

以上、古市古墳群中心部にある遺跡群は、埴輪製作など古墳づくりに携わった工人たちの集落や工房および墓地であったと考えられ、古墳群を形成した集団の本拠地というわけではなさそうです。では、その集団の本拠地はどこにあったのでしょうか。次にそのことについて考えていきたいと思います。

誉田白鳥埴輪製作遺跡

埴輪窯模型

2　河内湖沿岸の遺跡

今から約五五〇〇年前、縄文時代前期は地球が温暖であったため、海水面が今より高く、海が高槻市付近から八尾市南部まで広がっていました。上町《うえまち》台地は細長い半島になっており、その東側は河内湾《かわちわん》と呼ばれています。その後、徐々に気温が寒冷化したことや、淀川と大和川による土砂の堆積で次第に湾が埋まっていき、弥生時代～古墳時代には淡水の河内湖《かわちこ》と呼ばれるようになりました。陸地となった沿岸部には集落が営まれ、水田がつくられるようになります。河内平野を南北に貫く近畿自動車道の建設や、大阪市営地下鉄工事などに伴う発掘調査で、古代の河内平野の姿が徐々に明らかになってきました。一三の遺跡を串刺しにした近畿自動車道の工事は、さながら大阪のど真ん中に長大なトレンチ（試掘抗）を開けたようなものでした。河内平野は土砂の堆積が著しく、当時の遺構面が現地表から数メートル下にあり、鋼鉄の矢板で囲まれた調査となりました。また、大阪市営地下鉄の現場では、道路の通行に支障がないよう覆工板を敷いて、その下でモグラさながらの調査が行われました。これらの過酷な調査により、数々の新事実が浮かび上がってきました。

長原遺跡・八尾南遺跡

大阪市の長原《ながはら》遺跡は、羽曳野丘陵から延びる瓜破《うりわり》台地上に位置しています。五世紀前半に東側の自然堤防上に集落が営まれましたが、度重なる洪水により五世紀後半には台地の高所に移転しています。集落の周辺には墓地がつくられますが、現在までに発見された墓は二〇〇基以上にのぼっています。推定では遺跡全域で五〇〇基くらいあると考えられています。見つかった古墳の九割が五世紀前半から六世紀初頭にかけてつくられた一辺一〇メートル前後の方墳ですが、中には直径五五メートルの円墳、塚ノ本《つかのもと》古墳、全長五三メートルの造出し付円墳、一ケ《いちが》塚《づか》古墳という比較的大きな古墳もあります。

塚ノ本古墳は四世紀末、一ケ塚古墳は五世紀初頭につくられた古墳ですが、後者からは鰭付

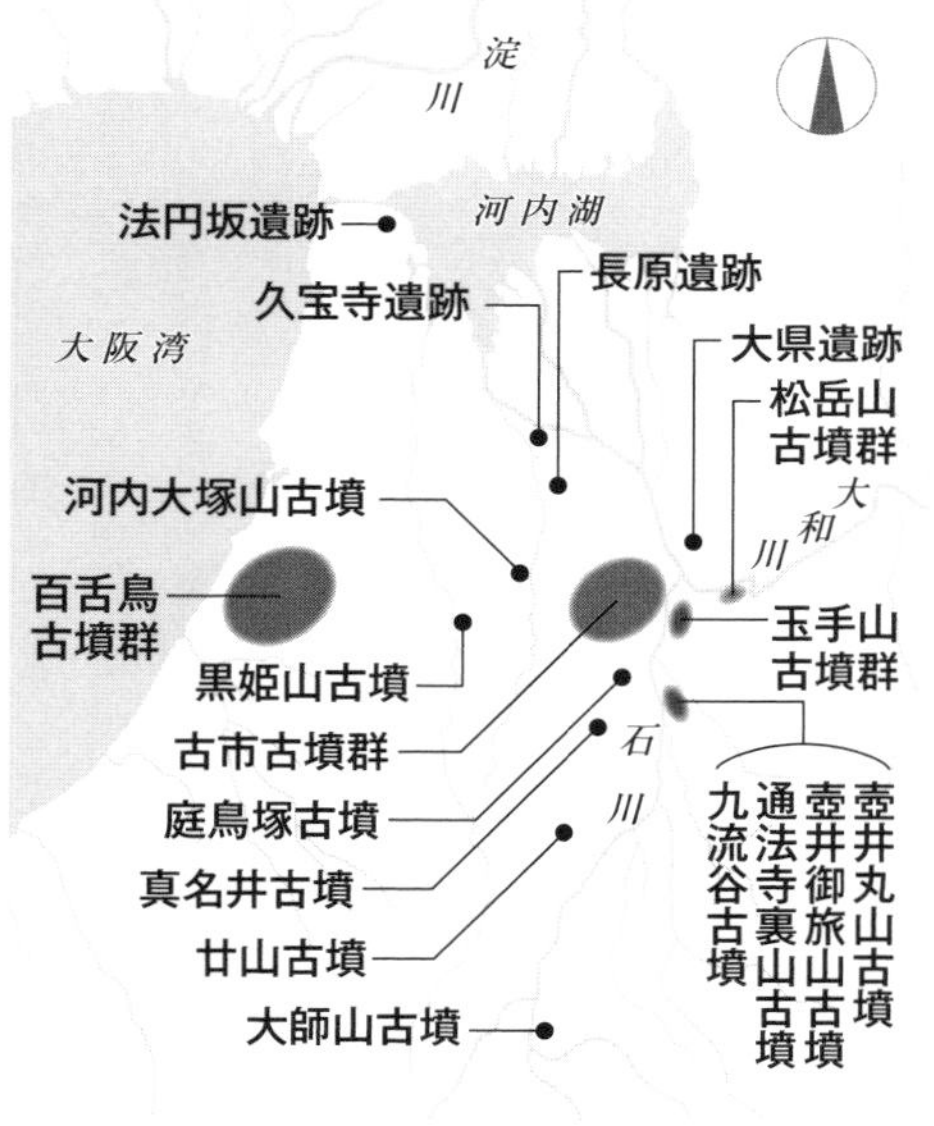

主要遺跡の位置

長原遺跡の発掘調査

円筒埴輪や壺、家、囲、盾、草摺、**鞆**《とも》、靫、短甲、衣蓋形の形象埴輪が出土しています。また、高廻《たかまわり》2号墳は、直径二一メートルの小円墳ですが、準構造船《じゅんこうぞうせん》を模した埴輪が出土しました。一九八九年には、この埴輪をもとにして古代船「なみはや」が復元され、大阪市政百周年を記念して韓国釜山に実験航海をしたことで一躍有名になりました。

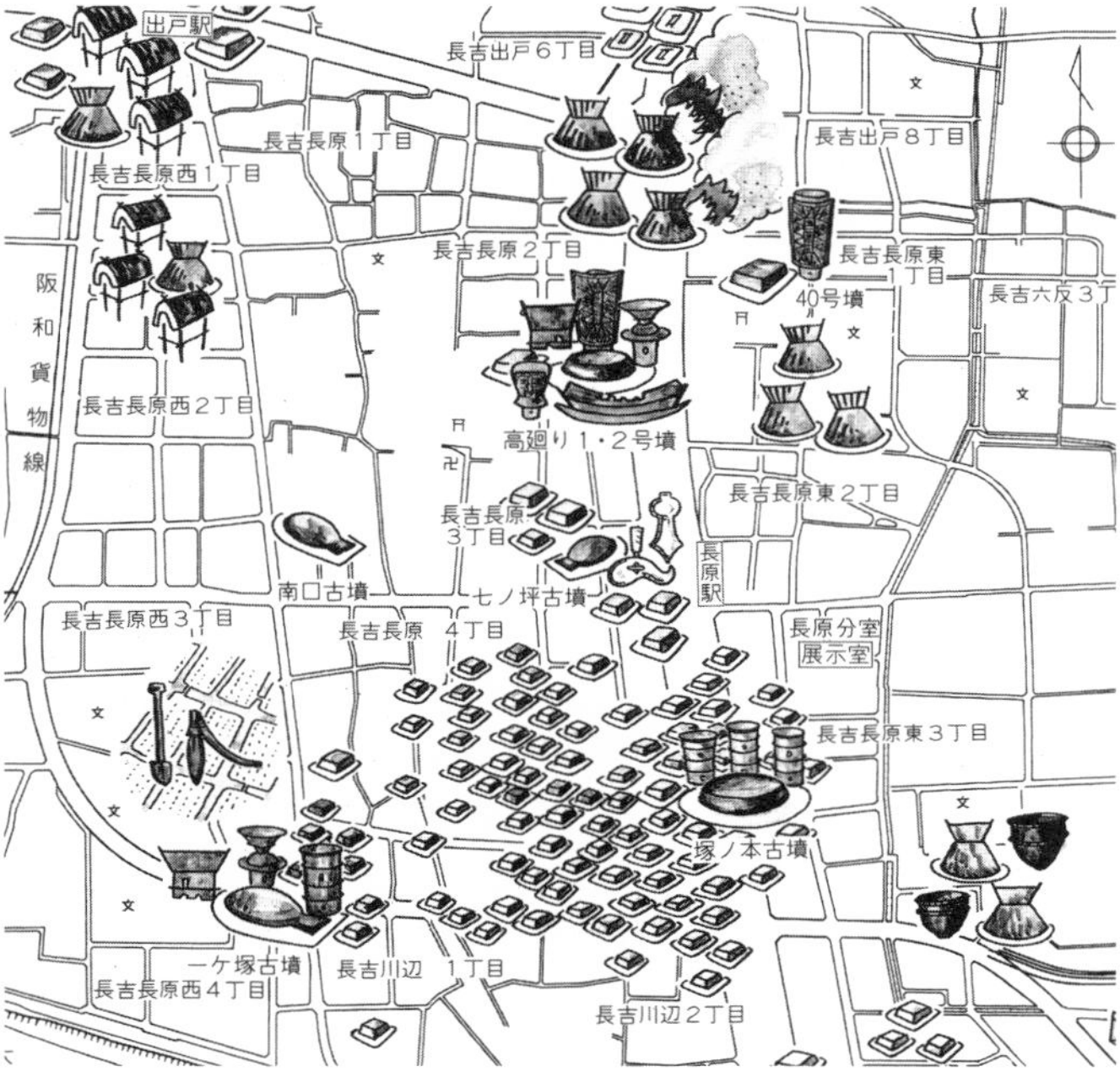

長原遺跡かいわい

　六世紀前半に築造された七ノ坪《しちのつぼ》古墳は全長三三メートルの帆立貝形古墳ですが、埋葬施設は片袖式の横穴式石室で、馬具や鉄製武器、玉類が出土しました。また、六世紀中頃の南口《みなみぐち》古墳も全長三四メートルの帆立貝形古墳ですが、周堀から埴輪や須恵器とともに馬の骨が出土しています。この馬は生きたまま首を切られ埋められたものと推定されています。このことから、被葬者は馬の飼育に関わった人物であったようです。

　長原遺跡では、多数の**韓式系**《かんしきけい》**土器**や初期須恵器、**鉄滓**《てっさい》、**鞴羽口**《ふいごはぐち》（一

鞆　弓を射る時に左手首の内側につけて、矢を放ったあと弓の弦が腕に当たるのを防ぐ道具。

なみはや

八尾南遺跡出土韓式系土器

四七頁左下図版参照）なども出土しています。集落では須恵器の生産や馬の飼育、鉄器の製作などが行われていたことが明らかです。これには渡来系集団が大きく関わっていたことがうかがわれます。

八《や》尾南《おみなみ》遺跡は長原遺跡の南東部に接しており、現在は八尾市域に属しますが、長原遺跡と同一遺跡と考えられます。古墳時代初頭から中期にかけての集落や水田、四〇基を超える弥生時代末期から古墳時代初頭にかけての**方形周溝墓**《ほうけいしゅうこうぼ》が見つかっています。

長原遺跡の西方、大阪市の瓜破北《うりわりきた》遺跡では、弥生時代後半から古墳時代前期にかけて爆発的に遺構、遺物が増加し、集落や墓地がつくられました。三世紀後半の方形周溝墓からは中国新《しん》の時代の方格規矩鏡や後漢《ごかん》時代の内行花文鏡も出土しており、古くから大陸との交流があったことを物語っています。

久宝寺遺跡・加美遺跡

八尾市の久宝寺《きゅうほうじ》遺跡は、JR関西本線久宝寺駅を中心に、大阪市、東大阪市の一部、旧大和川の主流である長瀬川の左岸に広がる遺跡です。大阪市域では加美《かみ》遺跡とされています。古墳時代前期から後期の集落、古墳時代初期の一〇〇基近くの墳墓、古墳前期および後期の水田などが見つかっています。墳墓は一辺三〜一五メートルの小規模なものがほとんどです。

旧国鉄竜華《りゅうげ》操車場跡地で発見された久宝寺1号墳は、東西一二・五メートル、南北一〇・五メートル前後の方墳です。墳丘内に埋葬

久宝寺遺跡で見つかった墳墓

施設が三箇所と周溝内に五箇所あり、墳丘内の埋葬施設のひとつはコウヤマキ製の割竹形木棺で、もう一箇所では準構造船の船底を転用した木棺が使用されています。墳丘の四隅には底に孔をあけた壺が立てられていました。この壺は、奈良県桜井市の箸中山古墳（倭迹迹日百襲姫命《やまとととひももそひめのみこと》墓）から出土した特殊壺形埴輪の祖型である可能性があります。三世紀末に築造されたと推定されていますが、古墳か、その前段階の方形周溝墓か見解が分かれています。周辺では同時代を中心とする墓が多数存在しています。なお、近畿自動車道の建設工事では、古墳時代前期の準構造船の実物の一部が見つかりました。

準構造船出土状況

　ここでも韓式系土器が出土していますが、とりわけ加美遺跡からは朝鮮半島南部、瀬戸内、山陰、北陸、東海、駿河湾沿岸など各地から運ばれた土器が多数見つかっています。加美遺跡の西方、大阪市の平野馬場《ひらのばば》遺跡でも古墳時代前期の集落から、中国・四国をはじめ奈良・滋賀・石川・愛知などの特徴を持つ土器が出土しています。久宝寺遺跡、八尾南遺跡でも各地の土器が出土しています。また、古墳時代中期には、朝鮮半島系の土木技術で治水工事をした痕跡も見つかりました。

萱振遺跡

萱振《かやふり》遺跡は、楠根《くすね》川右岸、八尾市萱振町にある古墳時代を中心とした集落遺跡です。これまでの調査で竪穴建物や井戸、方形周溝墓や古墳が見つかっています。四世紀代の井戸からは吉備や山陰、四国の土器が多数見つかり、ここでも各地から人々が集まってきたことが明らかになっています。

　大阪府立八尾北高校の敷地から発見された萱

韓式系土器　朝鮮半島南部の百済・新羅《しらぎ》・加耶《かや》などから船載された土器、あるいはそれらの国々からの渡来人が倭国内で製作した、彼の地の土器の特徴が見られる土器。形や焼き方の違いから、軟質土器（赤色の土器）と陶質土器（青灰色の土器）の二種類がある。

鉄滓　たたらによる製鉄のときに出る不純物。カナクソともいう。

鞴羽口　鞴《ふいご》は銅や鉄を溶かす時に使う強風を送るための送風機で、空気を送り出す部分を羽口という。遺跡から出土するのは粘土でつくった円筒状のものが多い。

方形周溝墓　中央に遺骸を納める坑を掘り、周囲に方形の溝をめぐらした墓。

振1号墳は、一辺二七メートルの小方墳で、埋葬施設は削平されていましたが、朝顔形埴輪と鰭付円筒埴輪列とともに家、靫、衣蓋、盾、甲冑形の形象埴輪が出土しています。なかでも靫形埴輪は復元すれば一・八メートルもあり、日本最大です。また、家形埴輪には入母屋造高床式や切妻造のものがあります。1号墳は大阪府の史跡に、靫形埴輪は大阪府の有形文化財に指定されました。古墳は同校の校庭内に復元されています。

同じ八尾市内の美園《みその》古墳も一辺七メートルの小方墳ですが、多数の壺形埴輪と家形埴輪二点が見つかりました。家形埴輪は高床式入母屋造住居で内部にベッド状施設があり、当時の首長の家を再現したものではないかと考えられています。もうひとつは切妻造倉庫を模したものです。家形埴輪は壺形埴輪三点とともに国の重要文化財に指定されました。

長原遺跡の高廻2号墳の準構造船を模した埴輪も重要文化財に指定されています。このように、小規模の古墳でありながら立派な埴輪が使用されていることにギャップを感じますが、これらの埴輪は土師の里の埴輪工人により製作されており、被葬者は古市古墳群を造営した集団との関係が注目されます。

大県遺跡

大県《おおがた》遺跡は、生駒山地南端の西麓、柏原市平野から大県にかけて、東西約五〇〇メートル、南北約六五〇メートルに広がる集落遺跡です。市立堅下《かたしも》小学校体育館新設や旧一七〇号線拡張工事などに伴う発掘調査で、古墳時代の掘立柱

萱振1号墳出土靫形埴輪

美園古墳出土家形埴輪

建物、井戸、溝、土壙、炉跡とともに鉄滓、鞴羽口、砥石などが出土しています。見つかった鉄滓の量は約五〇〇キログラム、鞴羽口は約一〇〇〇個にものぼり、鉄器生産の大規模集落であったことがうかがえます。また、土師器や須恵器とともに移動式竈《かまど》や韓式系土器なども出土しており、鉄器生産は朝鮮半島から渡来した先進技術を持つ集団の指導のもとに行われたことが明らかです。

　大県遺跡は、鉄製武器や工具を生産加工したヤマト王権の大規模な専門鍛冶工房のひとつであったと考えられています。出土する鉄滓や鞴羽口の量は、五世紀中頃から六世紀後半にかけて急速に増え、工房は七世紀中頃まで続きます。

3　倭国の中心は河内平野

　河内湖を望む平野には、八尾南遺跡、長原遺跡、亀井遺跡、久宝寺遺跡、加美遺跡など点々と集落が営まれ、多くの古墳が築かれていたことがわかってきました。また、長原遺跡や久宝寺遺跡をはじめ各地で水田跡も発見されています。

　加美遺跡からは、朝鮮半島南部をはじめ日本各地から運ばれた土器が多数見つかっています。ここは大和への玄関口という説もありますが、朝鮮や西日本から運ばれた土器はともかく、北陸や東日本の土器は大阪湾を経由して入ってくることはなく、別ルートを考えるのが普通だと思います。ここは大和への玄関口ではなく、ここを目指して人々が集まってきたと考えられます。法円坂《ほうえんざか》遺跡の大倉庫群に見られるように、当時の河内平野はまさに倭国《わこく》の中心地であったのではないでしょうか。

　長原遺跡では四世紀末の塚ノ本古墳を皮切り

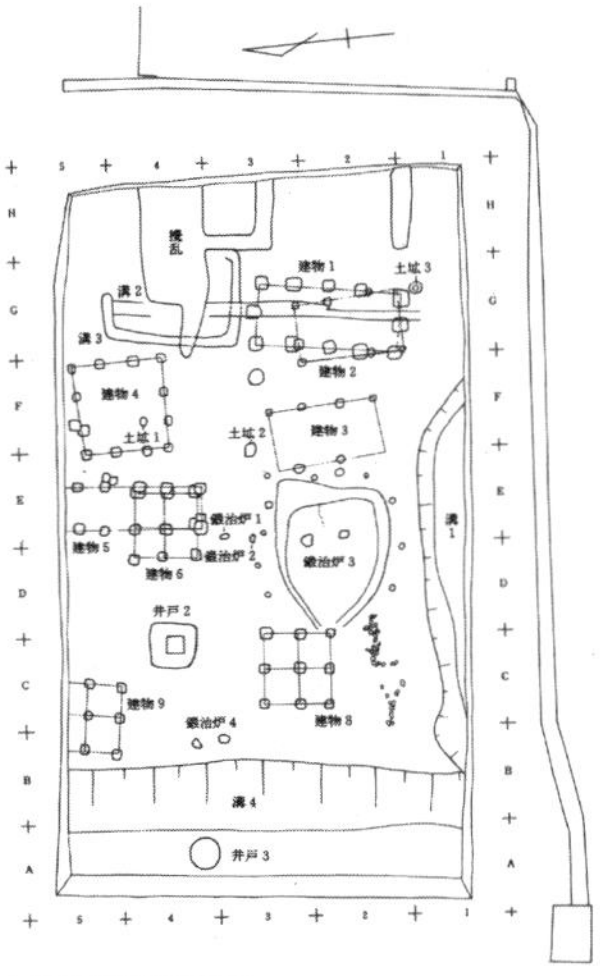

大県遺跡遺構図
（中央にあるのが鍛冶炉跡）

鞴羽口

に、五世紀から六世紀にかけて盛んに古墳がつくられます。この時期は古市古墳群の最盛期と重なります。約九割以上が一辺一〇メートル以下の方墳ですが、小さいわりには埴輪や須恵器を伴っているものが多くあります。埴輪の特徴から、古市古墳群で使用された埴輪と同じ工人が製作したものと考えられています。しかし、萱振1号墳の鰭付円筒埴輪ほか一ヶ塚古墳などから出土する形象埴輪の中には、大型で精緻なものがあり、佐紀古墳群の影響を受けたと見られる埴輪も出土しています。また、古市古墳群で最初につくられた巨大古墳である津堂城山古墳の墳形が佐紀陵山古墳とよく似ていることや、津堂城山古墳の直前に築かれた五手治古墳の鰭付円筒埴輪が佐紀古墳群のものと似ていることなどから、奈良北部の勢力が河内地域に進出したと考える説もあります。

しかし、長原遺跡や八尾南遺跡は古市古墳群がつくられた丘陵の延長上に位置していることや、長原に古墳がつくられはじめた時期と津堂城山古墳がつくられた時期が一致します。さらに高廻1号墳、2号墳で見つかった埴輪は津堂城山古墳の埴輪と同じ工人の製作と見られています。

このようなことから、筆者は、弥生時代以来、河内平野の開発で力をつけてきた勢力がヤマト王権の主導権を握ったものと考えます。王権の移動とともに、佐紀古墳群で古墳づくりに携わった工人たちが河内に移り住んだ可能性もあります。ヤマト王権の葬送儀礼を職掌とする古代氏族、土師氏の本拠地は、堺や南河内、奈良市北部に分布しています。

河内平野の各集落からは韓式系土器が数多く出土します。また、一大鉄器工場であった大県遺跡からも渡来人の関わりの深さをうかがわせます。河内平野の開発には、この渡来人の最新技術はなくてはならないものでした。古市古墳群のある大和川と石川の合流付近には多くの渡来人が定住し、その後の歴史に大きな影響を与えることになるのです。

第4章　巨大古墳と陪塚

陪塚とは従者の墓という意味で、大型の古墳にごく接近して築かれた同時代の小古墳のことを便宜的にそう呼んでいますが、陪塚とされている古墳の中には人体埋葬を伴わないものもあります。陪塚の定義が明確にされていない中で、どれが陪塚か、そうでないかの判断はなかなか難しく、「本来、主墳の中につくられていた供献や副葬あるいは陪葬のための施設が主墳から分離されたもの」という説もあります。

陪塚の中には主墳と同時期につくられたものと、少し後になってからつくられたものがあります。この場合は葬送儀礼が続いていたものと思われますが、主墳の周囲にあっても、主墳より先につくられたものは除外したいと思います。

1　古市古墳群の陪塚

古市古墳群の中で陪塚を持つ主な古墳は、仲津山古墳、墓山古墳、誉田山古墳、市野山古墳です。各古墳の詳細については第1章を参照してください。

仲津山古墳は四世紀末の築造と考えられています。近接した位置に鍋塚古墳（方墳）があり、築造時期もほぼ同じで、確実に陪塚と考えられます。高塚山古墳（円墳）も仲津山古墳との関連が注目されますが、若干遅れてつくられた可能性があり、その位置も少し離れています。

修羅が発見された三ツ塚古墳（八島塚古墳、中山塚古墳、助太山古墳）は、仲津山古墳の前方部東端から堀を共有して東西に一直線に並んでいますが、最も仲津山古墳に近い助太山古墳は古墳時代最末期の七世紀代の可能性があり、陪塚とは考え

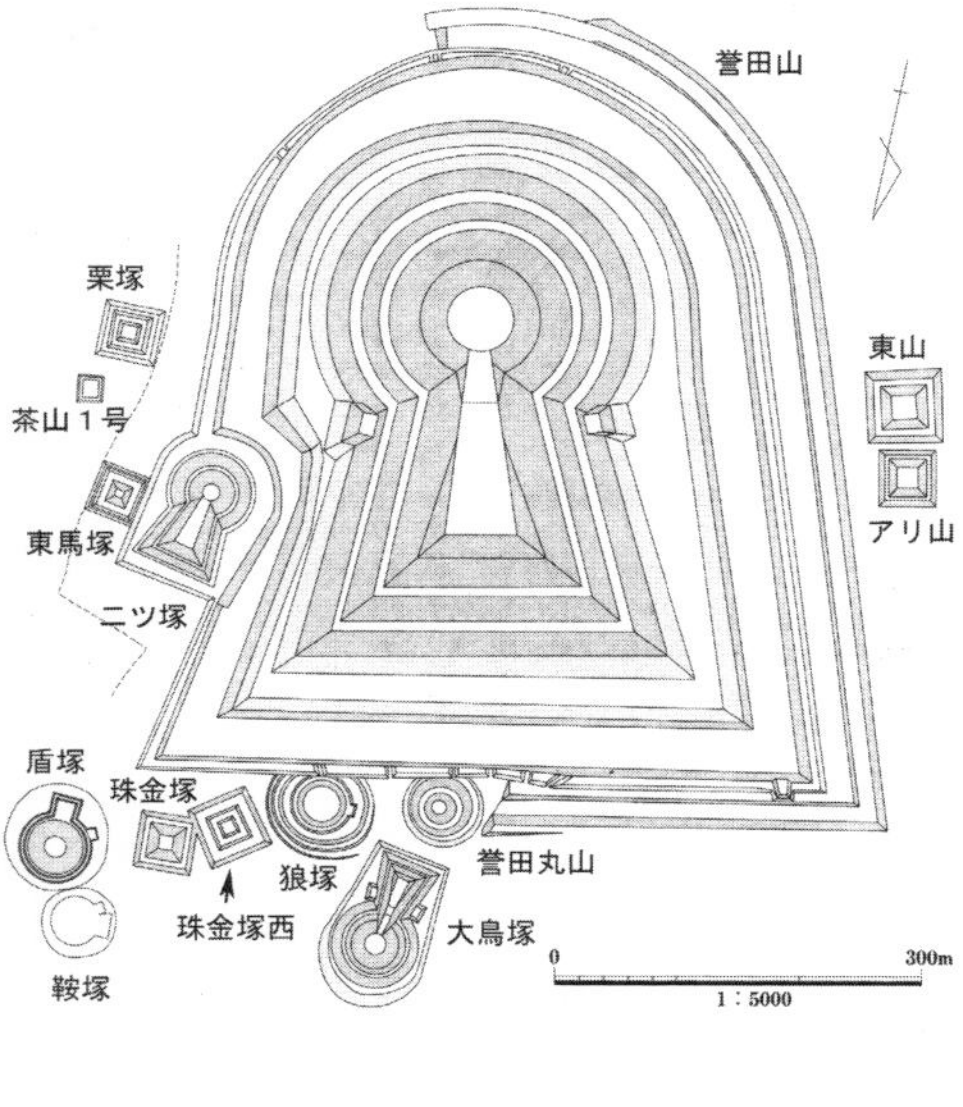

誉田山古墳周辺模式図

られません。

　墓山古墳には陪塚と考えられる古墳が四基あります。いずれも方墳で、向墓山古墳、浄元寺山古墳、西墓山古墳、野中古墳です（六九頁図版参照）。墓山古墳は五世紀前半の築造で、向墓山古墳と浄元寺山古墳、西墓山古墳は同時期につくられており、その位置関係からも確実に陪塚と考えられます。野中古墳は五世紀中頃から後半の築造で、少し後になってから築造されています。

　五世紀前半に築造された誉田山古墳には近接して一二基の古墳が築かれていますが、先に築かれていた二ツ塚古墳（前方後円墳）は誉田山古墳の被葬者と深い関係にあった人物の墓と思われるものの、陪塚とは考えられません。東馬塚古墳、西楠古墳も誉田山古墳よりも先に築かれています。鞍塚古墳、珠金塚古墳、盾塚古墳は、誉田山古墳とは別系統の首長墓と考えられます。アリ山古墳、東山古墳、栗塚古墳（いずれも方墳）、狼塚古墳（円墳）は誉田山古墳と同時期の築造で、その位置からも陪塚と考えてもいいと思います。これ以外に、近接する茶山１号墳（方墳）が新たに発見されています。誉田丸山古墳（円墳）は若干遅れて築かれています。

　市野山古墳の築造されたのは五世紀中頃から後半と推定され、周辺に一三基の古墳があります。このうち陪塚と考えられるのは、円墳の長持山古墳、御曹子塚古墳、衣縫塚古墳、宮の南塚古墳（前方後円墳の可能性あり）、帆立貝形古墳の唐櫃山古墳で、いずれも市野山古墳と**ほぼ**
同時期につくられています。赤子塚古墳、潮音

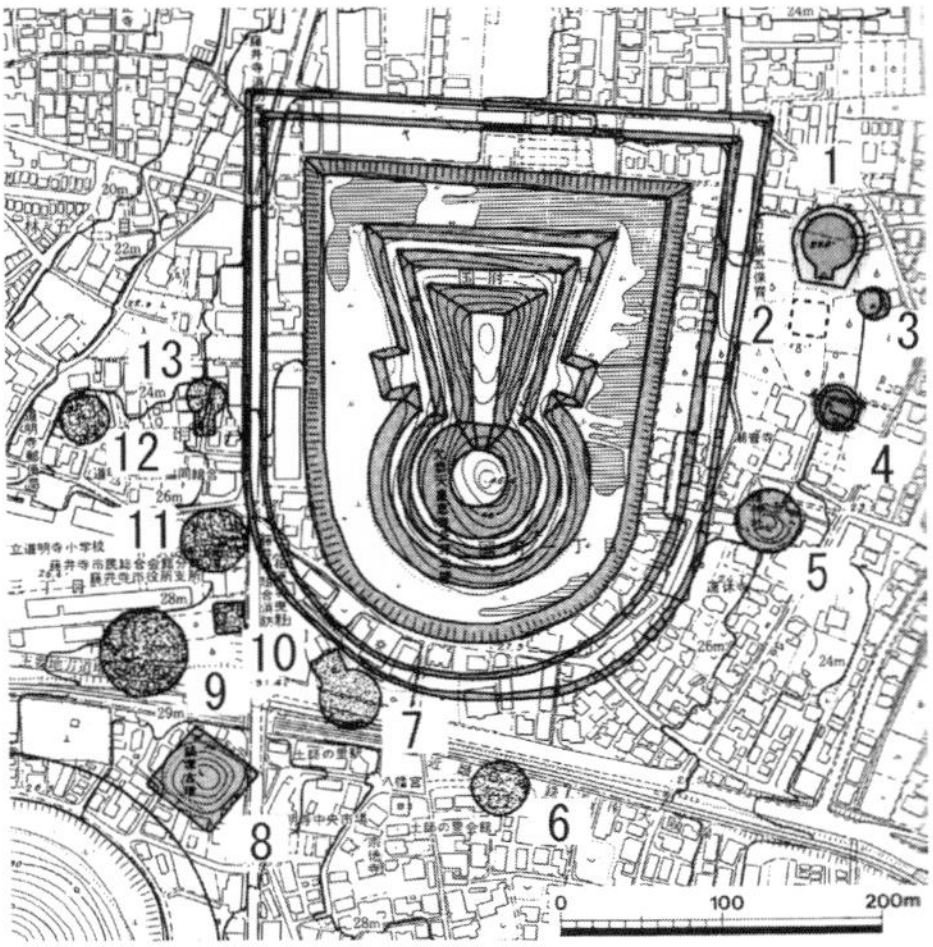

市野山古墳周辺図

1.兎塚１号墳　2.兎塚２号墳　3.衣縫塚古墳　4.潮音寺北古墳
5.宮の南塚古墳　6.御曹子塚古墳　7.唐櫃山古墳
8.鍋塚古墳　9.高塚山古墳　10.小具足塚古墳
11.長持山古墳　12.折山古墳　13.赤子塚古墳

ほぼ同時期　従来の年代観では市野山古墳および陪塚群は五世紀後半とされているが、最近の研究では少し古くする考えも出てきている。

寺北古墳（いずれも円墳）は若干遅れて築かれています。このほか小具足塚古墳（方墳）がありますが、地積図で存在が明らかになっているだけで、詳しいことはわかっていません。また、兎塚２号墳は新発見の古墳ですが、調査範囲が狭いので正確な墳形は不明です。兎塚１号墳、２号墳は周囲に埴輪円筒棺墓や木棺墓を伴っており、誉田山古墳に近い土師の里遺跡内の盾塚古墳などと同じような様相をしていて、別系統の首長墓と考えられます。

岡ミサンザイ古墳周辺図

岡ミサンザイ古墳は五世紀末頃に築造されており、陪塚の位置に四基の古墳があります。前方後円墳の鉢塚古墳、方墳の岡古墳、割塚古墳、円墳の落塚古墳です。岡古墳と割塚古墳は一世紀ほど早くつくられており、陪塚ではありません。落塚古墳は築造時期に関する情報はなく、可能性として残るのは鉢塚古墳のみです。六世紀前半の白髪山古墳は、後円部に近接して同じ主軸上に小白髪山古墳が築かれています。これが最終で、以後は陪塚をつくる風習はなくなったとされていますが、筆者は岡ミサンザイ古墳、白髪山古墳がつくられた時期には、陪塚を伴う風習はなかったのではないかと考えています。

2　百舌鳥古墳群の陪塚

次に、比較する意味で百舌鳥古墳群の主要古墳について見てみましょう。石津ケ丘古墳は五世紀初頭、仲津山古墳の次に築かれた巨大古墳ですが、周辺に七基の古墳が存在しています。方墳の寺山南山《てらやまみなみやま》古墳、円墳の七観《しちかん》古墳、七観音《しちかんのん》古墳、狐塚《きつねづか》古墳、石塚《いしづか》古墳、経堂《きょうどう》古墳、帆立貝形古墳の無名塚《むめいづか》7号墳です。同時期に築かれ堀を共有する寺山南山古墳は確実に陪塚と考えられますが、七観古墳、七観音古墳は若干築造時期が遅れます。他の古墳については実態が不明です。

五世紀前半築造のいたすけ古墳は、方墳の善《ぜん》右ヱ門山《えもんやま》古墳、吾呂茂塚《ごろもづか》古墳、円墳の播磨塚《はりまづか》古墳の三つの古墳が陪塚の位置にあります。残存する善右ヱ門山古墳は、いたすけ古墳と同時期に築かれたことがわかっています。後の二基は十分な調査もされずに破壊されたため、その実態が不明ですが、吾呂茂塚古墳は周庭帯の痕跡と見られるあぜ道に沿ってつくられており、陪塚の可能性が高いものと考えられます。

御廟山《ごびょうやま》古墳は五世紀前半に築かれた古墳です。円墳のカトンボ山古墳は御廟山古墳より少し時期が遅れて築かれています。そのほか一本松塚《いっぽんまつづか》古墳、無名塚22号墳、百舌鳥赤畑町《もずあかはたちょう》1号墳などが陪塚の位置にありますが、すでに消滅しており実態は不明です。唯一現存する万代山《もずやま》古墳は円墳か帆立貝形古墳と考えられており、築造時期は不明ながら、埋葬施設は横穴式石室の可能性もあります。

大山古墳の周辺には一四基の古墳が取り巻いていますが、大山古墳と同時期五世紀中頃に築かれたのは、円墳の源右衛門山《げんえもんやま》古墳、塚廻《つかまわり》古墳、帆立貝形古墳の鏡塚《かがみづか》古墳、収塚《おさめづか》古墳、菰山塚《こもやまづか》古墳、孫太夫山《まごだゆうやま》古墳です。茶山《ちゃやま》古墳と大安寺山《だいあんじやま》古墳（いずれも円墳）に関する情報はありませんが、大山古墳の堀内につくられており、陪塚として差し支えないものと思います。同じく堀内にある樋《ひ》の谷《たに》古墳は、古墳とは考えられません。そのほか、銅亀山《どうがめやま》古墳は、大山古墳

大山古墳を取り巻く古墳

と同時期の五世紀中頃に築造された方墳（または帆立貝形古墳）です。帆立貝形古墳の丸保山《まるほやま》古墳は大山古墳と同時期か若干後の五世紀中頃～後半の築造で、狐山《きつねやま》古墳（円墳）は五世紀後半、竜佐山《たつさやま》古墳（帆立貝形）、一本松《いっぽんまつ》古墳（円墳）は五世紀末頃の築造です。百舌鳥《もず》夕雲町《せきうんちょう》1号墳の実態はよくわかっていません。

田出井山《たでいやま》古墳も五世紀中頃の築造と考えられますが、陪塚の位置に方墳の鈴山《すずやま》古墳、天王《てんのう》古墳があります。鈴山古墳の西側で発掘調査が行われ、田出井山古墳と同時期の円筒埴輪が出土していますが、田出井山古墳と近接しており、どちらに伴う埴輪か区別がつかないようです。

最後にニサンザイ古墳ですが、帆立貝形古墳の経塚《きょうづか》古墳、こうじ山古墳の二基が陪塚の位置にあります。こうじ山古墳はニサンザイ古墳よりも若干先につくられており、陪塚からは除外したいと思います、経塚古墳の情報はありません。二基ともすでに消滅しています。そのほかに聖塚《ひじりづか》、聖《ひじり》の塚《つか》、舞台塚《ぶたいづか》がありますが、最近の調査の結果、古墳でないことが明らかになりました。

3　陪塚の成り立ちと変遷

最初に陪塚がつくられたのは佐紀古墳群中の石塚山《いしづかやま》古墳（成務《せいむ》天皇陵）ではないかと言われています。墳丘長二一八メートルの前方後円墳で、後円部北東側の外堤に接して方墳が三基あります。石塚山古墳は四世紀後半の築造で、津堂城山古墳と同時期と考えられています。奈良県では馬見《うまみ》古墳群の一本松《いっぽんまつ》古墳もほぼ同時期の古墳ですが、後円部東側外堤に陪塚の一本松2号墳（方墳）があります。

石塚山古墳の東に近接して墳丘長二〇七メートルの佐紀陵山古墳があります。石塚山古墳よりも前、四世紀中頃に築造されたと推定されていますが、陪塚は存在しません。佐紀陵山古墳は佐紀古墳群の大型前方後円墳の中で唯一、内部構造や副葬品が明らかになっている古墳です。前方部の両側に幅の広い渡土堤があり、一九八六年の宮内庁の調査で東側の渡土堤の法面に葺石が確認されており、当初からあった可能性が高くなりました。また、一九九〇年の調査では西側くびれ部に島状遺構の存在が想定されています。五色塚古墳の島状遺構や、巣山古墳の出島状遺構の存在は津堂城山古墳の項で記しましたが、これらは陪塚に先行する施設であった可能性があるものの、各古墳の前後関係は微妙なところで、どちらが先か明確にすることは現在のところ困難です。また、この考え方には次のような批判もあります。①はじめにつくられた

石塚山古墳の陪塚

巣山古墳の出島状遺構

出島状遺構に配置された水鳥形埴輪

陪塚は後円部に多く、前方部側にある島状遺構から発展したとは考えにくい。②保渡田《ほとだ》古墳群の八幡塚《はちまんづか》古墳や、二子山《ふたごやま》古墳には後円部を取り巻いて、円形の中島が四箇所に配置されているが、これらは五世紀後半であり陪塚に先行する施設とは考えられない。①については墓山古墳など前方部にも陪塚のある例があり、②については、その形状や位置、時代など近畿地方の島状遺構とは正確が違う可能性が高いと考えます。

　古墳本体から離れ、陪塚が形成された当初は島状遺構の多くが方形であるように、方墳の形をとっていました。百舌鳥・古市古墳群では大山古墳（五世紀中頃）から以後につくられた陪塚は方墳ではなく、円墳や帆立貝形古墳が主体となります。参考のため佐紀古墳群を見てみましょう。五世紀前半に築造されたコナベ古墳は、一〇基の陪塚のうち、円墳の大和《やまと》第21号墳を除いてすべて方墳です。コナベ古墳に続いて五世紀中頃に築造されたウワナベ古墳は、三基の陪塚のうち、円墳が二基で方墳が一基です。続いて五世紀後半のヒシャゲ古墳は、円墳、方墳ともに二基ずつあります。コナベ古墳の陪塚で唯一の円墳、大和第21号墳は、ヒシャゲ古墳との中間にあります。ヒシャゲ古墳の陪塚であった可能性もあり、あるいは独立した古墳であったかもしれません。

　このように、陪塚がつくられた当初は方墳が圧倒的に多く、その後、円墳、帆立貝形古墳へというおおまかな流れがあるものと思われます。完全に切り替わるというわけではありませんが、その画期は大山古墳のつくられた五世紀中頃であったと考えられます。墳形の違いは、陪塚に葬られた人の階層差によるものとの説もあります。それでは、陪塚には本当に人が葬られていたのでしょうか。次にこのことについて考えてみたいと思います。

コナベ古墳と陪塚

4　陪塚は従者の墓か

陪塚には明らかに人体埋葬がされているものと、副葬品だけが埋納されているものがあります。古市古墳群で明らかに人体埋葬があったと考えられるのが、市野山古墳の陪塚、長持山古墳（円墳）と唐櫃山古墳（帆立貝形古墳）です。両古墳とも竪穴式石槨の中に家形石棺が安置されていました。なかでも長持山古墳には二基の石棺があり、追葬が行われていたことが明らかになっています。百舌鳥古墳群では大山古墳陪塚の塚廻古墳（円墳）は、埋葬施設の発掘調査が行われた数少ない古墳です。粘土槨の中に木棺が安置され、銅鏡と各種玉類などが出土しています。副葬品の状況などから、人体埋葬の可能性が高いものと思われます。これ以外に、確実に人体埋葬が行われていたと思われる古墳は、今のところ見あたりません。

墓山古墳陪塚の西墓山古墳（方墳）、誉田山古墳陪塚のアリ山古墳（方墳）、ウワナベ古墳陪塚の大和第6号墳（円墳）は、鉄製品を大量に出土したことで知られています。ほかに滑石製模造品などが出土していますが、鏡や玉類などの装身具は出土していません。これらは副葬品のみを埋納するための古墳と考えられます。

なお、陪塚の位置にあり主墳よりも若干あとでつくられた古墳について見ていきましょう。墓山古墳に近接している野中古墳（方墳）は、大量の鉄製品のほか一一領もの甲冑が出土しています。石津ケ丘古墳に近接した七観古墳（円墳）からも同様に、大量の鉄製品や甲冑が出土しています。金銅製帯金具が出土していますが、人体埋葬の痕跡は希薄だったようです。御廟山古墳の後円部にあったカトンボ山古墳（円墳）からは、大量の滑石製品と鉄製武器、武具のほか、銅鏡が二面出土しています。滑石製品の中には臼玉が二万点もあります。野中古墳からも滑石製臼玉が四千点以上出土しました。大量の滑石製臼玉は装身具と言えるかどうか疑問であり、同じ種類のものが大量に副葬されているのは、副葬品のみを埋納した古墳の可能性が高いと考えられます。ただし、木箱の中には朱の散布がみられるものがあり、人体埋葬の可能性も捨てきれません。副葬用の陪塚には竪穴式石槨をつくらず、多くは粘土槨が主体で、遺物は木箱などに入っているのが普通です。

誉田山古墳の前方部にある誉田丸山古墳（円墳）は、金銅製の鞍金具のほかに帯金具や鉄製武器、武具、短甲などの出土が伝えられています。誉田丸山古墳は宮内庁の管理のため、詳しいことはわかっていません。

奈良県御所市の室宮山古墳《むろみややま》（五世紀前半）に隣接したネコ塚古墳も方墳で、三角板革綴短甲が採集されていますが、内部は未調査のため不明です。宮崎県西都市の女狭穂塚古墳《めさほづか》（五世紀前半）の陪塚、西都原《さいとばる》171号墳は、西都原古墳群で唯一の方墳です。一辺二五メートル、二段築成で、墳頂平坦部は円筒埴輪列が取り囲み、その内部に家形埴輪や盾形埴輪列が立てられていますが、人体埋葬の跡は見られません。

以上見てきたように、方墳で確実に人体埋葬が行われていた例は見当たりません。墳形が方墳から円墳や帆立貝形古墳に変わる頃から人体埋葬が行われるのではないかと思います。陪塚の多くは宮内庁の管理であり、古墳の中心部分は発掘調査もされていないため、少ない資料での推論ですが、副葬品を納めるだけの古墳は主墳の付属施設であって、陪塚の定義を「従者の墓」とするならば、人体埋葬された古墳だけ「陪塚」とし、それ以外は仮に「墳丘外施設」とでもすればいかがでしょうか。前方後円墳に限らず、墳丘に複数の埋葬施設がある古墳がたくさんあります。ごく近い近親者は墳丘の中心部分に葬られて、前方部などに葬られるのはそれよりも薄い関係の親族、さらに部下などは主墳の周囲に所謂陪塚として葬られたと考えることもできるのではないでしょうか。

第5章 陵墓公開運動と古市古墳群

1　陵墓古墳

宮内庁で管理している陵墓等は総計八九八箇所にもなります。このうち、陵墓古墳（宮内庁では「古代高塚式陵墓」と呼ぶ）として管理する「陵」「墓」「参考地」「陪塚」は、合わせて二四〇基を超えています。これらは天皇家の祖廟として宮内庁によって墳丘内への立ち入りが厳しく制限されています。このうち陵墓参考地と陪塚については皇室典範二七条にも規定がなく、皇室財産として管理している慣行があるのみで、現行法に法的根拠がありません。

一九七六年、**ニサンザイ古墳の周堀埋め立て事件**をきっかけに、陵墓関係学会が共同して「陵墓の保存と公開を求める」運動をはじめました。宮内庁は、陵墓などについて毎年、**営繕工事**を行っています。周堀のある古墳では、波浪などによる墳丘裾や外堤裾の損傷を防止するための防護工事ですが、現状を維持するためだけの工事で、築造当初の姿に復する工事ではありません。奈良県橿原市の鳥屋《とりや》ミサンザイ古墳（宣化《せんか》天皇陵）の工事では、墳丘裾にめぐらせた石垣のため、くびれ部と造出しが識別困難なほど古墳の原形が破壊されています。

こうしたことから学会は、①古墳の原形を損傷する営繕工事の中止、②工事を行う場合は、

陵墓に指定された主な前方後円墳

古墳名	天皇及び皇族名	所在地
行燈山古墳	崇神天皇	奈良県天理市
宝来山古墳	垂仁天皇	奈良市
渋谷向山古墳	景行天皇	奈良県天理市
佐紀石塚山古墳	成務天皇	奈良市
岡ミサンザイ古墳	仲哀天皇	大阪府藤井寺市
誉田山古墳	応神天皇	大阪府羽曳野市
大山古墳	仁徳天皇	大阪府堺市
石津ケ丘古墳	履中天皇	大阪府堺市
田出井山古墳	反正天皇	大阪府堺市
市野山古墳	允恭天皇	大阪府藤井寺市
白髪山古墳	清寧天皇	大阪府羽曳野市
(不明)	顕宗天皇	奈良県香芝市
野中ボケ山古墳	仁賢天皇	大阪府藤井寺市
太田茶臼山古墳	継体天皇	大阪府茨木市
高屋築山(高屋城山)古墳	安閑天皇	大阪府羽曳野市
鳥屋ミサンザイ古墳	宣化天皇	奈良県橿原市
平田梅山古墳	欽明天皇	奈良県明日香村
太子西山古墳	敏達天皇	大阪府太子町
佐紀高塚古墳	称徳天皇	奈良市
市庭古墳	平城天皇	奈良市
中山茶臼山古墳	大吉備津彦命	岡山市
箸中山古墳	倭迹迹日百襲姫命	奈良県桜井市
佐紀陵山古墳	日葉酢媛命	奈良市
淡輪ニサンザイ古墳	五十瓊敷入彦命	大阪府岬町
羽咋御陵山古墳	磐衝別命	石川県羽咋市
日岡山高塚(褶墓)古墳	播磨稲日大郎姫命	兵庫県加古川市
能褒野王塚古墳	日本武尊	三重県亀山市
前の山(軽里大塚)古墳	日本武尊	大阪府羽曳野市
西本郷和志山１号墳	五十狭城入彦皇子	愛知県岡崎市
牟礼大塚古墳	神櫛王	香川県高松市
五社神古墳	神功皇后	奈良市
仲津山古墳	仲姫命	大阪府藤井寺市
莬道丸山古墳	莬道稚郎子尊	京都府宇治市
上のびゅう塚古墳	都紀女加王	佐賀県上峰町
ヒシャゲ古墳	磐之媛命	奈良市
北花内大塚古墳	飯豊天皇	奈良県葛城市
西殿塚古墳	手白香皇女	奈良県天理市
高屋八幡山古墳	春日山田皇女	大阪府羽曳野市
宇治黄金塚古墳	伊豫親王	京都市
片平大塚古墳	仲野親王	京都市

ニサンザイ古墳の周堀埋め立て事件　墓地拡張のために堀が埋め立てられた。詳細は拙著『百舌鳥古墳群をあるく』（創元社）を参照。

営繕工事　現在は陵墓保全整備工事という言葉を使っている。

古墳の現状を確かめるための事前調査の実施、③事前調査に基づいて古墳の原形を損傷しない方法で工事を実施すること、④事前調査を関係学会に公開すること、などを要求しました。

学会は、宮内庁書陵部と交渉を重ね、一九七九年、「墳丘上への立ち入りは認められないが、書陵部が行う営繕工事に伴う事前調査箇所を一年度一箇所に限り、一学会二名の代表者に見せる（周堀・外堤のみ）」という回答を得ました。このような経過を経て、「陵墓」の**限定公開**がはじまりました。第一回目は古市古墳群の白髪山古墳です。以下は、古市古墳群での限定公開に限って、参加された方の報告や聞き取りなどから、筆者がまとめたものです。

2　陵墓限定公開がはじまる

白髪山古墳（清寧天皇陵）

一九七九年一〇月二六日、第一回限定公開が行われ、一二学会（当時）代表二四人が参加しました。学会代表二四人に対して皇宮警察官二四人が配置されるという物々しさだったといいます。

この調査は護岸工事のため、堀と外堤が築造当初のものであるかどうか、もしそうならその規模はどれくらいだったか、当初から水をたたえていたか、空堀だったかなどを確認するために行われたもので、堀内一〇箇所のトレンチが公開されました（調査の結果は第1章を参照。以下同）。陵墓古墳がこのような形で研究者に公開されたのは初めてで、公開に向けて一歩前進したと言えます。

限定公開　各学会の代表者二名についての限定とされたことから「限定公開」という用語が生まれた。現在は三名。

(3)　京都　第3種郵便物認可　第35222号　京都新聞

天皇陵調査を初公開

学者の要望に応じ

羽曳野の清寧陵　墳丘には消極的

宮内庁

清寧天皇陵の外堤を踏査する考古学者グループ（羽曳野市西浦で）

京都新聞（1979年10月27日）

前の山古墳（日本武尊白鳥陵）

一九八一年、前方部周堀外堤の護岸工事と外護柵設置工事に伴うもので、トレンチは一〇箇所でした。ここは、外から誰でもが見学できる場所であり、見学者の資格や人数の制限を設ける意義は見あたりません。参加者からは、「工事目的の調査のため、周堀肩上のトレンチの深さが遺構の有無を確認するまでに至らない中途半端であることや、古墳全域の保存が放置され、周辺部の開発が進んでいることは看過できない」などの意見が出されました。

二〇〇一年、墳丘裾護岸工事等に伴う事前調査でした。二六箇所のトレンチを見学するため、堀に足場が架けられていました。墳丘裾部は全体として大きくえぐられており、第一段目斜面の大半が失われており、堀の底も削られています。これは農業用水確保のために堀を拡張し、浚渫土を墳丘上に盛土したため、その際に墳丘裾部分も一緒に削られた可能性もあります。また波浪による浸食も続いています。

護岸工事は、墳丘裾から九〇センチ外側に**蛇《じゃ》籠《かご》**を設置するとしています。宮内庁は従来から、「現在の状態を保全する」と繰り返し言っていますが、これは古墳がつくられた当初の姿ではなく、今回の調査の結果でも近世末に改変された姿が明らかになりました。本来の墳丘は全長・後円部直径とも五～六メートルは大きくなる可能性が高く、これでは小さくなった墳丘裾を固定することになります。

今回の公開では、円筒埴輪列と葺石が検出されたトレンチには、階段状のステップと手すりのついた足場が設けられており、見学用に便宜を図られたことがうかがえます。

誉田山古墳（応神天皇陵）

一九八二年、陵域を区画するフェンス杭設置予定箇所に伴う調査でした。中堤北側の前方部北東角から西側中程にかけて掘られた三〇余箇

蛇籠　竹または鉄線で編んだ籠に石を詰めたもの。宮内庁用語では「フトン籠」。

所のトレンチを、外堀に面する部分に限っての公開でした。この調査は、あくまでも杭設置のための調査で、トレンチの位置や大きさについて、学問的配慮に欠けていたため、断片的な事実がわかったのみで、古墳の年代観や造営技術などについては明らかになりませんでした。

見学に際して発行された宮内庁の見学許可証には、「写真撮影や実測図の作成はできない」ことが書かれてあったそうです。公開に参加した吉田晶氏（岡山大学名誉教授）は「中堤の外濠に面する部分のしかも調査されている場所にのみ見学が限定され、中堤の内濠に面する部分に立って古墳本体を観察することに対してさえも、職員の規制があった（特に写真撮影に対して）。その規制のきびしさには、異様な雰囲気さえも感じられた」と感想を述べています。

野中ボケ山古墳（仁賢天皇陵）・野々上古墳（飛地い号）

一九八四年、野中ボケ山古墳外堤上、および野々上古墳の防護フェンスの設置に伴う発掘調査でした。野中ボケ山古墳では、外堤部分に一八箇所のトレンチが、野々上古墳では墳丘部に四箇所が設定されていました。両古墳から出土した埴輪は一世紀ほどの開きがあり、陪塚でないことを宮内庁自ら認めざるを得ない結果とな

野々上古墳の墳丘上で説明を受ける参加者

りました。ここでも、各トレンチは工事の及ぶ範囲までしか掘り下げておらず、中途半端な調査で貴重な遺構が破壊されるおそれが指摘されています。今回の公開では発掘区域を示す資料が配付されたことや、埴輪など遺物を手にとって観察できたこと、写真撮影が緩和されたこと、陪塚ではあるが墳丘内への立ち入りが認められたことは一定の前進でした。

蛇籠（野中ボケ山古墳）

一九九一年、野中ボケ山古墳の墳丘裾および前方部外堤内法裾の浸食防護工事に伴う調査で、墳丘裾外周に一八箇所、前方部外堤内側に六箇所のトレンチが公開されました。発掘調査箇所が墳丘内部であったため、墳丘内に立ち入りが容認された点は一定の前進でした。また、今回の防護工事は従前の石垣のような固定的な工法ではなく、墳丘汀線部分では金属線蛇籠による工法を検討しているとのことでしたが、後々金属が腐食し、中に入れている石材と古墳に伴う葺石の区別がつかなくなる可能性もあります。

河内大塚山古墳（大塚陵墓参考地）

一九八六年、東側周堀外堤の一部で外護柵設置工事に伴う試掘調査でした。墳丘くびれ部のやや後円部寄りの周堀肩部分に、五×二メートルのトレンチが二本のみであり、きわめて小規模でその位置も中途半端で短すぎるものでした。陵墓調査官は「石垣補修工事のため遺構・遺物の有無を探る事前調査であって、学術調査ではない」と説明し、参加者の憤慨を買ったそうです。発掘調査はすべて学術調査でなければなりません。当日はテレビ局二社が取材に来ましたが、「二社だけに認めることはできない」と拒否されたようです。

河内大塚山古墳東側外堤のトレンチを見学する参加者

参加した石部正志氏（元宇都宮大学教授）は、「この調査だけで何らかの結論を下すことは不可能だが、周堀は余り深いものではなく、堀底は外方へ向かってゆるやかに浅くなっていたらしく推測される。本来の外堤は現在より外側に位置するものと思われた。埴輪は外堤上には密な状態での樹立はなかったことが今回の調査でほぼ明らかになった」と述べています。

毎年一回だけということでしたが、この年は茨木市の太《おお》田《だ》茶臼山《ちゃうすやま》古墳（継体天皇陵）に次いで二回目でした。

高屋築山古墳（安閑天皇陵）

一九九二年、墳丘裾護岸・外堤護岸工事に伴い三五箇所のトレンチが公開されました。今回の調査では事前にトレンチの設定図が公開されました。

岡ミサンザイ古墳（仲哀天皇陵）

一九九六年、墳丘裾護岸工事と前方部堤部南東隅角部付近の堆積土除去工事、後円部外堤北西部の樋門改修工事に伴う事前調査でした。三箇所のトレンチが公開されました。水を抜いた周堀側のコースに沿って、前方部中央から反時計まわりに見学が行われました。

古墳は中世に城郭として利用されており、撥状に開く前方部が築造時のものかどうかなど、築造当初の姿がどうだったかが重要な視点になりましたが、いずれのトレンチも古墳の墳端や墳丘裾部の**地山**《じやま》に達せず、本来の墳丘裾が確認できなかったようです。

参加者からは、陵墓図で東側くびれ部に造出し状の遺構に見えるものは、そのすべてが一六世紀の遺物を含む盛土であり、古墳の造出しでなく城郭施設の一部であった可能性が指摘されました。城郭研究家の村田修三氏は、「城郭遺跡としては他に類を見ないほど残りのよい例である」とコメントしています。

岡ミサンザイ古墳東側トレンチの説明を受ける参加者

島泉丸山古墳（雄略天皇陵）

地山　古墳がつくられる前の自然の基盤の土層。

　このころから年一回の限定公開に加え、学会と宮内庁書陵部との懇談会の席上、当初公開予定でなかったものを工事の立ち会い時に学会側が申し入れ、見学できることになりました。二〇一一年、島泉（高鷲）丸山古墳前方部の島泉平塚古墳南側で、低地排水のための配管工事の見学は、このようないきさつから実現したものです。見学場所は墳丘上ではなく、島泉平塚古墳南側のフラットな部分であり、墳丘とは認めがたく、周堀の跡や埴輪なども検出されませんでした。

向墓山古墳（応神天皇陵飛地に号）

　向墓山古墳の排水路等の整備工事も当初予定にはありませんでしたが、二〇一二年、事前調査が公開されました。ここは住宅密集地で、調査箇所は民家のすぐ脇にあるので、住民とのトラブルを避けるため、陵墓関係学会の運営委員五名での見学となりました。墳丘東側の裾部は大きく削平を受けており、斜面には後世に盛土がなされていることや、多量の埴輪、土師器、須恵器の出土が古墳の築造時期を確定する決め手となるであろうことが報告されています。

小白髪山古墳（清寧天皇陵飛地い号）

　二〇一三年、墳丘の周囲をめぐるフェンス改修に伴う事前調査として行われました。今回は古墳周辺に民家が迫り、道幅も狭いところがあるため、一学会一名の限定となりました。限定公開の前に近隣住民への説明会があったとのことです。フェンスが墳丘近くを囲んでおり、参加者全員が入るのは難しいとのことで、フェンス越しの見学となりました。

　小白髪山古墳の周堀は近世に灌漑池として利用され、改変も著しく、現在は道路などになっていますが、それらの大部分は宮内庁管理地外のため、羽曳野市が行っている発掘調査成果を含めて一体的に把握する必要があります。今回の調査の成果は一部の学会関係者と近隣の方々のみでしたが、一般市民への現地説明会は工夫次第で開催できたのではないかと思われます。

小白髪山古墳の限定公開

3　陵墓古墳への立ち入りを要望

二〇〇八年二月二二日、学会がかねてから要望していた陵墓古墳への立ち入りが実現しました。初回は奈良市の五社神古墳（神功《じんぐう》皇后陵）です。この立ち入り観察は、二〇〇五年七月八日付けで、陵墓関係学会から宮内庁書陵部長宛てに、一一箇所の陵墓・参考地を掲げ、立ち入りを書面にて要望したのがきっかけです。これを受けて宮内庁は「陵墓立入りの取扱方針について」を新たに作成し、内規の見直しを図って「書陵部長は、この方針に基づき、管理上支障のない範囲において陵墓の立入を許可することができる」としました。

この立ち入り観察はこれまでの限定公開と違って、学会側の要求に基づいて学術上重要な陵墓を選択して内部立ち入りを求めたものです。ただし、立ち入れるのは、堤その他の外周部から最下段テラスまで、周囲を観察するだけで、墳頂部など肝心な部分は見学することができません。写真撮影は自由ですが、実測や遺物採集などもできません。また、一六名までという、きわめて少ない人数です。立ち入りの時期は例年二月下旬に行われています。

古市古墳群では河内大塚山古墳、誉田山古墳、高屋築山古墳で立ち入りが行われましたが、それぞれの概要は第1章に記載してあります。

4　陵墓古墳の呼称をめぐって

百舌鳥・古市古墳群は世界文化遺産に登録されましたが、個々の古墳の名称は、「応神天皇陵古墳」「仁徳天皇陵古墳」などとなっています。しかし、日本の古墳には墓誌を副葬する風習はなく。「○○天皇陵」といっても、学術的に確定されたものではありません。陵墓古墳の名称は、平安時代の文献「延喜式」などをもとに、江戸時代末から明治にかけてつけられました。そもそも天皇の名称は七世紀以後に使われだしたもので、それまでは大王《おおきみ》と呼ばれていました。それぞれの実在性はさておき、応神はホムタワケ、仁徳はオオサザキなどという名前があります。これが固有名詞かどうかは研究者によって諸説がありますが、仮にそのような大王がいたとしても、現在宮内庁が指定している応神天皇陵や仁徳天皇陵は確実にそれらの人物の墓であるという証拠はありません。したがって、古墳の名称に「○○天皇陵」などとすることは誤解を生むことになります。かつて森浩一氏（同志社大学名誉教授）は、古墳を固有名詞で呼ぶのはやめて遺跡名で呼ぶことを提唱しました。応神天皇陵は誉田山古墳、仁徳天皇陵は大山古墳などです。誉田山古墳は誉田《こんだ》御廟山《ごびょうやま》古墳や誉田八幡山古墳とも呼ばれていますが、「御廟山」自体が応神天皇を意識したものです。一部には同じ羽曳野市にある誉田山古墳群と紛らわしいという理由もあるように聞き及んでいます。しかし、同じ名称の古墳は各地にいくらでもあります。百舌鳥古墳群には狐塚古墳が三箇所あります。どうしてもというなら、地名を冠して古市誉田山古墳とでもすればいいと思います。

陵墓関係学会では、「世界遺産と陵墓呼称問題を考える学習会」を継続的に開催してきました。では、仁徳天皇陵古墳は大山古墳でよいか。しかし、そううまくはいかないようです。古い地誌や絵図などを調べてもいろいろな呼び方があり、どの名称が妥当であるかの基準がないためです。前著『百舌鳥古墳群をあるく』でも書きましたが、大山古墳のほか大仙古墳、大仙陵、伝仁徳陵、仁徳陵古墳があり、石津ケ丘古墳は上石津ミサンザイ古墳、百舌鳥《もずみささぎやま》陵山古墳、伝履中陵古墳など、研究者によってさまざまに使われています。

古市古墳群では誉田山古墳のほか、雄略天皇陵は高鷲丸山古墳＝島泉丸山古墳、安閑天皇陵は高屋築山古墳＝高屋城山古墳など、それぞれ研究者によって主張が違うため、名称がまちまちです。このことに関しては統一すべきという意見と、必要はないという意見があります。「〇〇天皇陵」とすることには学問的な根拠がないという点では一致していますが、なかなか名称を統一するのは困難なようです。

5　残された課題

宮内庁は静謐《せいひつ》と尊厳を保持していくとの理由から、陵墓古墳を一般には公開していません。きれいに整備された陵墓を見ると、一見厳重に保存されていると思われますが、そうではありません。宮内庁が陵墓として管理しているのは、古墳全域ではないのです。宮内庁の管理地はフェンスで囲まれていますが、この範囲には科学的な根拠がなく、大部分は墳丘部とせいぜい一重目の周堀だけが指定範囲です。宮内庁が陵墓の指定範囲を画するためにフェンスを設けると、フェンスぎりぎりまで開発が進み、境界の外側はかえって開発の餌食となっています。

　誉田山古墳は陵墓に指定されていますが、宮内庁が管理している区域は墳丘本体と内堀、内堤までです。宅地化が迫ってきたため、一九八八年に西側の二重目の堀と外堤部分が国史跡に指定されました。しかし北側、東側の外堀、外堤部分は単なる**周知の埋蔵文化財包蔵地**（土師の里遺跡、茶山遺跡）で、開発を止める手立てはありません。市野山古墳の西側はマンションが林立しています。仲津山古墳やその他の陵墓古墳周辺も、古墳の範囲内にもかかわらず、宮内庁管理部分の外側は住宅が建て込んできています。世界遺産条約ではバッファゾーン（緩衝地帯）を設けることが必要とされていますが、古墳本体部分まで開発が進行しているのが現状です。

　宮内庁が行う陵墓古墳の改修工事などに伴う発掘調査では、波浪による浸食で墳丘裾が崩落していることに加え、農業用水の確保などのために本来の墳丘が削られ、築造当時の姿からはひとまわり小さくなっていることがわかってきました。学会の再三の要望にもかかわらず、宮内庁は「陵墓の現状維持が目的で復元的整備をしない」との立場をとり続けています。

　今、私たちが見ている古墳の多くは、近世から明治期にかけて改変された姿です。世界文化遺産登録推薦にあたっての提案のコンセプトでは、「五世紀前後の倭国王を中心とした支配者層の権力の強大さを示すものとして、古墳文化を

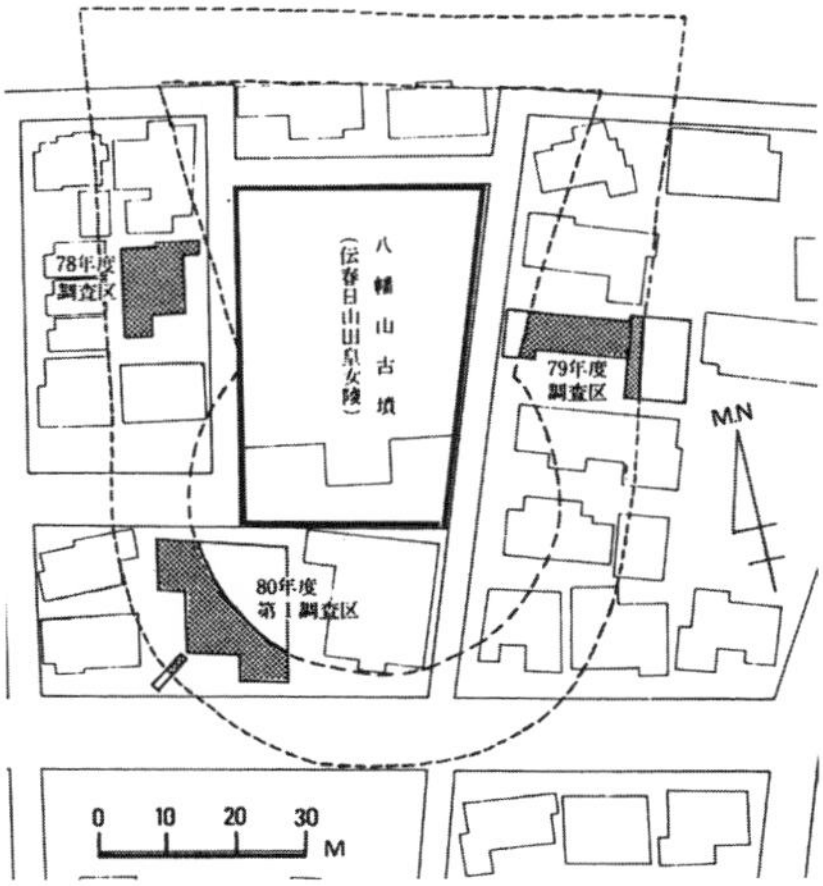

春日八幡山古墳（前方後円墳であるが、宮内庁が管理している部分は方形の部分のみ）

周知の埋蔵文化財包蔵地　遺跡が埋まっていることが地域社会で認識されている土地のことで、開発にあたって届け出が必要であるが、遺跡を法的に保護しているものではない。

代表する資産である」としていますが、「現状では一九〜二〇世紀の近代化遺産ではないか」との指摘もあります。本来の形がわからないまま、現在の護岸のラインで墳丘裾が固定されてしまうと、一般の見学者に誤解を与えるだけでなく、将来墳丘に立ち入ることができても、古墳の外形研究に大きな支障を来すことになります。

陵墓関係学会では、世界文化遺産に登録された直後の二〇一九年七月二三日、構成資産の十分な保存・管理を図り、地域や社会への公開を原則とした活用と、少なくとも学術的な観点にもとづく名称の併記を求めて「百舌鳥・古市古墳群の世界遺産登録決定に関する見解」を発表しました。

近年教科書でも、大山古墳（仁徳陵）などと遺跡名称と陵墓名が併記されることが定着してきています。しかし、世界遺産登録の前後から「仁徳天皇陵古墳」などとする呼称が、行政文書をはじめ道路標識や解説板などすべて登録名称に統一されました。間違った呼称がすでに一人歩きしていることに大きな危機感を覚えます。

住宅に囲まれた拝所（日本武尊白鳥陵〈前の山古墳〉）

第6章　河内飛鳥を守った人々

1　二つの飛鳥

大和の飛鳥は誰もが知るところですが、もうひとつ飛鳥があることをご存じでしょうか。アスカという地名は全国に数十箇所あるといわれていますが、とりわけ大和の飛鳥と並んで日本古代国家成立史を明らかにする上で重要な地域が、河内の飛鳥です。

河内飛鳥は近《ちか》つ飛鳥と呼ばれており、「近つ」は大和の飛鳥（遠《とお》つ飛鳥）と比較して、古代に都があった難波宮から見て、近いか遠いかによる説、反正《はんぜい》天皇の多治比柴垣宮《たじひのしばがきのみや》（松原《まつばら》市）からみて近いか遠いかという説、そのほか推古天皇が即位して都が大和の飛鳥に移されたころに、蘇我氏が旧の地盤である河内から大和の飛鳥（遠つ飛鳥）に移住したことから、河内国の飛鳥が後に「近つ飛鳥」と呼ばれるようになったという説もあります。

古代国家の行政区画でいえば、河内国の安宿《あすか》部《べ》郡、石川郡にまたがり、現在の地名では羽曳野市の東部と、南河内郡太子町の全域、および同郡河南《かなん》町の一部を加えた地域を指します。大和川と石川の合流点より南東一帯、柏原市国分・玉手地区も含めた広い範囲を指す場合もあります。中心部を飛鳥川が流れ、現在でも山田、石川、飛鳥など大和の飛鳥地方と共通する地名が残されています。

2　河内飛鳥は遺跡の宝庫

奈良と大阪の県境にラクダの背を思わせる山がありますが、これが大伯皇女《おおくのひめみこ》が弟、大津皇子《おおつのみこ》を忍んで詠った、

うつそみの人なる吾《われ》や明日よりは
二上山《ふたかみやま》をいろせと吾《あ》が見む
（『万葉集』巻二―一六五）

で名高い二上山です。二上山はまた石材の山でもあります。旧石器から弥生時代にかけて、石

器の材料として使われたサヌカイトや、古墳の石棺材である凝灰岩が産出します。

　二上山の南西麓、太子町のほぼ真ん中を、東から西に向かって幅広い谷地形をつくっているのが、磯長谷《しながだに》です。この地域には山田高塚古墳（推古天皇陵）をはじめ、春日向山古墳（用明天皇陵）、山田上ノ山《やまだうえのやま》古墳（孝徳《こうとく》天皇陵）、叡福寺北古墳（聖徳太子墓）、太子西山《たいしにしやま》古墳（敏達《びだつ》天皇陵）と、蘇我氏と姻戚関係にある人物の「陵墓」が集中して築かれています。清少納言が『枕草子』の中で讃えた〝うぐひすのみささぎ〟は、孝徳陵との説もあります。それぞれの古墳の被葬者の信憑性はさておき、その並びが家紋の梅《うめ》鉢《ばち》に似ていることから、通称「梅鉢御陵」と呼ばれ、これら大王クラスの墓が密集することから、磯長谷は「王陵の谷」とも呼ばれています（磯長谷古墳群の詳細は終章を参照）。

二上山

　府道富田林太子線建設に伴う発掘調査で、太子西山古墳の北側の伽山《とぎやま》遺跡から、弥生時代、古墳時代の集落跡とともに、奈良時代の墳墓が発見され、中から純銀製の跨帯金具《かたいかなぐ》（帯金具）一式が出土しています。

　石川の支流、飛鳥川の北側の丘陵地には、横口式石槨を持つ切石造りの観音塚《かんのんづか》古墳やオウコ古墳（オウコ8号墳）、一三〇基の古墳が現存する飛鳥千塚《あすかせんづか》古墳群のほか、古墳時代後期～末期の古墳が数多く存在します。

飛鳥川に沿って、古代の官道、竹内《たけのうち》街道が通り、周辺には由緒ある寺院も数多くあります。竹内峠の手前にある登山口を登ると、鹿谷寺《ろくたんじ》跡と岩屋寺《いわやでら》跡があります。これらは石切場がそのまま古代寺院として整備されたもので、非常に珍しいものです。凝灰岩の地山を掘り残して、十三重の石塔などがつくられています。

鹿谷寺跡

3 葉室一須賀古墳群

一九八三年七月二四日早朝、嵐の前の静けさを思わせるようなこの地を、「陵墓」巡検見学の一行が訪れました。陵墓関係学会が主催したもので、秋の「陵墓」シンポジウムのための予備シンポジウムが、太子町の叡福寺で行われ、大阪・奈良の主要な「陵墓」古墳を見学しました。危機的な情況にあった葉《は》室一《むろいち》須賀《すか》古墳群は、急遽、見学コースに組み込まれました。

山田高塚古墳から南側一帯に広がる丘陵地が、葉室一須賀古墳群です。大阪近郊にあって、これほど豊かに自然が残されていることに、参加者は一様に驚いたようです。叡福寺を出て小一時間、猛暑の中を歩いて汗びっしょりになった私たちの頬を、さわやかな風が通りぬけていきます。目の前には緑深い大地が広がっ

シンポジウムで報告する今井堯氏（右端）

ており、私たちの祖先の歴史を秘めたこの緑の大地が、今まさに消滅の危機にあるとは、とても想像することはできませんでした。

国の手厚い保護を受けている大和の飛鳥とは対象的に、この河内飛鳥の地は、行政当局から忘れられた存在です。観光地化され、住民には厳しい規制が課せられた明日香村の保存が決して良いとは思いませんが、大和の飛鳥と並んで重要な河内飛鳥の地をこのまま放っておくわけにはいきません。

葉室一須賀古墳群は江戸時代の文献にも記されており、古くからその存在が知られていました。上野勝己氏（藤井寺中学校教諭、当時）は綿密な踏査と測量調査により一五〇基の古墳を確認し、三グループに分け、その中心となるグループについて詳細に分析しました。それによると、築造された尾根ごとに地縁的ないし家族（同族）墓的性格が強く、磯長谷古墳群との関係において、**古代共同体**のあり方を考える上でひとつの大きなところとされています。

その後、民間の開発や「風土記の丘」の整備などに伴って、大阪府教育委員会が数回の分布調査・発掘調査を行っており、数基から十数基を一支群として形成され、総数約二五〇基の大**群集墳**であることが確認されました。報告によると、要点は次の通りです。①石室内には通常、三体前後の埋葬が行われており、木棺と石棺が同一石室内に置かれている例が比較的多い。②石室内の被葬者の配置は整然としており、あらかじめ追葬《ついそう》を予定していたようである。③羨道部には階段状遺構を持つものもある。④副葬品の中にはミニチュアの炊飯具のセット（竈、甑《こしき》、甕）が数多く見つかっており、この古墳群のひとつの特徴を示している。⑤他に金銅製沓《こんどうせいくつ》、垂《すい》飾《しょく》付耳飾《つきみみかざり》なども出土している。⑥家族墓的な様子をしながらも、磯長谷古墳群と密接な関係を有し、渡来系の色彩の強い古墳群である。⑦河内では生駒山麓の高安《たかやす》千塚《せんづか》古墳群、平尾山《ひらおやま》古墳群に次ぐ群集墳であるが、葉室一須賀古墳群は

古代共同体　古代社会の構成単位となる集団。

群集墳　同じ時期に属する古墳が一定の区域内に密集しているものをいう。

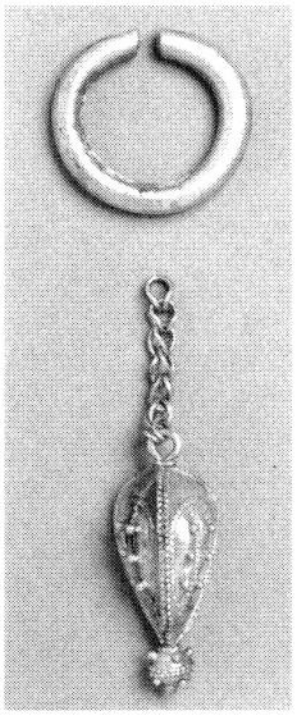

右：炊飯具セット
左：垂飾付耳飾

葉室一須賀古墳群Ａ－９号墳

成立年代も早く、群集墳の末期まで（六世紀前半～七世紀中頃）続き、前二者の群集墳とは明らかにその性格は異なる。⑧宅地造成で一部破壊されてはいるが、全体ににその残りのよさもこの古墳群の価値を高めている。⑨宅地造成の事前調査の際に、大規模な弥生時代の高地性集落である東山《ひがしやま》遺跡と、近畿地方でも最古級の須恵器の窯跡が見つかっている。

　現在、葉室一須賀古墳群の一部は「近つ飛鳥風土記の丘」として保存されており、隣接して大阪府立近つ飛鳥博物館があります。

4　巨大開発に揺れる王陵の谷

　事の発端は一九六六年、土地所有者らでつくる土地開発委員会が、宅造業者に山林を売却したことからはじまります。売買契約の際、古墳を売主が処理することが口頭で取り決められ、約一〇〇基の古墳が次々と破壊されていきました。この時、ダイナマイトまで使われたと言われています。すぐにこの事件は発覚し、破壊の拡大は止まりましたが、当時すでに阪南ネオポリス造成計画が進められていました。

　大阪府は一九七〇年、「風土記の丘」事業をスタートさせ、造成予定地の買収を進めるとともに、古墳の調査と復元・復旧、見学路の建設を行いました。順調に進むと思われていた事業も、オイルショック以来の財政危機のあおりを受け、事業は停滞してしまいました。この間、阪南ネオポリスは一八〇〇戸を建設して終了。近隣住民の保存運動もむなしく、三〇余基の古墳と東山遺跡、須恵器窯跡が消滅してしまいました。

　その後、開発目的で所有していた会社が倒産し、焦げつきになっていた土地五〇ヘクタールに新たに八〇ヘクタールを加え、一三〇ヘクタールの宅地造成が持ち上がりました。予定通り行われると、**太子町の人口**が一挙に倍になるという大規模なものでした。これによって葉室一須賀古墳群が壊滅状態になるだけでなく、「風土記の丘」として保存されている部分と磯長谷古墳群とは完全に遮断され、歴史的景観が一変します。

　この開発計画に伴い、大阪府教育委員会は開発予定地の遺跡分布調査を行い、新たに五五基の古墳などを確認し、一部の古墳を発掘調査しました。その結果、石室が完全に近い状態で残っている古墳は、徹底的に盗掘を受けていましたが、一部天井石が崩れ落ちているものは、遺

開発予定地

太子町の人口　一九八三年一月三一日当時九一七七人。

物などが良好な状態で残されていました。「葉室一須賀古墳群は、盗掘が激しく残りは非常に悪い」などと一部で言われていましたが、現場を見た限りでは決してそのようなものではありません。今回の調査成果の一端を見ても、ほとんどの古墳で三体埋葬（石棺二、木棺一というパターン）が行われており、叡福寺北古墳などの**三骨一廟**《さんこついっちょう》スタイルは、ここではごく普通に行われていることがわかりました。珍しい副葬品が出るか出ないかだけで価値のあるなしを判断するのは、きわめて危険な考えです。

5　立ち上がった住民と研究者

一九八三年、埼玉県で行われた文化財保存全国協議会（文全協）大会で、葉室一須賀古墳群の保存について、①大規模宅地造成計画をただちに中止すること、②博物館を伴う古墳公園の整備を早急に行うこと、③周辺遺跡群を総合的に保存する基本計画を早急にたてること、などを要望する大会決議が採択され、文化庁、大阪府ほか関係機関に送付されました。文化庁の担当官は、「『風土記の丘』の用地を確保しながら、なぜ（大阪府は）いつまでも放ったらかしにしておくのか。あれだけの古墳群のあるところを開発するのはもってのほかだ。できるだけ残す方向で対処したい」と語りました。

しかし、大阪府および太子町は開発を許可する方向でした。この古墳群をつぶすことは「王陵の谷」全体をつぶすことに等しく、遺跡に価値の大小はありませんが、この地は日本古代国家の中枢部を握っていた人々の本拠地であり、ここをつぶせば古代国家成立の謎は永遠に謎のままで終わります。同時に全国で三〇万箇所（当時）あると言われる遺跡の命運を暗示しているようです。文化財・歴史関係団体、労働組合、地域住民は、「葉室一須賀古墳群保存対策協議会」「河内飛鳥を守る会」を相次いで結成、保存運動に立ち上がりました。

三骨一廟　聖徳太子、および生母の穴穂部間人《あなほべのはしひと》皇后、妃膳部大郎女《かしわべのおおいらつめ》の三人が葬られていることから「三骨一廟」と呼ばれる。

大阪府教育委員会は、いまだ正式に買収もしていない土地を原因者負担で事前調査を行ったばかりでなく、〝買上げは不可能、部分保存〟の方針を一貫して主張していましたが、これには文化庁の担当官も「真意をはかりかねている」とコメントしています。このような府教委上層部の態度に、「黙っていては共犯者になる」と同文化財保護課技師二八名全員が、知事と教育委員長に対し、①葉室一須賀古墳群の全域保存と史跡指定、②開発は不許可に、③原因者負担の発掘調査はするな、④資料館の早期建設、「風土記の丘」公園の保全整備、⑤河内飛鳥の保全・整備構想の具体化――を要望する異例の上申書を提出しました。

　この上申書はマスコミに大きく報道され、開会中の府議会でも問題となり、保存運動に大きな力となりました。葉室一須賀古墳群などを分析した広瀬和雄氏（大阪府教育委員会文化財保護課技師、当時）は「大群集墳といえども、その実体は多種多様であり、それが故に各古墳群の具体的な分析は、群集墳を歴史の舞台へ登場させるために必須の事なのである」（「群集墳論序説」古代研究15）と述べています。いわば群集墳はひとつの遺跡であるとも言えるのです。

　一九八四年、大阪春の演劇まつりで、「ご先祖様の二一世紀」が上演されました。これは、大

河内飛鳥　1983年10月22日

葉室・一須賀古墳群の破壊を許すな

日本古代史の謎を解く鍵

河内飛鳥史跡地図

河内飛鳥

第1号
河内飛鳥保存対策協議会

連絡先
大阪市東区大手前之町
大阪府職員労働組合
教育委員会支部
(06)941-3130

河内飛鳥を守る住民集会
10月29日（土）午後3時〜6時
太子町叡福寺会館
参加費　三〇〇円

丸紅の乱開発で破壊の危機

大切なことは「全域保存」

河内飛鳥は歴史の宝庫

横穴式石室
古墳の中に巨石を組んで室を作り石棺や木棺が置かれた。写真は入口から見たもの。

須恵器（すえき）

太子町に全戸配布された「河内飛鳥」

阪府職員演劇研究会が、開発計画に揺れる河内飛鳥をテーマにした創作劇です。開発行政の最前線にいる府企業局の建築技師が、自分の思いと現実のギャップなどを盛り込んでまとめた作品です。

あらすじは、開発予定地の古墳調査をしている主人公の若手埋蔵文化財技師に、大手開発業者から「早く発掘を切り上げろ」と圧力がかかります。開発の下請けに入って工務店の経営を立て直そうする若手技師の父親をはじめ、開発に地域発展の期待をかける人たちの間で悩みます。ブルドーザーのうなりの中で、全面保存か部分でよいかが争われ、先輩らとともに保存運動に立ち上がっていくという展開。歴史的環境保存の大切さがたくみに描かれています。

創作した田坪文一さんは、「何の変哲もない土の盛り上がり、その下を掘ってみると私たちのご先祖様が眠る石室が巨大な姿を現します。歴史の蓄積、重みをずしりと感じます。調査技師の人たちはさぞ喜びを覚えるだろうと……。それがとんでもない間違いだと教えられました。遺跡は後世の人たちのためにそっと眠らせておきたいのです。このままいけば、この数十年で大阪から遺跡は姿を消してしまうかもしれません。この思いが河内飛鳥の古墳群を守る運動に立ち上がる原点ではなかったかと。開発の仕事にたずさわり、違った観点から遺跡を見つめてきた私にとって、保存と開発の狭間にゆれ動く調査技師の眼を通して、遺跡とは何かをもう一度考え直す良い機会になりました」と語っています。

「ご先祖様の21世紀」の一場面

6　ゴルフ場建設が浮上、住民訴訟へ

「河内飛鳥を守れ」のスローガンはまたたく間に全国に広まり、運動が大きく発展し、宅地造成計画は白紙に戻りましたが、わずか三週間後、新たにゴルフ場の建設計画が浮上しました。これを機に町民の間で「自然や文化財を守るにはどうしたらいいのか」という声が上がり、町議会も勉強会や史跡公園の見学を行いました。地権者の間でも財産権、生活権を守りながら土地利用をどうするのかといった話し合いも持たれました。そんな中で「文化財を保存せよ」というだけではなく、「古墳群に土地を所有している人たちのことをも考えながら町づくりをしていく必要がある」と、地元住民有志で「太子町の町づくりを考える会」が誕生しました。

「関西文化財保存協議会（関文協）」では、依然として危機的状況にあるため、一層運動を盛り上げ河内飛鳥を広く知ってもらおうと、Tシャツをつくってキャンペーンをはじめました。Tシャツは二上山をバックに、葉室一須賀1号墳から出土した金銅製大刀柄頭《つかがしら》の竜をデザイン化し、河内飛鳥の文字などを英語で「古代の墓が数多くある貴重な場所」とプリントしたものです。それと併せてガイドブック『河内飛鳥を訪ねてみよう』（松籟社）を出版しました。

　一部の土地所有者と住民らは、建設予定地一二四ヘクタールのうち約二四ヘクタールを対象に、予定地内の立木を購入するトラスト運動をはじめました。開発計画は暗礁に乗り上げ開発業者は計画を変更。建設予定地を約一〇〇ヘクタールに減らし、トラスト運動が起きた土地をすっぽり抜いた形で、ゴルフ場建設計画が進められました。

「日本歴史の宝庫、河内飛鳥をゴルフ場開発から守ろう」と、万葉集研究の第一人者、犬養孝大阪大

河内飛鳥Tシャツ

学名誉教授や直木孝次郎大阪市立大学名誉教授ら著名な考古学者や歴史学者など一五氏が呼びかけ人になって緊急アピールを発表し、作家の遠藤周作、田辺聖子、筒井康隆、北杜夫、佐藤愛子の各氏、元環境庁長官大石武一氏、放送作家の永六輔氏など全国から一〇〇人を超す賛同者が集まりました。

開発業者は、**新森林法**に基づく府の「ゴルフ場開発に関する取扱指針」で定める条件を満たさない部分があることから、この適用を受ける日以前に環境アセスメントを行わず許可申請を提出しました。大阪府はゴルフ場計画は許可するが、比較的古墳が密集している「三つの尾根」といわれる部分を史跡指定して保存を図るという、部分指定の立場です。

一九九二年、「太子町の町づくりを考える会」ほか地元の住民が開発業者を相手取り、「建設工事の差し止めなどを求める訴え」を起こしました。さらに都市計画法に基づく開発許可処分について、大阪府開発審議会に審査請求。開発許可の不当性を追求しましたが、破棄・却下されたので、「ゴルフ場開発許可処分」について大阪府知事を相手とし「許可処分取り消し訴訟」を起こしました。

この間、一九八六年には「近つ飛鳥風土記の丘」が開園し、一九九四年には「近つ飛鳥博物館」が開館しました。裁判が続く中、一九九四年、文部省（現文部科学省）は**一須賀古墳群**（五二ヘクタール）を国史跡に指定。指定地のうちの約半分はゴルフ場敷地内（古墳は五八基）という異例のケースです。

裁判中もゴルフ場の造成工事は進められており、和解に向けての話し合いが続けられましたが、不調に終わり、一九九六年にはゴルフ場がオープンしました。二つの行政訴訟では「原告の請求は棄却」されましたが、両訴訟とも控訴はしませんでした。原告団および支援する会は、「いま、人類は環境破壊に対して大きな反省を迫られその回復への努力をはじめているところです。この地域をやがては府民の公園にするなど、

新森林法　国は、ゴルフ場の環境破壊が社会問題化するなか、森林法の規制を強化、一九九〇年に法改正、一九九二年六月一日から適用。

一須賀古墳群　史跡名称には葉室がつかず「一須賀古墳群」。現在、東側の尾根は散策路に沿って古墳を見学することは可能であるが、史跡指定地にはゴルフ場所有地も含まれており、散策路からは外れることができない。

この環境破壊をつぐなう施策をとることを期待します」との声明を発表し、裁判を収束させました。

7　山田高塚古墳にて

「河内飛鳥を守る会」は見学会や講演会などを定期的に開催し、現在も活動を続けています。(社)大阪自然環境保全協会太子町葉室里山クラブは、ゴルフ場の買収に応じなかった土地を借用して、自然観察、育林、畑の整備、里山コンサートなどの活動をしています。古墳群はその自然とともに一部破壊されましたが、運動を通じて故郷を大切にする意識も大きな財産として残されました。

筆者は、河内飛鳥には特別な思いがあります。土曜日がまだ半ドンだった頃、仕事が終わると古市古墳群や河内飛鳥に直行しました。藤井寺市の市民会館で広瀬和雄氏（国立歴史民俗博物

山田高塚古墳（二子塚古墳から）

館名誉教授）、天野末喜氏（関西大学非常勤講師）を中心に、大阪府や市町村の若手発掘調査技師が集まって定期的に研究会が持たれていました。いまや年輪年代測定法では第一人者になった光谷拓実氏（奈良文化財研究所埋蔵文化財センター客員研究員）が研究をはじめた頃の話などが印象に残っています。

そんな頃、葉室一須賀古墳群が危ないという情報が入ってきました。発掘調査が行われている現場を見に行くと、顔見知りの調査員が耳元で現状の深刻さを報告してくれました。運動が最盛期のころ、太子町住民へ「保存を訴えるビラ」の全戸配布や、ガイドブック作成のための取材など、毎週のように通い詰めたことを思い出します。

本書を執筆するために久しぶりに河内飛鳥を訪れました。あれから四十年近くを経た現在、開発が徐々に進行してきています。山田高塚古墳から葉室一須賀古墳群を見渡すと、山の稜線付近には、近つ飛鳥風土記の丘に接して阪南ネオポリスの住宅街が見えます。以前は深い緑に覆われていましたが、眼前の水田との間は、ぽっかりと穴があいたようにゴルフ場の芝生が広がっています。この景観を美しいと思うかどうかは人それぞれですが、開発前、同じ場所に立って見た風景とは大きく変わってしまいました。二〇世紀は大規模な遺跡破壊の世紀でした。二一世紀はご先祖様の残してくれた貴重な遺産を大切に守り、未来に引き継いでいきたいと思います。

古市古墳群の築造が終了した後、豪族たちの墓地は、この磯長谷に移動します。一部が破壊されたとはいえ、この地は遺跡の宝庫であることに変わりがありません。都会にはない静けさも残っています。古市古墳群の次の時代の歴史がここにあります。ぜひ訪ねてみてください。

終章　河内の古墳

ここでは終章付録として、大阪府内の「河内」全域の主な古墳について紹介することにします。便宜的に**北河内**、**中河内**、**南河内**の三つに分けました。なお、南河内の古市古墳群は第1章を、南河内の前期古墳については第2章を参照ください。

1　北河内の古墳

牧野車塚古墳（枚方市）

牧《まき》野車塚《のくるまづか》古墳は、京阪本線牧野駅の南約一・二キロメートルのところにあります。枚方《ひらかた》市立中央図書館のすぐ西側で、国史跡に指定され、車塚公園として整備されています。墳丘長は一〇七・五メートル、後円部南側を除いて二段築成の前方後円墳です。調査の結果、二重の堀がめぐっていたことが確認されています。円筒埴輪や家形埴輪が出土しており、築造時期は四世紀後半と考えられます。

前方部裾では小口積の板石が見つかっています。調査報告書では疑問を呈しながらもとりあえず葺石とされていますが、墳丘全面に葺かれていたかどうかは明らかになっていません。石材は吉野川または紀ノ川流域産の結晶片岩、紅簾石片岩、猪名川流域の石英斑石、二上山の輝石安山岩などです。松岳山古墳や玉手山1号墳でも、板石を垂直に積んで葺石にしている例があります。結晶片岩は淀川右岸の紫金山《しきんざん》古墳や将軍山《しょうぐんやま》古墳の竪穴式石槨に使用されています。円筒埴輪には鰭《ひれ》付きのものがあり、この点でも共通すること

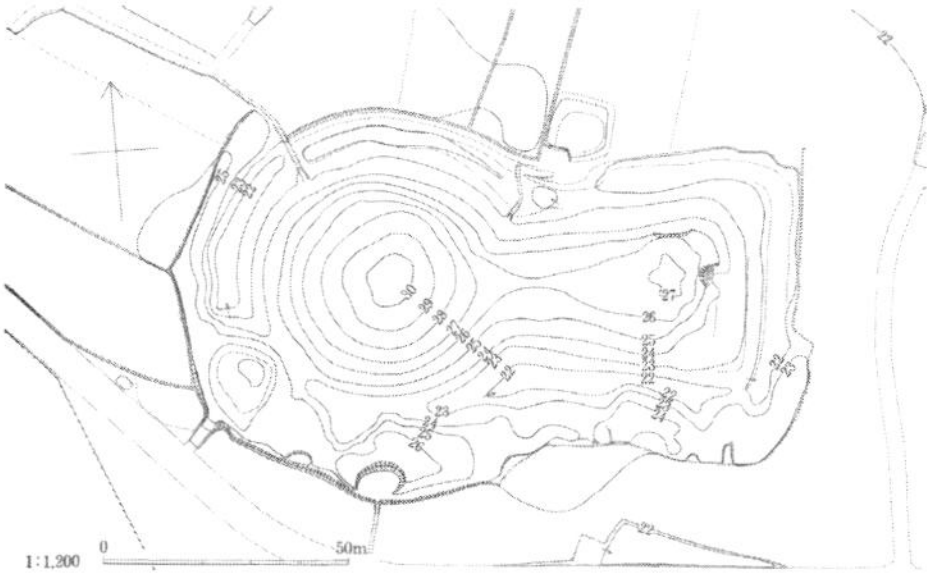

牧野車塚古墳平面図

北河内　大まかに現在の行政区分（市町村）に基づき、枚方市、交野市、寝屋川市、守口市、門真市、四條畷市、大東市の七市とする。

中河内　同様に、東大阪市、八尾市、柏原市の三市とする。

南河内　同様に、松原市、藤井寺市、羽曳野市、富田林市、大阪狭山市、河内長野市、太子町、河南町、千早赤阪村の六市二町一村とする。

0
2.5
5km
北
摂
淀川
牧野車塚古墳
禁野車塚古墳
森古墳群
太秦高塚古墳
石宝殿古墳
忍岡古墳
河
大阪市
茶臼山
古墳
御勝山古墳
瓢箪山古墳
山畑古墳群
鏡塚古墳
心合寺山古墳
愛宕塚古墳
聖天山古墳
帝塚山古墳
郡川西塚古墳
大和川
内
高井田
横穴群
河内大塚山古墳
松岳山古墳
玉手山古墳群
大山古墳
誉田山古墳
百舌鳥
古墳群
黒姫山
古墳
古市古墳群
磯長谷古墳群
泉
お亀石古墳
葉室一須賀古墳群
州
寛弘寺古墳群
平石古墳群
石川
金山古墳

河内の古墳

から、両者はヤマト王権の命を受けて淀川から瀬戸内海の交易を担っていた勢力ではないでしょうか。後円部での埋葬施設は確認されていませんが、扁平な石で前方部にも埋葬施設があった可能性があります。

禁野車塚古墳（枚方市）

禁野車《きんやくるま》塚《づか》古墳は、京阪交野《かたの》線宮之阪《みやのさか》駅から線路に沿って約三〇〇メートル南にあります。全長一二〇メートル、二段築成の前方後円墳です。墳丘には葺石が施されていますが、周堀は確認されていません。細いくびれ部から撥形に開く前方部があり、箸中山古墳と相似形です。築造時期は四世紀前半と推定され、大阪府内でも最古級の古墳です。

後円部の墳頂に盗掘坑が二箇所あり、石釧《いしくしろ》、管玉《くだたま》、鉄鏃《てつぞく》などが出土しています。その周辺から安山岩の板石や円筒埴輪が確認され、埋葬施設は竪穴式石槨であることが想定されます。石材は柏原市国分の芝山産の橄欖《かんらん》石《せき》安山岩で、奈良県天理市の黒塚古墳、松岳山古墳、京都府木津川市の椿井大《つばいおお》塚山《つかやま》古墳などでも使用されており、初期ヤマト王権と関係のある人物の墓と考えられています。

国史跡に指定されており、現在公園として管理されていますが、前方部が異常に平坦で本来の姿ではないように思われます。

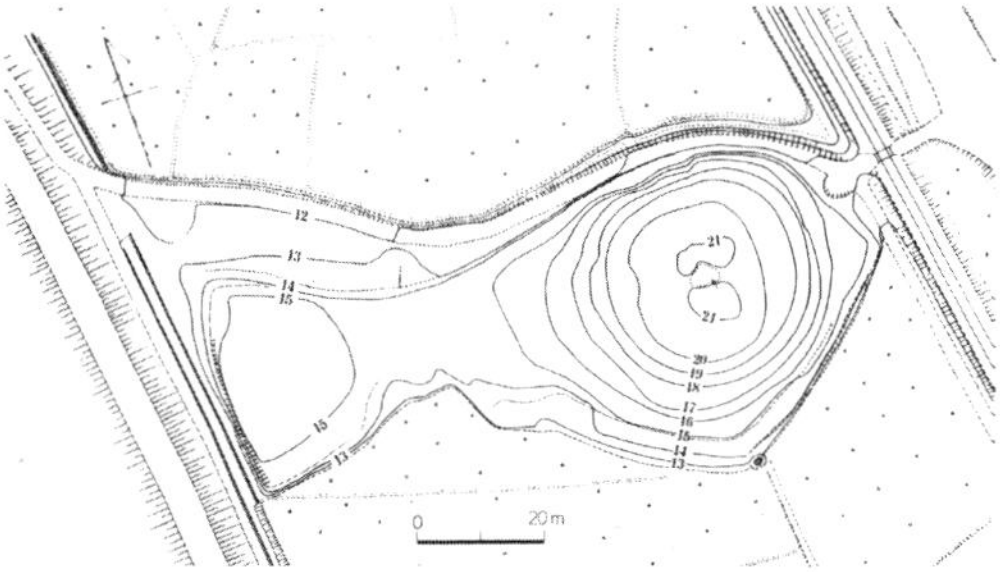

禁野車塚古墳平面図

森古墳群（交野市）

森《もり》古墳群は京阪交野線河内森《かわちもり》駅の東の山中に

あります。雷《かみなり》塚《づか》古墳（1号墳）を筆頭に四基の前方後円墳（1～4号墳）と一基の円墳（5号墳）、二重口縁壺《にじゅうこうえんつぼ》発見場所（6号地点）からなっています。さらに直線距離で約三〇〇メートル東側に墳丘長六七メートルの前方後方墳、**鍋《なべ》塚《づか》古墳**があります。埋葬施設は竪穴式石槨で、三世紀末の築造と推定されています。墳丘には埴輪は立てられていませんが、山側に花崗岩、平野側に片岩系の葺石が施されています。明らかに平野部を意識した配石と考えられます。ちなみに標高は二〇〇メートルです。

森古墳群は、一九八〇年に小学生によって二重口縁壺が発見されたのをきっかけに一九八二年に測量調査が行われました。

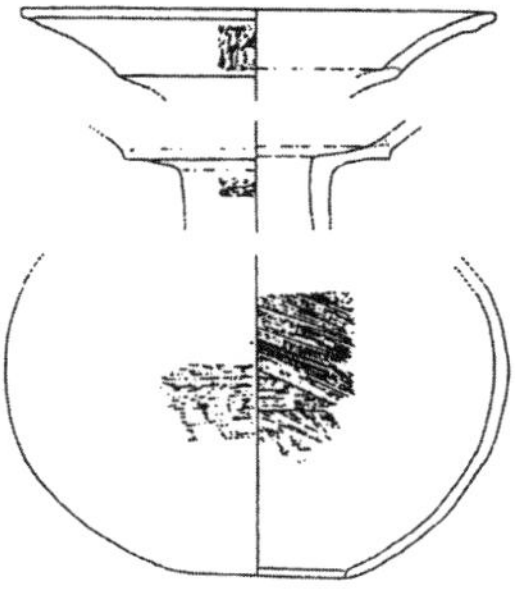
森古墳群二重口縁壺

雷《かみなり》塚《づか》古墳は墳丘長一〇六メートル、後円部三段、前方部二段、前方部が撥形に開く前方後円墳で、葺石や埴輪は確認されていません。四世紀初頭の築造と推定されています。**2号墳**（**向山《むかいやま》古墳**）は墳丘長五八メートル、**3号墳**（**山神《やまがみ》古墳**）は四六メートル、**4号墳**は五〇メートルで四世紀後半にかけて順次築かれたものと思われます。

二重口縁壺は大阪府立交野高校建設がきっかけで発見された交野車塚古墳群の遺物とともに、交野市立歴史民俗資料展示室に展示されています。

石宝殿古墳（寝屋川市）

石宝殿《いしのほうでん》古墳は、JR片町《かたまち》線（学研都市線）寝《ね》屋川《やがわ》公園駅の南東約六〇〇メートル、打上《うちあげ》神社（高良《こうら》神社）の裏山にあり、国史跡に指定されています。古墳時代最末期七世紀中頃に築かれた横口式石槨の古墳です。横口式石槨の古墳は大阪府では大和川と石川の合流点付近から南河内一帯に数多くつくられていますが、北河内では

石宝殿古墳

唯一です。

花崗岩の巨石二個をくり抜き、組み合わせて築かれたもので、前面の羨道《せんどう》部には巨石二個を据えています。同じ形式の石槨は奈良県明日香村にある鬼の俎《まないた》・鬼の雪隠《せっちん》や斑鳩町の竜田御坊《たつたごぼう》山《やま》3号墳しかありません。江戸時代には現状のように開口していたようで、『河内名所図会』によれば、この古墳の傍らから、白骨の入った金銅製の壺が掘り出されたと記されています。現在、石槨は露出していますが、築造当初は八角形の墳丘があった可能性があります。

太秦高塚古墳（寝屋川市）

太秦《うずまさ》古墳群は寝屋川市東部の丘陵上に分布する古墳群です。第二京阪道路の建設工事に伴う発掘調査で、一辺一〇メートル程度の方墳が二五基確認されました。ほかにも多数の古墳が存在したと考えられますが、現存するのは太秦高《うずまさたか》塚《つか》古墳のみです。

太秦高塚古墳は、JR片町線（学研都市線）寝屋川公園駅の北西約一・二キロメートルのところにあり、寝屋川市の史跡に指定されています。直径三七メートル、二段築成の円墳で、北西側に造出しがあります。葺石は確認されていませんが、第一段テラスに円筒埴輪列がめぐっています。造出しには人物、水鳥、鶏、家、盾、衣蓋形の形象埴輪や須恵器が見つかっています。墳頂部に埋葬施設があり、短甲、鏃《やじり》、斧、鐙《あぶみ》などの副葬品が出土しています。築造時期は五世紀後半と推定され、太秦古墳群を築いた集団の首長の墓と思われます。

墳丘は当時に近い状態に復元され、円筒埴輪列がレプリカで再現されています。太秦高塚古墳公園へは、京阪バス京阪本線寝屋川市駅または寝屋川公園駅から太秦住宅行きバスで豊野浄水場前下車すぐです。

太秦高塚古墳

忍岡古墳（四條畷市）

忍岡《しのぶがおか》古墳は、JR片町線（学研都市線）忍ケ《しのぶが》丘《おか》駅の西約三〇〇メートルの小高い丘の上にあります。墳丘長八七メートルの前方後円墳で、大阪府の史跡に指定されています。墳頂部からは大阪平野が一望に見渡せます。古墳全体が忍岡神社の境内になっていて、本殿の右手に竪穴式石槨の覆屋《おおいや》があり、格子戸越しに内部を覗くことができます。

忍岡古墳石槨

一九三四年の室戸台風で社殿が倒壊し、翌年再建中に石槨が発見され、京都大学により調査されました。石槨は板状の石材が積み上げられており、副葬品には碧玉《へきぎょく》製石釧や鍬形石《くわがたいし》、紡錘車《ぼうすいしゃ》のほか、鉄製の武器・武具などがあります。石槨はベンガラ、副葬品には水銀朱が塗布されていました。円筒埴輪は見つかっていますが、葺石は確認されていません。築造時期は四世紀中頃と推定されています。

忍岡古墳から南に約一キロメートル、東高野街道沿いに墳丘長六二メートルの前方後円墳、**墓《はか》の堂《どう》古墳**があります。発掘調査で五世紀後半頃の埴輪が出土しています。現在大部分が墓地になっており、現地に行ってもどこが古墳なのかはよくわかりませんが、一九三二年に米軍が撮影した航空写真を見るとその姿がはっきりと映し出されています。すぐ近くには四條畷《しじょうなわて》市立歴史民俗資料館があります。

2　中河内の古墳

瓢簞山古墳（東大阪市）

近鉄奈良線瓢簞山《ひょうたんやま》駅の東約三〇〇メートル、東高野街道沿いに瓢簞山稲荷神社があります。本殿の背後の山が瓢簞山古墳です。墳丘長は五〇メートル、六世紀前半の双円墳で、拝殿に向かって右が鬼塚《おにつか》、左が大塚《おおつか》と呼ばれています。

大塚は南西に開口する片袖式の横穴式石室で、もう一方の鬼塚では、墳丘南端の羨道入り口の天井石が露出しているのが確認できます。明治時代の記録では拝殿の下にもう一基、南西方向に開口する横穴式石室があったとのことですが、建物の真下なので確認することはできません。

瓢簞山稲荷神社

東側の丘陵中腹に東大阪市立郷土博物館がありますが、このあたり一帯には約七〇基の古墳が群集しており、**山畑《やまはた》古墳群**と呼ばれています。瓢箪山古墳は最も低地部にあり、遺跡名称は山畑52号墳です。

心合寺山古墳（八尾市）

心合寺山《しおんじやま》古墳は、中河内最大の前方後円墳で、国史跡に指定されています。墳丘長一六〇メートル、三段築成で、周囲に堀がめぐります。西側くびれ部には造出しがあり、ここからは水の祭祀場を表現したと考えられる囲形埴輪が出土しました。後円部に三箇所（粘土槨）の埋葬施設があり、西側の槨は組合式木棺で、銅鏡のほか武器、武具類が副葬され、男性が葬られた可能性が高いと考えられています。前方部にも埋葬施設（木棺直葬）が一箇所あります。築造時期は五世紀前半と推定されています。墳丘には三〇〇〇本以上の円筒埴輪や形象埴輪が立てられていました。現在、葺石とともに築造当初の姿が一部復元されています。近鉄大阪線河内山本駅から近鉄バス東花園駅前行き大竹バス停で下車し、道端に建てられた道標を目印に東へ約三〇〇メートルで心合寺山古墳の前方部に出ます。バスは旧一七〇号線（東高野街道）に沿って走っており、車だとバス停から北へ三〇〇メートルの交差点から東に入れば、八尾《やお》市立しおんじやま古墳学習館の駐車場に出ます。ただし、道路が狭い上、この交差点付近には心合寺山古墳を案内する標識がありません。同館では古墳の埋葬施設を実物大

心合寺山古墳

で再現した模型や出土遺物などが展示されています。

駐車場の西二〇〇メートル、旧一七〇号線沿いに**鏡塚《かがみづか》古墳**（大阪府史跡）が、また南東五〇〇メートルには、大阪府内で最大級の横穴式石室をもつ**愛宕塚《あたごづか》古墳**（大阪府史跡）など古墳や史跡が点在しており、近鉄信貴《しぎ》線服部川《はっとりがわ》駅を起点に散策することをおすすめします。

郡川西塚古墳・郡川東塚古墳（八尾市）

近鉄信貴線服部川駅から南西約七〇〇メートル、旧一七〇号線郡川交差点の南西側に、**郡川《こおりがわ》西塚《にしづか》古墳**があります。原形が著しく損壊していますが、墳丘長六〇メートル、前方部が北向きの前方後円墳です。二段築成で、盾形の堀がめぐります。葺石と円筒埴輪、朝顔形埴輪が確認されています。

一九〇二年（明治三五）に開墾により墳丘の上段部と横穴式石室が破壊されました。その際に多数の副葬品が発見されています。埋葬施設は左片袖式の横穴式石室で、赤色顔料が塗られた割竹形木棺が安置されていたとみられ、神人歌舞画像鏡《しんじんかぶがぞうきょう》、画文帯神獣鏡《がもんたいしんじゅうきょう》ほか、武器、武具、装飾品などが副葬されていました。なかでも神人歌舞画像鏡は、和歌山県橋本市の国宝隅田《すだ》八幡神社所蔵鏡の原形鏡との説もあります。築造時期は六世紀前半と推定されています。

東高野街道を挟んで東側に郡川西塚古墳と対になるように**郡川東塚《こおりがわひがしづか》古墳**がありました。郡川西塚古墳と同様に前方部が北向きの前方後円墳で、墳丘長五〇メートル以上、二段築成で盾形の堀がめぐります。葺石や埴輪も確認されています。一八九〇年（明治二〇）、開墾中に石室が発見され、多数の副葬品が出土しました。埋葬

郡川西塚古墳

施設は片袖式の横穴式石室で木棺が安置されており、画文帯神獣鏡のほか武器・武具、馬具、玉類などが副葬されていました。築造時期も郡川西塚古墳と同時期と推定されています。二〇〇一年頃までは、民家の庭園内に残されていましたが、その後宅地化により消滅しました。

　両古墳とも、大型の石室と豊富な副葬品を伴っており、この地域の有力な首長墓と考えられています。築造年代や規模も同じであることから、被葬者の年齢などは不明ですが、同時期に亡くなった近親者の墓ではないかと推測されます。

高井田横穴群（柏原市）

　ＪＲ関西線（大和路線《やまとじ》）高井田《たかいだ》駅北側の丘陵一帯に分布しています。高井田横穴群《たかいだよこあなぐん》は、凝灰岩を刳《く》り抜いてつくられており、これまで一六〇基が確認されていますが、二〇〇基以上あると推定されています。六世紀中頃から七世紀前半にかけてつくられたもので、一部には壁や天井に人物、鳥、船などを描いた線刻画のあるものがあります。馬具、玉類、須恵器などが副葬されていました。また、ミニチュアの甕《かめ》と竈《かまど》のセットなども出土しています。

高井田横穴群線刻画

　国史跡に指定され、高井田横穴公園として整備されています。横穴内は普段は非公開ですが、毎年、春と秋に公開されています。隣接して柏原《かしわら》市立歴史資料館があり、壁画のレプリカや松岳山古墳から出土した埴輪などが展示されています。

3 南河内の古墳

磯長谷古墳群（太子町）

①叡福寺北古墳

叡福寺《えいふくじ》北《きた》古墳は叡福寺にあり、聖徳太子磯長《しながの》墓《はか》として宮内庁が管理しています。南北四三メートル、東西五三メートルの楕円形で、南に開口する横穴式石室です。大型の切石が使われており、奈良県明日香村の岩屋山《いわややま》古墳と酷似しています。横穴式石室では最末期の七世紀後半頃と推定されています。明治以前は立ち入りが可能でしたが、一八七九年（明治一二）の大修理により、羨道入口が閉塞されました。

玄室内には三つの棺が納められており、奥壁に聖徳太子の母穴穂部間人皇女《あなほべのはしひとのひめみこ》、向かって右に太子、左に妃の膳部菩岐々美郎女《かしわでのほききみのいらつめ》（膳大娘《かしわでのおおいらつめ》）の夾紵棺《きょうちょかん》が置かれていると伝えられており、三《さん》骨一廟《こついっちょう》と呼ばれています。叡福寺は寺伝によれば推古天皇が聖徳太子の墓を守護し、冥福を祈るために建立したとされており、被葬者について、ほぼ定説化していますが、七二一年（また

叡福寺北古墳

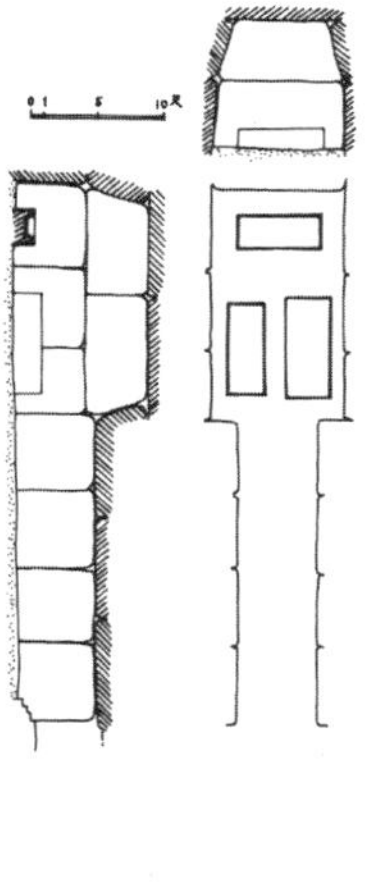

叡福寺北古墳石室実測図

は七二二年）に亡くなったとされる厩戸《うまやどの》皇子《みこ》（聖徳太子）とは年代が合いません。

叡福寺の東側にある「太子《たいし》町立太子・和《なご》みの広場」には、石室内部の模型や、**松井塚《まついづか》古墳**の石棺、**尼ケ谷《あまんたに》古墳**の石室の一部が移築されています。叡福寺へは、近鉄長野《ながの》線喜志《きし》駅、または近鉄南大阪線上ノ太子《かみのたいし》駅から金剛バス太子前下車すぐです。

②春日向山古墳

春日向山《かすがむかいやま》古墳は叡福寺の南東約四〇〇メートルにあります。用明天皇河内《こうちの》磯長原陵《しながのはらのみささぎ》として宮内庁の管理です。一辺六〇メートル前後の方墳であり、空堀がめぐっています。七世紀前半の築造と推定されており、江戸時代に横穴式石室が開口し石棺が見られたと伝えられていますが、詳しいことはわかっていません。

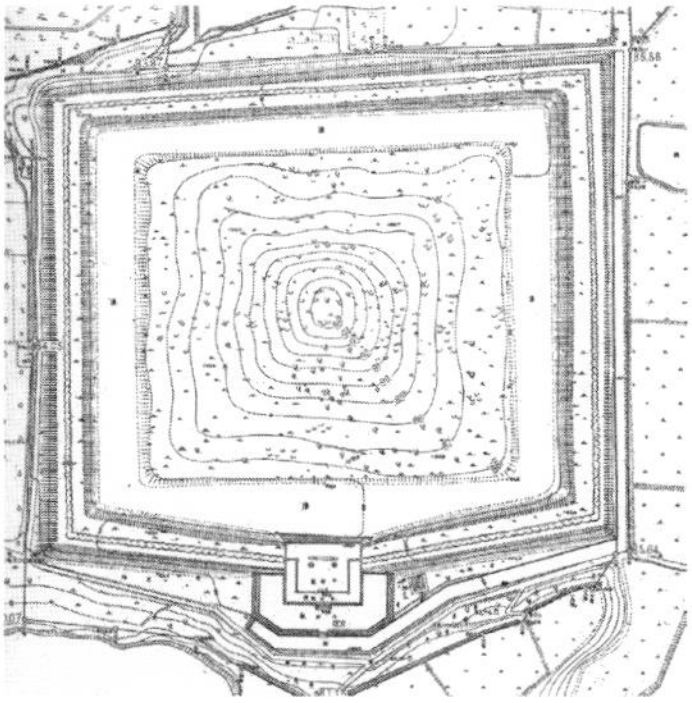

春日向山古墳平面図

二〇一二年、陵墓関係学会による立ち入り観察では、花崗岩や凝灰岩が確認されており、伝承通り横穴式石室で、墳丘は我が国で最初の**版《はん》築《ちく》技法**による築造と想定されると報告されています。

③山田高塚古墳

山田高塚《やまだたかつか》古墳は、春日向山古墳のさらに南東約六〇〇メートルにあります。推古天皇磯長山《しながのやま》田陵《だのみささぎ》・竹田皇子《たけだのみこ》墓に指定され、宮内庁の管理です。五九×五五メートル、三段築成の方墳ですが、江戸時代の修復で大規模に改変されています。七世紀代の築造と推定され、過去の記録などによると、横穴式石室が二箇所にあり、そのひとつには石棺が二基安置されていたことがうかがえます。二〇一二年の陵墓関係学会の立ち

版築技法　異なる粘土や砂まじりの土などを層状につき固めて重ね、築いていく工法。

入り観察でも石室の一部が確認されています。『日本書紀』によると、推古天皇は、先に亡くなった息子の竹田皇子の墓に合葬されたと記されており、また『古事記』では大野岡上に葬られた後、科長大陵《しながのおおみささぎ》に改葬されたとされています。奈良県橿原市の植山《うえやま》古墳が初葬地とする説もあり、磯長谷《しながだに》には、山田高塚古墳のほか二子《ふたご》塚《づか》古墳や葉室塚《はむろづか》（越前塚《こしまえづか》）古墳なども推古天皇陵の候補にあがります。

山田高塚古墳

④二子塚古墳

二子塚《ふたごづか》古墳は山田高塚古墳の南東二〇〇メートルにあります。双方墳とされていますが、六六×二六メートル以上の長方形をした第一段目に、一辺二五メートルの方形の丘が二つ乗る特異な形をしています。それぞれの丘に横穴式石室があり、壁面には漆喰が塗られています。石室内には、ほぼ同じ大きさの蒲鉾形の蓋を持つ刳抜《くりぬき》式石棺が安置されています。この形の石棺蓋はあまり見かけませんが、磯長谷小学校と町民グランドの間

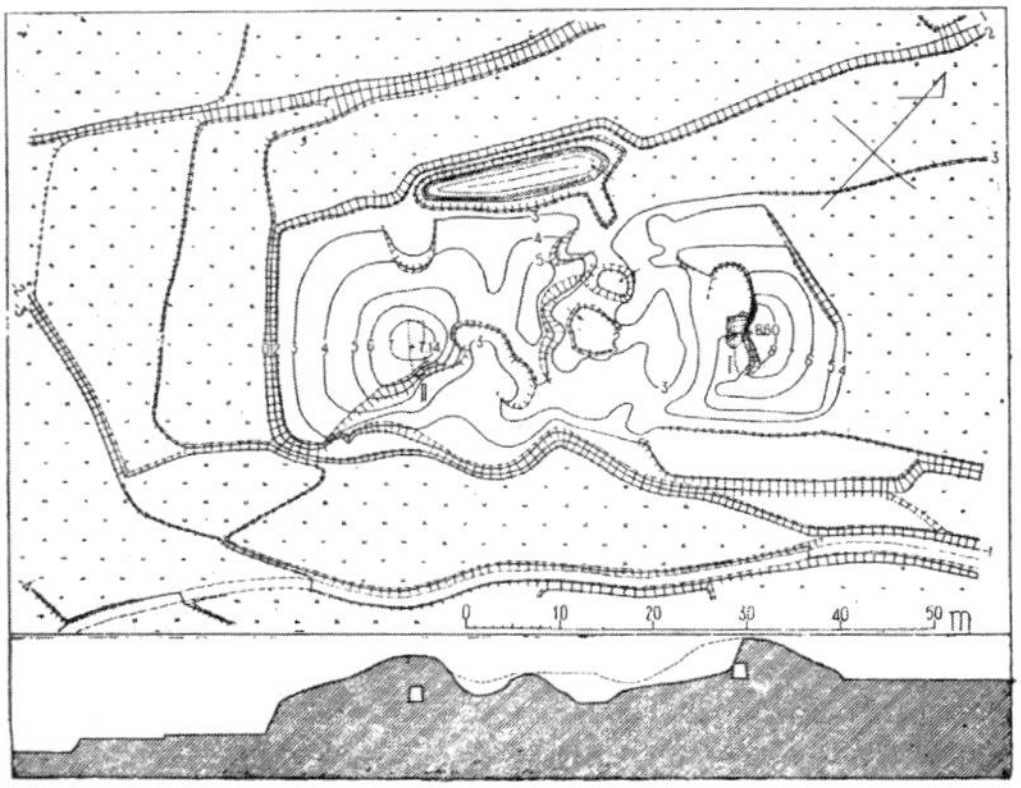

二子塚古墳平面図

に石塔の台石となっている同形式の蓋石があります。どの古墳から運び出されたかは不明です。二子塚古墳の築造時期は、古墳としては最末期の七世紀後半とされています。

一九一五年（大正四）、石室と石棺が発見され保存されてきましたが、所有者の窮状により、一九五六年四月一五日の新聞紙上に古墳売却の広告が掲載されました。同年四月から五月にかけて北野耕平氏らが測量調査を行い、改めて古墳の重要性が明らかになりました。同年六月、「古代学研究会」と「関西古墳を護る会」が保存を訴え、同年一一月、国史跡に指定されました。

二〇一七年、史跡整備のための調査が行われましたが、まだ手つかずの状態です。以前は北側の石室が開口しており石棺を観察することができましたが、現在シートがかけられたままです。山田高塚古墳から畦道をたどると簡単に行くことができますが、道沿いや墳丘上は雑草が生い茂っています。改めて現状を視察するため秋口に訪れてみましたが、アレチヌスビトハギの実が、衣服いちめんにくっついて落とすのが大変でした。早急な史跡整備が待たれますが、少なくとも周辺の草刈りくらいはやってほしいものです。

⑤葉室古墳群

山田高塚古墳の西約五〇〇メートルに葉室《はむろ》公園があり、公園を取り巻くように葉室塚《はむろづか》古墳、釜戸塚《かまどづか》古墳、石塚《いしづか》古墳、モンド神塚《かみづか》古墳があり、総称して葉室《はむろ》古墳群と呼ばれています（第6章の葉室一須賀古墳群とは別）。**葉《は》室塚《むろづか》古墳**（**越前塚《こしまえづか》古墳**）は、七五×五五メートル、二段築成の長

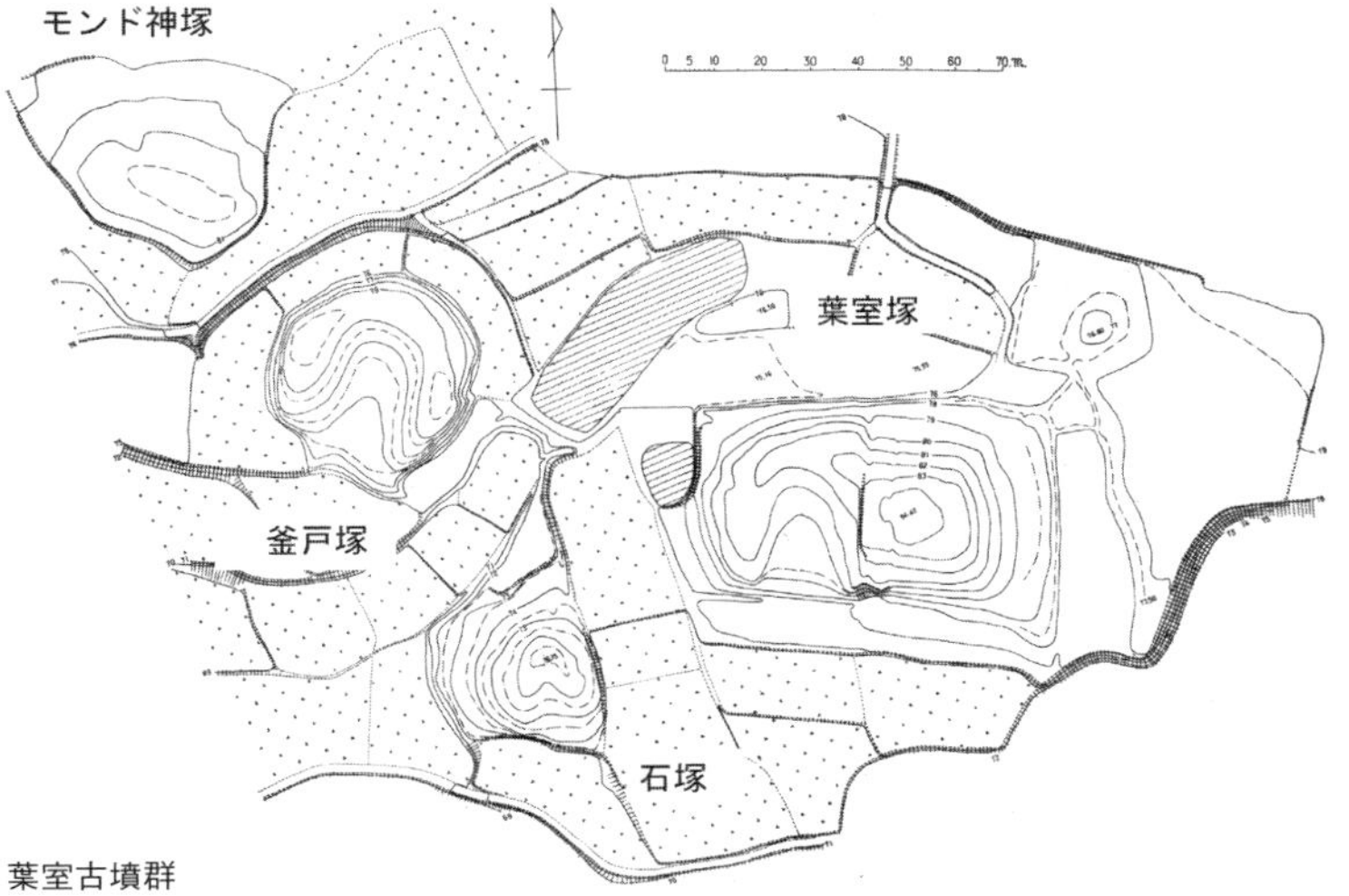

葉室古墳群

方形墳、または二子塚古墳と同様の双方墳と考えられ、周囲に堀がめぐります。西側半分は横穴式石室を破壊したとみられ、大きくえぐられています。東側にも横穴式石室があった可能性が高いと思われます。築造時期は七世紀前半と推定されています。

釜戸塚《かまどづか》古墳は、直径四五メートルの円墳で、こちらも周囲に堀がめぐります。また、葉室塚古墳と同様の横穴式石室を破壊した大きな窪みも見られます。残された石材から石室は岩屋山式と考えられ、七世紀前半の築造と推定されています。

石塚《いしづか》古墳は、直径三〇メートルの円墳で、切石の横穴式石室がかつて存在し、玄室には家形石棺が、羨道には木棺があったと伝えられています。こちらは岩屋山式にやや先行するとみられ六世紀末〜七世紀初頭の築造と考えられています。

モンド神塚《かみづか》古墳は直径三〇メートル前後の円墳と考えられますが実態はよくわかっておらず、古墳でない可能性もあります。

⑥太子西山《たいしにしやま》古墳（奥城《おくつき》古墳）

太子西山古墳（奥城古墳）は、磯長谷古墳群で唯一の前方後円墳です。上宮太子《うえのみやたいし》中・高校と大阪芸術大学との間の南北に伸びる丘陵の鞍部に位置しており、前方部を北西に向けています。墳丘長は九三メートル（または一一三メートル）で周囲に空堀がめぐります。二段築成で両側くびれ部に造出しがあり、周辺からは円筒埴輪が見つかっています。

敏達天皇河内《こうちの》磯長《しながの》中尾陵《なかのおのみささぎ》・石《いし》姫皇女《ひめのひめみこ》（欽明天皇皇后）磯長原《しながのはらの》陵《みささぎ》合葬陵として宮内庁が管理しています、六世紀前半の築造と推定され、埋葬施設は横穴式石室の可能性があります。『日本書紀』によると天皇は崇峻《すしゅん》四年（五九一）、母である石姫の墓に追葬されたとされており年代が合いません。

磯長谷古墳群へは近鉄長野線貴志

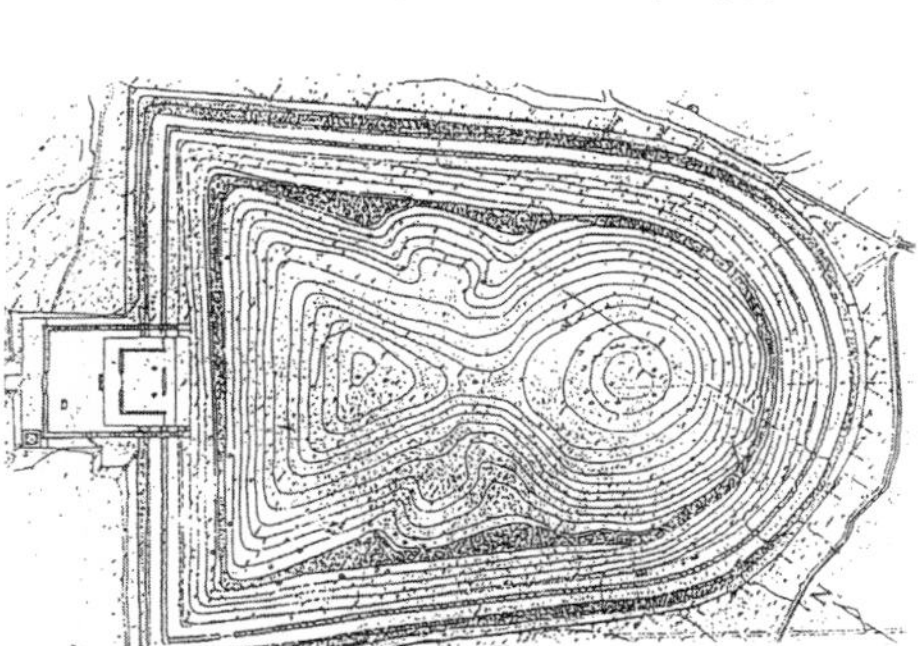

太子西山古墳平面図

駅および同南大阪線上ノ太子駅から金剛バスが、また大阪府立近つ飛鳥博物館・近つ飛鳥風土記の丘へは長野線喜志駅または富田林《とんだばやし》駅から金剛バスが出ています。

平石古墳群（河南町）

磯長谷から丘陵を挟んで南に平石谷《ひらいしだに》があり、谷筋に沿って西からシシヨツカ古墳、アカハゲ古墳、ツカマリ古墳があります。いずれも末期の古墳で、よく似た構造をしています。三段築成の長方形墳で、各段の法面《のりめん》には貼石が施され、墳丘の南側に幅の広い平坦面があります。

シシヨツカ古墳は花崗岩の切石で構築された横穴式石室で、横口式石槨に変化する直前の段階と考えられています。金・銀象眼《ぞうがん》の文様のある大刀金具や馬具、須恵器、漆塗籠棺の破片などが出土しています。シシヨツカ古墳は農地整備に伴う事前調査で見つかりましたが、調査後は埋め戻されています。

アカハゲ古墳と**ツカマリ古墳**（**塚廻《つかまり》古墳**）は花崗岩の切石を用いた横口式石槨です。両者とも前室床面には榛原石《はいばらいし》（奈良県榛原地方に分布する火成岩）が使われ、石槨内には漆喰も残されていました。前者からは漆塗籠棺、後者は漆塗籠棺のほか夾紵棺の破片が出土しています。シシヨツカ古墳は六世紀後半から末頃の築造と見られ、その後七世紀前半から中頃にはツカマリ古墳、アカハゲ古墳と順次築造されたと考えられます。

ツカマリ古墳とアカハゲ古墳は古くから開口していました。両古墳とも竹《たけの》内《うち》河《か》南《なん》線（府道七〇四号線）沿いにありますが、道路側から見ると墳丘は平坦でその位置を確認することは困難です。石室の開口部は谷川にありますが、イノシシの侵入を防ぐため、谷全体がフェンスで囲われており立ち入ることはできません。平石《ひらいし》古墳群へは富田林駅から金剛バス平石行きが出ています。

シシヨツカ古墳

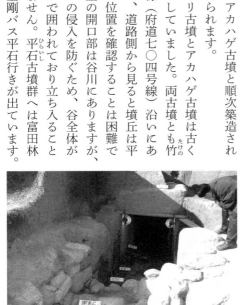

寛弘寺古墳群（河南町）

寛弘寺５号墳

寛弘寺《かんこうじ》遺跡は河南町《かなん》の西部、千早川《ちはや》と宇奈田《うなだ》川に挟まれた丘陵上にあります。縄文時代から近世にかけての複合遺跡です。農地開発事業に伴い、一九八二年度より二〇年にわたって分布調査並びに発掘調査が行われました。

遺跡全域に古墳が分布しており、これまで九二基が確認されていますが、古い時代に壊された古墳も多数あると思われます。四世紀中頃から七世紀後半にかけて築かれた小円墳と方墳からなる古墳群で、埋葬施設は粘土槨、木棺直葬、横穴式石室などです。４号墳から７号墳までの四基が寛弘寺古墳公園として保存されています。

富田林駅から金剛バス千早《ちはや》線五軒家下車、西へ約二〇〇メートルです。公園内にはトイレもあります。出土遺物は大阪府立近つ飛鳥博物館で保管・展示されています。

金山古墳（河南町）

金山《かなやま》古墳は、我が国では珍しい円墳を二つつなぎ合わせた古墳で、双円墳と呼ばれています。墳丘長八五・八メートル、北丘は二段に、南丘は三段に築かれ、周囲には空堀がめぐっています。北丘には、長さ一〇メートルの両袖式の横穴式石室があり、玄室と羨道部に凝灰岩製の刳抜式家形石棺が安置されています。玄室の石棺のほうが少し大きく、古い形をしていることから、最初から二人を葬るためにつくられたのではなく、後になって羨道部に追葬されたものと考えられます。

金山古墳

一九四六年の調査で、銀環《ぎんかん》、瑠璃玉、鉄製品（武器・馬具・帯金具）、土師器、須恵器などが出土しています。一九九三年の調査では、須恵器子持《こもち》器台と壺が出土しました。築造時期は六世紀末から七世紀初頭と考えられています。

南丘にも横穴式石室があることがわかっていますが、未調査のため詳細は不明です。国史跡に指定され、史跡公園として整備されており、石室には人感センサー付きのライトが設置されています。中を見学することができますが、夏場は毒蛇などの危険があるため、内部に入ることはあまりおすすめできません。史跡公園へは富田林駅から金剛バスで寺田経由水分《すいぶん》行き芹生《せりう》谷《だに》下車すぐです。なお、石棺の実物大模型が大阪府立近つ飛鳥博物館で常設展示されています。

すぐ北側にはスーパーオークワがありますが、その駐車場に六世紀後半の石塚古墳群の一部が現地保存されています。

お亀石古墳（富田林市）

お亀石《かめいし》古墳は富田林《とんだばやし》市駅の北約一キロメートルの丘陵部にあります。二一・五×二〇・一メートルの方墳で、築造されたのは七世紀前半です。古くから天井石が露出しており、亀の形に似ているので、お亀石古墳と名づけられたようです。横穴式石室の玄室部が省略され代わりに凝灰岩製の刳抜式家形石棺が取り付けられています。石棺の妻側正面に長方形の入り口がつくられ、閉塞のため扉石が備え付けられていました。羨道部は花崗岩の大きな切石で構築されており、奥側には亀の形をした天井石が置かれていいます。手前の天井石は早くに失われていたようです。横穴式石室から横口式石槨に移行する段階の古墳です。

入り口のある南面を除く三方を、コの字形に平瓦が擁壁のように積み上げられているのが確認されています。この瓦は隣接するオガンジ池《いけ》瓦窯《かわらがま》で焼かれたものと考えられます。この窯は、七世紀前半創建の新堂廃寺《しんどうはいじ》の瓦を焼いた窯で、寺院を建立した豪族の首長を葬ったのがお亀石古墳ではないかと見られています。新堂廃寺はお亀石古墳のある丘陵の真下にあり、史跡整備が進められており、合わせて見学することをおすすめします。古墳、窯跡、寺院跡ともに国史跡です。

お亀石古墳

あとがき

筆者が古市古墳群を訪れるようになったのは、一九七六年頃からです。本書（初版）を執筆するにあたり、改めて現地を訪れてみました。四〇年近くなりますので、古墳のあった位置もよく覚えていません。また、すっかり景観が変わっているので、探すのにひと苦労しました。行政の発行している文化財地図ではおおまかな位置はわかりますが、現地に行ってみても住宅が建て込んでおり、どれが古墳かよくわかりません。インターネットで提供されている地図と航空写真を重ね合わせて、ようやくその位置が確認できたところもありました。本書に掲載した写真で、住宅に囲まれてわずかのすき間からしか覗けない古墳がかなりあることがおわかりかと思います。

四〇年前の写真と比べてみると、短期間のうちに景観が一変したことがよくわかります。田圃や草原の中にぽつんとある小古墳などは、現在のような目印になるような建物もなく、メモと照らし合わさなければ、どの古墳か判別がつかないくらいです。古墳の全体像や立地がよくわかるので、そんな古い写真も使いたかったのですが、それでは本書を持って歩くという趣旨とは離れますので、現状の写真を中心に構成しました。

増補改訂第2版のために改めて現地を訪れましたが、すでに景観が一変しているところもありました。初版出版からわずか四年半しか経っていませんが、移り変わりの早さに驚くばかりです。

埋没していた古墳の新発見が多くあるのは、それだけ開発が激しく進行した証ですが、それによって埴輪などの研究が大きく進展しました。研究者間では、埴輪はI期からV期に、古墳は前・中・

後期または1期から10期に、須恵器の年代はTK73などと形式名で呼びならわしています。しかし、現在の考古学の手法だけでは相対年代はわかっても、実年代を決めるのはなかなか難しい問題です。大王陵級の古墳でも、その年代と被葬者像は研究者によってさまざまです。本書では被葬者については言及しませんでしたが、古墳のつくられた年代については、わかりやすくするためにできるだけ実年代を使いました。

古市古墳群はツアーなどで案内する機会も多いのですが、難を言えば駐車場が少ないことです。古津堂城山古墳を除けば、観光バスの停まれるスペースはほとんどなく、細い道が多いので、主な古墳を間近に見学することができません。大型バスを横づけするようなことは望みませんが、何箇所かに拠点を整備する必要があるのではないでしょうか。世界遺産に登録されて見学者が多数訪れるようになりました。バッファゾーンなど市街地の再整備を進めないと、大変なことになりかねません。また、小規模な展示施設はいくらかありますが、古市古墳群を紹介する総合博物館がぜひ必要と思われます。

第5章の陵墓公開運動と古市古墳群については、第1章と重複する部分もあるかと思いますが、四〇年にわたって続けられてきた、保存と公開の運動の進展についてを記しました。当初は写真撮影すら禁止されていた限定公開も、現在では墳丘第一段までの立ち入りが許可され、事前に樹木の伐採や足場の整備などもされています。ただし、古墳全域の保存や工事手法など大きな問題も残されています。

第6章の河内飛鳥を守った人々では、現在の文化財保存問題について多くの教訓を残しました。古市古墳群も広い意味の河内飛鳥の一画にあります。磯長谷は古市の次の時代の墓地域として選ばれた土地です。ぜひ磯長谷へも足を延ばしていただきたいと思います。

終章では、北河内から南河内まで主な古墳を紹介しています。河内地域には平尾山古墳群をはじめ後期から末期にかけて膨大な数の古墳がありますが、すべてを紹介することは不可能に近いので、現存し、見学可能な古墳を中心にしました。

最後に古市古墳群の絶景スポットを紹介しておきましょう。柏原市の宿泊施設サンヒル柏原の駐車場からは、誉田山古墳をはじめ古市古墳群の北群の巨大古墳が一望のもとに見渡せます。ほかに玉手山丘陵や松岳山丘陵、大和川と石川の合流点も目の前に見ることができます。また、古市古墳群は花見にも最適です。道明寺天満宮の梅林は有名ですが、古室山古墳や津堂城山古墳の梅も捨てたものではありません。津堂城山古墳、野中宮山古墳、誉田山古墳の外堤は桜の名所になっています。墓山古墳のキショウブや、黒姫山古墳のシロツメグサの絨毯《じゅうたん》も初夏の風物詩です。津堂城山古墳はほかに菜の花、ユキヤナギ、睡蓮、花菖蒲、コスモスなど、四季折々の花が観賞できます。秋には古室山古墳の紅葉がきれいです。大鳥塚古墳ではドングリ拾いもできます。ただし、落ち葉の季節は滑りやすいので、墳丘に登る際は気をつけてください。峯ケ塚古墳は現在整備中ですが、峰塚公園は広々として、散策やピクニックなど憩いの場となっています。

本書を執筆するにあたってご指導いただいた石部正志、宮川徏先生のほか、藤井寺市の天野末喜、山田幸弘、羽曳野市の河内一浩、吉澤則男、伊藤聖浩、井原稔、柏原市の安村俊史、大阪府教育委員会の三木弘、大阪市文化財協会の積山洋、大淀町教育委員会の松田度および野島稔、芝野圭之助、今尾文昭、赤井毅彦の各氏、河内飛鳥を守る会の柿沼康隆氏、大阪府立近つ飛鳥博物館、泉南市埋蔵文化財センターほか関係機関の皆さん、本書の出版をお引き受けいただいた創元社と編集の労をおとりいただいた松浦利彦さんに感謝の意を表します。

参考文献（発行年順）

大阪府「大阪府史蹟名勝天然紀念物調査報告第5輯」1934年
末永雅雄『空からみた古墳（アサヒ写真ブック17）』朝日新聞社、1955年
藤直幹・井上薫・北野耕平「河内における古墳の調査（大阪大学文学部国史研究室研究報告第1冊）」1961年
森浩一『古墳の発掘』中公新書、1965年
末永雅雄『古墳の航空大観』学生社、1975年
堀田啓一『河内考古学散歩』学生社、1975年
北野耕平「河内野中古墳の研究（大阪大学文学部国史研究室研究報告第2冊）」1976年
大阪府『大阪府史　第1巻　古代編1』1978年
石部正志『大阪の古墳（大阪文庫2）』松籟社、1980年
ウイリアム・ゴーランド『日本古墳文化論――ゴーランド考古論集』創元社、1981年
原島礼二・石部正志・今井堯・川口勝康『巨大古墳と倭の五王』青木書店、1981年
藤井利章「津堂城山古墳の研究（藤井寺市史紀要第3集）」1982年
近藤義郎『前方後円墳の時代（日本歴史叢書）』岩波書店、1983年
上野勝巳「王陵の谷・磯長谷古墳群――太子町の古墳墓」太子町教育委員会、1984年
古市古墳群研究会『古市古墳群とその周辺』摂河泉文庫、1985年
田中和弘「古市古墳群における小古墳の検討（考古学研究128）」1986年
藤井寺市『藤井寺市史　第3巻　史料編1』1986年
門脇禎二ほか『再検討「河内王朝」論』六興出版、1988年
川西宏幸『古墳時代政治史序説』塙書房、1988年
佐伯有清『古代を考える　雄略天皇とその時代』吉川弘文館、1988年
石部正志『河内飛鳥を訪ねてみよう』松籟社、1989年
門脇禎二・水野正好『古代を考える　河内飛鳥』吉川弘文館、1989年
白石太一郎『古代を考える　古墳』吉川弘文館、1989年
藤井寺市教育委員会「岡古墳（古市古墳群の調査研究報告Ⅰ）」1989年
藤井寺市教育委員会「古市古墳群をめぐる諸問題（藤井寺の遺跡ガイドブック4）」1989年
西田孝司『雄略天皇陵と近世史料――河内国丹南郡南嶋泉村松村家文書』末吉舎、1991年
近藤義郎『前方後円墳集成　近畿編』山川出版社、1992年
藤井寺市教育委員会「修羅とその周辺（藤井寺の遺跡ガイドブック5）」1992年
羽曳野市教育委員会『河内古市古墳群峯ケ塚古墳概報』吉川弘文館、1993年
藤井寺市教育委員会「新版　古市古墳群（藤井寺の遺跡ガイドブック6）」1993年
水野正好『「天皇陵」総覧』新人物往来社、1993年
今井堯「『陵墓』古墳の保存と公開運動の二十年（明日への文化財34）」1994年
柏原市教育委員会「松岳山古墳（柏原市文化財ガイドシリーズ2）」1995年

羽曳野市『羽曳野市史　第3巻　史料編1』1994年
羽曳野市『羽曳野市史　第1巻　本文編1』1997年
藤井寺市教育委員会「西墓山古墳（古市古墳群の調査研究報告Ⅲ／藤井寺市文化財報告第16集）」1997年
藤井寺市『藤井寺市史　第1巻　通史編1』1997年
藤井寺市教育委員会「大阪の前期古墳――古市古墳群の成立前夜（藤井寺の遺跡ガイドブック9）」1998年
大阪府教育委員会「土師の里遺跡――土師氏の墓域と集落の調査（大阪府埋蔵文化財調査報告1998-2）」1999年
藤井寺市教育委員会「古市古墳群の成立（藤井寺の遺跡ガイドブック10）」1999年
柏原市教育委員会「玉手山古墳群の研究Ⅰ〜Ⅴ」2000〜2005年
陵墓限定公開20回記念シンポジウム実行委員会『日本の古墳と天皇陵』同成社、2000年
田中晋作『百舌鳥・古市古墳群の研究』学生社、2001年
堀田啓一『日本古代の陵墓』吉川弘文館、2001年
藤井寺市教育委員会「津堂城山古墳――巨大な古墳の謎にせまる（藤井寺の遺跡ガイドブック12）」2002年
広瀬和雄『前方後円墳国家』角川選書、2003年
藤井寺市教育委員会「古市古墳群の終焉を考える（藤井寺の遺跡ガイドブック13）」2004年
堺市博物館「百舌鳥古墳群と黒姫山古墳」2005年
大阪府立近つ飛鳥博物館「応神大王の時代――河内政権の幕開け」2006年
大阪市文化財協会『大阪遺跡――出土品・遺構は語るなにわ発掘物語』創元社、2008年
白石太一郎ほか『近畿地方における大型古墳群の基礎的研究』六一書房、2008年
今井堯『天皇陵の解明――閉ざされた「陵墓」古墳』新泉社、2009年
大阪府立近つ飛鳥博物館「百舌鳥・古市大古墳群展――巨大古墳の時代」2009年
高木博志『陵墓と文化財の近代（日本史リブレット97）』山川出版社、2010年
広瀬和雄『前方後円墳の世界』岩波新書、2010年
大阪府立近つ飛鳥博物館「百舌鳥・古市の陵墓古墳――巨大前方後円墳の実像」2011年
矢澤高太郎『天皇陵の謎』文春新書、2011年
石部正志『古墳は語る――最新の成果で学び、楽しむ初期国家の時代（未来への歴史）』かもがわ出版、2012年
「陵墓限定公開」30周年記念シンポジウム実行委員会『「陵墓」を考える――陵墓公開運動の30年』新泉社、2012年
大阪府立近つ飛鳥博物館「考古学からみた日本古代国家と古代文化（近つ飛鳥博物館展示ガイドブック）」2013年
大阪府立近つ飛鳥博物館「百舌鳥・古市古墳群出現前夜」2013年
藤井寺市教育委員会「津堂城山古墳（古市古墳群の調査研究報告Ⅳ／藤井寺市文化財報告第21集）」2013年
大阪大学大学院文学研究科『野中古墳と「倭の五王」の時代』大阪大学出版会、2014年
古市古墳群世界文化遺産登録推進連絡会議「古市古墳群を歩く」2015年

四條畷市『四條畷市史　第5巻（考古編）』２０１６年
田中晋作『古市古墳群の解明へ　盾塚・鞍塚・珠金塚古墳（シリーズ「遺跡を学ぶ」１０５）』新泉社、２０１６年
藤井寺市・藤井寺市教育委員会「倭の五王（讃、珍、済、興、武）の時代――巨大な古墳は、国内統一と国際化のモニュメント」２０１６年
大阪府立近つ飛鳥博物館「百舌鳥・古市古墳群と土師氏」２０１９年
「大阪春秋　第１７７号」２０２０年

図版出典一覧（特記外は著者作成・撮影、編集部作成）

22頁・下　末永雅雄『古墳の航空大観』学生社（一部改変）
25頁・下　藤井寺市『藤井寺市史　第3巻　史料編』
29頁　大阪府立近つ飛鳥博物館提供、藤井寺市教育委員会蔵
30頁・上　ボストン美術館蔵
31頁・上　大阪府立近つ飛鳥博物館提供
31頁・左下　『世界考古学大系3　日本Ⅲ』平凡社
32頁　大阪府「大阪府史蹟名勝天然紀念物調査報告第5輯」
35頁・右下　古市古墳群世界文化遺産登録推進連絡会議「古市古墳群測量図集成」（一部改変）
37頁　藤井寺市教育委員会「石川流域遺跡群発掘調査報告書29（藤井寺市文化財調査報告第35集）」（一部改変）
41頁・下　藤井寺市教育委員会「新版　古市古墳群」（一部改変）
42頁　大阪府教育委員会「土師の里遺跡」（一部改変）
44頁　古市古墳群世界文化遺産登録推進連絡会議「古市古墳群を歩く」
45頁　大阪府立近つ飛鳥博物館提供、藤井寺市教育委員会蔵
51頁・下　古市古墳群世界文化遺産登録推進連絡会議「古市古墳群測量図集成」（一部改変）
52頁　ＰＩＸＴＡ
59頁・上　大阪府立近つ飛鳥博物館提供
62頁　大阪府教育委員会「大阪府水道部美陵ポンプ場内　はざみ山遺跡発掘調査概要――藤の森古墳の調査」（一部改変）
63頁、65頁　大阪府立近つ飛鳥博物館提供
69頁　古市古墳群世界文化遺産登録推進連絡会議「古市古墳群測量図集成」（一部改変）
73頁（2点）　藤井寺市教育委員会「西墓山古墳（藤井寺市文化財報告第16集）」
74頁・下　北野耕平「河内野中古墳の研究（大阪大学文学部国史研究室研究報告第二冊）」
75頁　古市古墳群世界文化遺産登録推進連絡会議「古市古墳群測量図集成」
76頁　藤井寺市教育委員会「石川流域遺跡群発掘調査報告書18（藤井寺市文化財調査報告第23集）」（一部改変）
82頁・下　藤井寺市教育委員会提供
87頁　古市古墳群世界文化遺産登録推進連絡会議「古市古墳群測量図集成」（一部改変）
89頁　羽曳野市教育委員会「平成20年度羽曳野市埋蔵文化財調査報告書68」
91頁・上　古市古墳群世界文化遺産登録推進連絡会議「古市古墳群測量図集成」（一部改変）
94頁・上　羽曳野市教育委員会「平成10年度羽曳野市埋蔵文化財調査報告書59」（一部改変）
96頁　古市古墳群世界文化遺産登録推進連絡会議「古市古墳群を歩く」
99頁・下　大阪府立近つ飛鳥博物館提供
100頁　古市古墳群世界文化遺産登録推進連絡会議「古市古墳群測量図集成」（一部改変）
102頁・右下　羽曳野市教育委員会「平成8年度羽曳野市埋蔵文化財調査報告書38」（一部改変）
102頁・左上　大阪府立近つ飛鳥博物館提供、羽曳野市教育委員会蔵
102頁・左下　大阪府立近つ飛鳥博物館提供、柏原市立歴史資料館蔵
106頁・右上　藤井寺市教育委員会「石川流域遺跡群発掘調査報告書16

（藤井寺市文化財調査報告第21集）」
106頁・左下　大阪府立近つ飛鳥博物館提供、羽曳野市教育委員会蔵
110頁・右　末永雅雄『空からみた古墳（アサヒ写真ブック17）』朝日新聞社
110頁・左　藤井寺市教育委員会「津堂城山古墳（藤井寺市文化財報告第21集）」
111頁　末永雅雄『古墳の航空大観』学生社
112頁・右下　大阪府立近つ飛鳥博物館提供、藤井寺市教育委員会蔵
112頁・左下　古市古墳群世界文化遺産登録推進連絡会議「古市古墳群を歩く」
115頁・中　古市古墳群世界文化遺産登録推進連絡会議「古市古墳群測量図集成」（一部改変）
121頁・上　堺市文化財課「堺市立黒姫山古墳歴史の広場」
121頁・中　堺市文化財課「堺の文化財　百舌鳥古墳群（第7版）」
122頁・下　大阪府立近つ飛鳥博物館提供、堺市立みはら歴史博物館蔵（一部改変）
124頁・右上　大阪府教育委員会「南河内石川流域における古墳の調査」
124頁・左上　大阪府立近つ飛鳥博物館提供
125頁　大阪府立近つ飛鳥博物館提供、大阪大学考古学研究室蔵
126頁・右　「柏原市遺跡地図」に加筆
126頁・左　「羽曳野市文化財分布図」に加筆
128頁　大阪府立近つ飛鳥博物館提供、関西大学考古学研究室蔵
129頁・上　柏原市教育委員会「玉手山9号墳」（柏原市文化財報告1983-1）」（一部改変）
129頁・右下　大阪府立近つ飛鳥博物館提供、関西大学考古学研究室蔵
129頁・左下　広島県教育委員会ほか「松ケ迫遺跡発掘調査報告」
130頁　大阪府立近つ飛鳥博物館提供、大阪府教育委員会蔵
132頁・下　大阪府立近つ飛鳥博物館提供、柏原市立歴史資料館蔵
133頁・上　柏原市教育委員会「松岳山古墳」（一部改変）
133頁・中　大阪府教育委員会「松岳山古墳の調査」
138頁・下　古市古墳群世界文化遺産登録推進連絡会議「古市古墳群を歩く」（一部改変）
142頁・下　長原遺跡調査会「長原遺跡発掘調査中間報告2」
143頁・上　大阪市文化財協会「長原遺跡」
146頁・上　大阪府立近つ飛鳥博物館提供
146頁・下　大阪府立近つ飛鳥博物館提供、国（文化庁）所管
147頁（2点）　柏原市教育委員会「大県遺跡——堅下小学校屋内運動場に伴う（柏原市文化財概報1988-1）」
150頁　藤井寺市教育委員会「石川流域遺跡群発掘調査報告22（藤井寺市文化財調査報告第27集）」（一部改変）
151頁、152頁　藤井寺市教育委員会「新版　古市古墳群」（一部改変）
153頁　堺市文化財課「堺の文化財　百舌鳥古墳群（第8版）」
156頁　末永雅雄『古墳の航空大観』学生社
163頁、165頁、166頁　宮川徏氏提供
168頁　松田度氏提供
171頁　藤井寺市教育委員会「新版　古市古墳群」（一部改変）
177頁（2点）　大阪府立近つ飛鳥博物館提供
188頁　枚方市文化財調査研究会「史跡牧野車塚古墳　第2次調査」
190頁　枚方市『枚方市史　第1巻』（一部改変）
191頁　交野市教育委員会「森古墳群発掘調査概要（交野市文化財調査概要1983-3）」
197頁　和光大学古墳壁画研究会「高井田横穴群線刻画」

198頁・下　田中重久「聖徳太子磯長山本陵の古記」『聖徳太子御聖蹟の研究』全国書房
199頁　末永雅雄『古墳の航空大観』学生社
200頁・下　北野耕平「河内二子塚調査概報（古代学研究19）」
201頁　太子町教育委員会「太子町の古墳墓——磯長谷古墳群」
202頁　白石太一郎「磯長谷古墳群の提起する問題——敏達・石姫合葬墓の問題を中心に（大阪府立近つ飛鳥博物館館報9）」

索引

同一古墳の別称を（ ）内に記し、うち本書で採用した正称を参照項目として（→）で示した。同名の古墳が複数ある場合は（＊）で識別した。難読語は〔 〕内に読み仮名を記した。

【あ】

【か】

【な】

【は】

【ま】

〈著者略歴〉

久世仁士（くぜ・ひとし）

一九四七年大阪府泉南市生まれ。法政大学文学部史学科卒業。泉大津市教育委員会参事・文化財係長を歴任後、現在、文化財保存全国協議会常任委員、大阪府文化財愛護推進委員、日本考古学協会会員。著書『百舌鳥古墳群をあるく』『古市古墳群をあるく』『世界遺産 百舌鳥・古市古墳群をあるく』（創元社）、共著書『新版遺跡保存の辞典』（平凡社）、『世界遺産と天皇陵古墳を問う』（思文閣出版）。

古市古墳群《ふるいちこふんぐん》をあるく　増補改訂第2版
——巨大古墳《きょだいこふん》・全案内《ぜんあんない》

二〇一五年一二月二〇日　第一版第一刷発行
二〇二〇年　五 月二〇日　増補改訂第二版第一刷発行

著　者　久世仁士
発行者　矢部敬一
発行所　株式会社　創元社
〈本　社〉〒五四一-〇〇四七　大阪市中央区淡路町四-三-六
電話（〇六）六二三一-九〇一〇㈹
〈東京支店〉〒一〇一-〇〇五一　東京都千代田区神田神保町一-二　田辺ビル
電話（〇三）六八一一-〇六六二㈹
〈ホームページ〉https://www.sogensha.co.jp/

組版　はあどわあく　印刷　図書印刷

ISBN978-4-422-20165-8　C0021

百舌鳥古墳群をあるく【増補改訂第2版】―巨大古墳・全案内―
久世仁士著　世界遺産に登録された百舌鳥古墳群を再訪し、現存・消滅全古墳を案内。第2版では発掘調査や現地情報を刷新し、大阪府内の北摂・泉州、大阪市内の古墳も増補掲載。　2000円

世界遺産百舌鳥・古市古墳群をあるく
久世仁士著、創元社編集部編　巨大古墳集積地として知られる百舌鳥・古市古墳群。世界遺産に登録された全四九基の古墳を、最新の調査結果も交え写真・図版・地図とともに案内。　1200円

カラー版　大阪古地図むかし案内―江戸時代をあるく―
本渡章著　江戸時代の貴重な古地図を、虫眼鏡ですみずみまで鑑賞するかのような趣向で味わい尽くす。大阪の歴史文化や地理地形もわかる案内書。カラー古地図約150点収載。　2300円

大阪ことば学
尾上圭介著　いまや全国区になった「無敵の大阪弁」。その背後には人との接触の仕方、表現の仕方など独特の文化がある。気鋭の国語学者が鮮やかに切ってみせたことばの大阪学。　1200円

日本の祭と神賑―京都・摂河泉の祭具から読み解く祈りのかたち―
森田玲著　日本の祭のかたちを神輿・提灯・太鼓台・地車・唐獅子などの祭具の歴史から読み解き、京都と大阪（摂河泉）を中心に全国各地を探求。祭の本質と新たな魅力を描き出す。　2000円

橋爪節也の大阪百景
橋爪節也著　大阪的文化の地層を掘り起こす圧巻の100コラム。言葉、人物、絵画、文学その他貴重資料から、この街に埋もれた本物の都市文化とその魅力を洒脱につづる。図版多。　1800円

大阪万博の戦後史―EXPO'70から2025年万博へ
橋爪紳也著　大阪大空襲、占領下を経て、復興から高度経済成長へと向かっていく時代と70年万博の熱狂を描き出す。2025年日本国際博覧会（大阪・関西万博）の構想案も公開。　1600円

聖地再訪　生駒の神々―変わりゆく大都市近郊の民俗宗教―
宗教社会学の会編　前著『生駒の神々』から四半世紀を経て、大都市近郊の「神々」の再調査を敢行。石切神社をはじめ中小寺院、新潮流の断食・ヨガ道場、占いストリートなども探求。　1900円

飛田百番―遊廓の残照―
橋爪紳也監修、上諸尚美写真、吉里忠史・加藤政洋著　飛田遊廓を代表する建物「百番」は様々な「遊びのデザイン」に充ちている。この建築の魅力を多数のカラー写真を中心に伝える。　3600円

元号読本―「大化」から「令和」まで全248年号の読み物事典―
所功、久禮旦雄、吉野健一編著　全248の日本公年号を網羅した読み物事典。基本データを完備し、歴史的出来事をコンパクトに解説。新元号「令和」の情報もカバーした決定版。　1800円

＊価格には消費税は含まれていません。